国家社科基金
后期资助项目
GUOJIA SHEKE JIJIN HOUQI ZIZHU XIANGMU

现象与主体

当代法国哲学的进路

Phenomenon and Subject:
The Latest Development
of Contemporary French Philosophy

徐 晟 著

社会科学文献出版社
SOCIAL SCIENCES ACADEMIC PRESS (CHINA)

国家社科基金后期资助项目
出版说明

　　后期资助项目是国家社科基金设立的一类重要项目，旨在鼓励广大社科研究者潜心治学，支持基础研究多出优秀成果。它是经过严格评审，从接近完成的科研成果中遴选立项的。为扩大后期资助项目的影响，更好地推动学术发展，促进成果转化，全国哲学社会科学工作办公室按照"统一设计、统一标识、统一版式、形成系列"的总体要求，组织出版国家社科基金后期资助项目成果。

全国哲学社会科学工作办公室

目　录

绪　论

从古希腊时代的"关怀你自己""认识你自己"这样的箴言，到20世纪的胡塞尔现象学，主体问题一直是西方哲学关注的核心论题之一。而在胡塞尔之后，现象学逐步演变为一种去 - 主体形而上学的努力。但是，从海德格尔、梅洛 - 庞蒂到德里达，每一个后起的思想家都有理由指责他的前人工作不够彻底。现在，轮到马里翁来继续扮演这个角色了。姑且不论他是否真正地完成了去主体化的历史使命，① 与他的法国同行们相比，马里翁的探索的确更为深入，并且在谨慎工作的基础上得出了更为大胆的结论。他明确地表示："我们曾一再假设现象学排除了形而上学。但是最终，我们未能坚持这一主张……"② 他的理由来自他本人对现象学主要经典的解读。这种解读认为，胡塞尔依然保持着康德式的判断，他在其著作中经常强调的是现象性（phénomalité）的可能性条件、视域、我（Je）的建构性功能；类似地，海德格尔在"此在"中依然保留了主体性，而且此在的优先性在他那里并不亚于存在问题。因此，德国的"正统"现象学并没有超越形而上学，而只是把形而上学以及现象学自身的边界移到了

---

① 至少到目前为止，就像他人意识的存在与可通达性尚未获得令人信服的论证一样，我们对这一任务是否可能被完成也心存疑虑。而只要这两个问题还是问题，任何形式的"西方哲学终结论"就都只是笑谈，除非有谁能够令人信服地证明这两者是伪问题。事实上，真正的哲学问题就是人类理性不得不问却又绝对不能给出最终解答的问题。与其闭着眼睛哀叹哲学已经没有新问题，不如拿出勇气和毅力来面对哲学的旧问题——尽管它们实际上无所谓新旧。

② Jean-Luc Marion, *Étant donné: Essai d'une phénoménologie de la donation*, Paris: Presses Universitaires de France, 1998（以下简称为 *Étant donné*）, p. 9.

现象学的内部，从而将这个界限作为它最高的可能性，因而它没有能够开辟出超越形而上学的新的可能性。

这样一来，马里翁的立场与胡塞尔当初打算对笛卡尔主义采取的姿态非常相似：更彻底地展开经典现象学的方法论原则，并且最终抛弃它们。"我们并不强迫自己服从现象学的戒律，我们只是追寻它所开启的——有时候是它所关闭的——道路。即使在这一点上依然是可能性比确实性走得更远，现象学的道路尚未延伸至它的终点，我们只是怀着这样的期望走在这条路上。"① 这里说的还算委婉，但是用意已经很清楚：终结现象学！而由于哲学的堡垒只能从内部攻破，那么他必须首先成为一个现象学家也就是很自然的事情了。这样一来，我们可以看到，作为破坏者中的一个，马里翁像海德格尔、德里达一样，希望自己就是最后一个——那个真正的完成意义上的终结者，通过完成现象学而真正终结形而上学。就像海德格尔谈论传统形而上学终结的动机是为重新明确"思"的任务一样，马里翁的工作不仅仅意味着破坏和拆解，它还必须有所设立，或者至少对新的可能性有所探讨。

虽然马里翁20世纪80年代就在哲学界崭露头角，90年代以后影响逐渐及于欧美各国，但是对于中国学术界而言，与萨特、福柯、列维纳斯、德里达等我们熟知的哲学家相比，马里翁还只能算是法国哲学家中的"新秀"——这就是说他已经引起了中国学术界的注意，但对他的了解还不是很多。

—

让-吕克·马里翁（Jean-Luc Marion），1946 年 7 月 3 日生于巴黎郊区风景优美的默东（Meudon）小镇，父母分别为工程师和教师。② 1967年，在从法国巴黎第十大学（Université Paris X-Nanterre）获得文学学士学位之后，马里翁又转入索邦大学一年并修得哲学学士学位，这一选择使

① Jean-Luc Marion, *Étant donné*, p. 10.
② Robyn Horner, *Jean-Luc Marion: A Theo-logical Introduction*, Ashgate, 2005, p. 3.

他得以进入乌尔姆大街上的巴黎高等师范学校（École Normal Supérieur de Paris）——这里一向是法国哲学家的摇篮。从该校毕业后，他以第二名的成绩通过哲学教师资格考试（Agrégation de philosophie，1971）；1974 年 4 月，马里翁在索邦获得博士学位，博士学位论文的主要内容是通过对《指导心灵的原则》一书的文本研究来探讨笛卡尔的早期思想，并于 1976、1977 年分别出版了关于该书的索引和现代法文译本。① 马里翁博士学位论文的主要指导教师为斐尔迪朗·阿勒基埃（Ferdiland Alquié），是一位笛卡尔研究专家，他后来还指导了马里翁的国家博士（Doctorat d'État）学位论文，其间马里翁既是他的学生，又是他的助手。自然而然地，马里翁的国家博士学位的论文②依然以笛卡尔为主题。

此后，虽然身份屡变，研究范围也日益广泛，但是对笛卡尔的关注却一直贯穿着马里翁的哲学活动。他先后出版的重要著作有：《论笛卡尔的灰色存在论》（Sur l'ontologie grise de Descartes：Science cartésienne et savoir aristotélicien dans les regulae，1975）；《论笛卡尔的白色神学》（Sur la théologie blanche de Descartes：Analogie，création des vérités éternelles，fondement，1981）；《论笛卡尔的形而上学棱镜》（Sur le prisme métaphysique de Descartes：Constitution et limites de l'onto-théo-logie dans la pensée cartesienne，1986）；《笛卡尔的问题：方法与形而上学》（Questions cartésiennes：Méthode et métaphysique，1991）；《笛卡尔第一哲学沉思集索引》（Index des Meditationes de prima Philosophia de R. Descartes，1996. 与 J. - Ph. Massonié，P. Monat，L. Ucciani 等学者合作完成）；《笛卡尔的问题Ⅱ：关于自我与上帝》（Questions cartésiennes II：Sur l'ego et sur dieu，1996）；《论笛卡尔的被动之思》（Sur la pensée passive de Descartes，2013）；等等。

由此可见，与胡塞尔类似，马里翁的思想在很大程度上也是对笛卡尔

---

① 1991 年商务印书馆出版的《指导心灵的原则》的中文本《探求真理的指导原则》，就是由管震湖先生以马里翁的法文本为底稿翻译的。

② 即《笛卡尔思想中的知识基础》（Le fondement du savoir dans la pensée de Descartes，Doctorat d'État devant l'Université Paris-Sorbonne，10 mai，1980）的论文得到的评语为 "一致认定特别优异"（très honorable à l'unanimité）。

的重新思考，可以说，笛卡尔研究是他哲学生涯的起点。正是因为对笛卡尔的大量卓越的研究，他才被称为"尚健在的最重要的三四个近代哲学史家中的一个"。①

对以笛卡尔为中心的17世纪思想的研究与对经典现象学（主要是胡塞尔和海德格尔的代表性著作）的反思构成他本人"第一哲学"思考的双重来源。这些笃实的哲学史研究确立了马里翁的学术地位，也正是它们使他在后来能够自信地进行更为大胆的探索。虽然遭遇了各种各样的争论乃至抨击，他都能够勇敢而自信地沿着自己认定的路线坚持下来。道理很简单，如果某个人想要进行一种不同以往的思考，他首先必须先系统了解此前的人们曾经有过怎样的思考，至少是能够形成自己对这些思考的系统了解，并进而形成自己的看法。因此，对于所谓"哲学就是哲学史"应该做这样的理解：首先接受哲学史，进而形成属于自己的哲学史，继而形成自己的哲学（只有在这个时候才可以声称哲学无起点——无起点不是从话语起源上讲，而是从逻辑上讲），最后成为哲学史的一个环节（尽管许多哲学家竭力避免这最后一个环节，但是似乎没有几个人能够逃脱这一命运，甚至可以说还未发现哪个人逃脱了这一命运）。哲学史中的永恒的东西不是哪个哲学家的著作，而是诸如主体与他者、爱与恨、善与恶、自由与必然、美与丑、真与假这样一些基本问题或关系。在这个意义上，我们完全可以说，在真理的日光之下并无新事；不断改头换面的，不过是提问的方式和解答的策略。哲学家们唯一能够期许的不过是自己的思考能够在与后来者的对话中得到重生——然而此时的作者的轮廓已经模糊不清。我们不如坦白地承认，真正的作者不是某个思想的主体，而是不断演化的人类生活本身：有哪个思想主体不是在生活中得以形成，而又挣扎着要回到生活中去呢？

回归正题，总体而言，马里翁接受了作为一个哲学家所必需的训练。当然，在此期间，马里翁也广泛研读了许多宗教思想家的著作，并且出版了一些相关的著作：《偶像与距离》（*L'idole et la distance：Cinq études,*

---

① Jean-Luc Marion, *Cartesian Questions：Method and Metaphysics*, Chicago & London：The University of Chicago Press, 1999, p. 1.

1977），《没有存在的上帝》（*Dieu sans l'être*，1982），《取代自身》（*Au lieu de soi: L'approche de saint Augustin*，2008），《信以为见》（*Le croire pour le voir*，2010），《否定的确定性》（*Certitudes négatives*，2010），《既予性与启示》（*Givenness and Revelation*，2016），等等。这些阅读和研究构成马里翁"基督教哲学"① 研究的主要内容。这些成果在英语世界的影响更大一些，以至于罗宾·豪内尔（Robyn Horner）在《让－吕克·马里翁：一种神－学的导论》② 的扉页中称他是"我们时代最重要的天主教思想家之一，杰出的笛卡尔权威和宗教哲学的主要学者"。而我们在本书中最为关切的却是该作者唯一没有提及的身份（虽然他在正文中也谈论马里翁的现象学）：作为现象学家的马里翁及其在形而上学（终结）的历史中的地位。③

在法国，获得某个专业的国家博士学位，就意味着正式进入了相关领域最重要学者的行列。1981 年马里翁开始在普瓦提埃大学任教授，直至1988 年回到巴黎大学（Nanterre）。此后，马里翁的学术道路可以说一帆风顺。在法国国内，他于 1995 年继任了一度由列维纳斯执掌的巴黎大学（Sorbonne）形而上学教席，由于对笛卡尔哲学的深入研究而享有盛誉；继依波利特之后，为巴黎大学出版社"后觉丛书"（la collection Épiméthée）主编；2008 年 11 月，在鲁斯迪杰大主教（cardinal Lustiger）去世后，补选为法兰西学院院士。在英语思想界，他继任了利科在芝加哥大学的客座教授教席，主要作为现象学家和宗教思想家而广为人知。其间最值得一提的事件就是他陆续出版了现象学三部曲《还原与既予性：论胡塞尔、海德格尔和现象学》（*Réduction et donation: Recherches sur Husserl, Heidegger et la phénoménologie*，1989），《既予：论既予性的现象学》（*Étant donné: essai d'une phénoménologie de la donation*，1997），④《论

---

① 关于这个概念，马里翁有自己特定的用法，详细情况参见本书第四章第一节，以及第七章第二节。

② 与我们专注于一些具体的论题不同，罗宾·豪内尔的著作是一部全面介绍马里翁各个时期、各个方面著作的概论性著作，是了解马里翁思想的很好的入门书——尽管我们并不完全赞同它的某些说法。

③ 与福柯类似，人们也给了马里翁各种各样的头衔，而我们主要是通过他的现象学三部曲来谈论他，是以文（言）论人，而不是相反。

④ 对于"Étant donné"的 Étant 作为助动词用来强调 donné 自己给出自身的活动已经确实、不可挽回地完成，故此译作"既予"。参见 *Étant donné*，p. 6。

过剩：充溢现象研究》（*De surcroît*：*Études sur les phénomènes saturés*，2001，简称《论过剩》）。所有这些著作一经发表，都获得了很热烈的讨论，不过这并不总是让人感到高兴，因为这些讨论有时候简直是"怒不可遏地争吵"。① 关于这些在思想传播过程中发生的具体事件我们将在第二部分介绍，目前我们继续概述其本人的思想历程。

在马里翁踏上他的哲学旅程之时，他必须面对的是如下三个既成事实。首先，也是最为根本的一个事实是，现象学在当时已经承担着哲学的角色，他这样写道："现象学在我们世纪担当了哲学的角色本身。"② 其次，这一思想运动在海德格尔去世之后实际上已经成为一个法国事件，③ 施皮格伯格甚至认为，自20世纪30年代初期以后，现象学运动的中心很可能已经转向了法国。④ 最后，也是最重要的，就法国哲学界而言，当时已经很活跃的一些思想家结合本国的思想资源开始对这一思潮进行保持距离的批判性反思，清理笛卡尔主义与现象学的关系是其中最为重要的环节。在近代哲学中，笛卡尔式的理性反思传统使得法国思想远离英国经验论而与德国思想处于密切的互动关系之中，而在自20世纪初以来的当代哲学中，从德国引进并法国化了的现象学可以作为在笛卡尔主义与反笛卡尔主义复杂斗争中起重要作用的一个线索性因素被考察。⑤ 第三种动向日益发展成为主流，以至到了21世纪初，已经有人声称"作为大学彩色标题的现象学已经失落了"。然而，思想史研究毕竟不是追逐时髦，我们现在的工作就是要看看它是如何成为"哲学史的一章"的。⑥ 与此同时，我们也需要理解笛卡尔哲学是如何成为现象学一章的。⑦ 马里翁的工作无疑

① Jean-Luc Marion, *Being Given*：*Toward a Phenomenology of Givenness*, trans. by J. Kosky, Standford University Press, 2002, p. X.

② Jean-Luc Marion, *Réduction et donation*：*Recherches sur Husserl, Heidegger et la phénoménologie*, Paris：Presses Universitaires de France, 1989, p. 7.

③ *PHILOSOPHIE*, Revue trimestrelle, Numero 78 – 1, Paris：Les Editions de Minuit, 2003, p. 79.

④ 〔美〕赫伯特·施皮格伯格：《现象学运动》，王炳文、张金言译，商务印书馆，1995，第590～591页。

⑤ 杨大春：《感性的诗学》，人民出版社，2005，第23～24页。

⑥ 莫伟民：《法国哲学的昨天和今天——访克劳德·安贝尔》，《哲学动态》2002年第1期。

⑦ 同样可以说，现象学是如何可以被视作笛卡尔哲学之延伸的。参见〔德〕胡塞尔《现象学的观念》，倪梁康译，人民出版社，2007，第42页。

将对我们在这个问题上的探索大有裨益。

不管是认同还是反对，马里翁都无法对现象学视而不见，也就是说，他必须采取某种立场，某种法国式的立场，某种不同于前辈法国人的法国式立场。他对于笛卡尔哲学的深入探讨无疑可以为他的这种立场提供某种支撑。他这样写道："……如果不是持续并且毫无保留地介入当下被思考的思想游戏，任何从形而上学历史中重获新生的学说，都无法作为真正可靠的思想抓住我们。反过来说，如果当下被思考的思想不是在与它的本质对话中被展开的话，一种旧的思想也不能获得这样的重要性。"① 这应该就是他本人思想史研究动机的最好说明，因为不管是从当初现象学在德国的发生还是从后来它在法国的发展来看，"今天对'我思，故我在'的阐释依然构成现象学最根本的源头"。②

在这个意义上，至少有两种提问方式值得关注。首先，海德格尔带着批判的语气质问笛卡尔所谓"我在"的存在论意义，《存在与时间》一书"对存在论历史进行分解回溯的第二步工作就是要把'我思，故我在'的未曾言明的存在论基础清理出来……"。③ 其次，米歇尔·昂利（又译米谢尔·亨利等）曾经提出过应该关注笛卡尔的"我思"中的思维活动（cogitare）的不确定性，马里翁将这一关切具体化为如下几个问题："我思意味着什么？尤其是，对于'我思，故我在'这一表达，（诸）思（cogitare，thinking）究竟提供了什么？"④ 在这两个方向上，马里翁都做了细致的哲学史梳理和进一步的深入探讨，这一点我们将在后面专门论述。我们在这里可以确定的是，对这两个问题的回答对于现象学的当代发展至关重要，而马里翁思想的这两个紧密相关的特征也由此得以显明：一方面，总是着眼于其对当代哲学的意义来展开哲学史研究；另一方面，他的现象学探讨是植根于思想史（尤其是 17 世纪，笛卡尔和洛克）研究的

---

① Jean-Luc Marion, *Cartesian Questions: Method and Metaphysics*, p. 96.

② Jean-Luc Marion, *Cartesian Questions: Method and Metaphysics*, p. 96.

③ 〔德〕海德格尔：《存在与时间》（修订版），陈嘉映、王庆节译，三联书店，2006，第 28~29 页。

④ Jean-Luc Marion, *Cartesian Questions: Method and Metaphysics*, p. 97. 我在《L'adonné：取主体而代之？——马里翁哲学管窥》（《哲学动态》2007 年第 2 期）中的引文翻译不确切，特在此做出更正。

反思性探讨。这其实意味着真正贯彻自笛卡尔（古希腊？）以来的追求彻底性的传统——这一点将解释为什么最终他可以推论出独树一帜的"不可能的现象学"。

1989 年可以被认为是马里翁正式进入现象学舞台的标志性年份。① 在这一年，《还原与既予性：论胡塞尔、海德格尔和现象学》（简称《还原与既予性》）出版。这本书的主要任务是"简明地考察现象学方法的历史发展：胡塞尔那里还原在对象性（客体性，l'objectité）中的突然出现；海德格尔那里，为了此在所要达到的存在者的存在，从还原向存在者性（l'étantité）的转向。最终，是将纯粹还原激进化为如其所是的既予者（donné）的可能性"。② 在这本书中，马里翁非常细致地重新解读了胡塞尔和海德格尔的"教义性"著作，以确保自己所得出的每一个重要结论都能够得到这些"原文"的支持，或者每一个重要结论都是在将它们与现代哲学经典作品（尤其是笛卡尔、康德的作品）的比较阅读中获得的。这一做法给人的印象是：他不是自己在说话，而是从哲学史中清理出那些已经被前人或隐或显地涉及，但尚未说得很清楚的结论。敏锐一点的观察家可以很容易地在此看到德里达的幽灵，但是必须意识到，他的旨趣和结论都迥异于德里达。这一点可以在他们关于"礼物"（le don）③ 现象的争论中窥见一斑。④

与 3H（即黑格尔、胡塞尔和海德格尔）时代思想家主要将现象学方法作为自己的工具明显不同，马里翁把反思的目光投向这一工具本身。这一点从《还原与既予性：论胡塞尔、海德格尔和现象学》的副标题中已

---

① 其实，马里翁对胡塞尔的研究最迟在 1984 年就已经开始。参见 PHILOSOPHIE，Revue trimestrelle，Numero 78 - 1，Paris：Les Editions de Minuit，2003，p. 79。

② Jean-Luc Marion, Étant donné, p. 7.

③ 在语言词典中，其主要含义是赠予（物）、恩典。这个词相应的动词是 donner（给予），并且在马里翁的行文中除了这两个用法，还有"给予"的意思。由于中文里没有对当的词语，针对不同的语境，我们一般译为"礼物"，有时候也译作"给予物""给予"。当然，联系一些具体语境，似乎译为"赠礼"甚至"捐赠"更合适，国内学者已经有这样的译法，但是如果不是在神学、经济学或者人类学语境中，而是在最一般的哲学探讨中，这个译法就显得意义过于狭窄。

④ 参见 PHILOSOPHIE，Revue trimestrelle，Numero 78 - 1，Paris：Les Editions de Minuit，2003。本期杂志即是关于此问题的专号。

经很明显地表现出来了。最终，他的企图并不是写一部关于现象学方法的
纯粹描述性的哲学史教材，而是要在重复中超越之。事实上，人们在列维
纳斯、利科尤其是米歇尔·昂利那里已经隐约可以看到这一倾向，此外，
梅洛－庞蒂似乎也一直隐而不彰地加强着这样的效果。回到马里翁本人，
这一重要的区别本身又明确地反映了他的旨趣："如果在现象学方面，与
形而上学相反，可能性实际上超越于确实性，那就应该终结这个原则，直
至最终将它用于反对已经被完成的现象学。因为我们不能通过拒绝，而只
能通过重复来超越一种真正的思想，从中借得思想方法以超越它本身，哪
怕功亏一篑。"①

　　《既予：论既予性的现象学》（以下简称《既予》）是对《还原与既
予性》论题的进一步展开和深入。如果说后者是一种作为哲学史探讨的
预备性工作的结晶的话，那么《既予》一书事实上是马里翁本人现象学
思想的代表作品。在这里我们不仅看到他在内容上对经典现象学原则的笃
实推进，也看到他不同于德国思想家的哲学风格。该书首先将经典现象学
中一度很重要但是又一再被错失的既予性（donation，Gegebenheit）范畴重
新置于现象学探究的中心，将它确定为现象性的最后视域。在此基础上，
马里翁重新描述了礼物（le don）现象，将现象的特征确定为严格的既予
者（le donné），最终解放充溢现象，使得勾画 l'adonné 的轮廓成为可
能——这个肩负重大使命的 l'adonné 绝不是主体的继承者或者新的化身，
而是继主体之后而来者（ce qui swit au sujet）。要找到这个取代其位置者
并且确定它的意义，是一项意义重大而又困难重重的工作。

　　当然，马里翁也对自己要面临的困难有充分的认识。在他之前，已经
有几代哲学家前仆后继地对形而上学主体发起一次又一次的冲击。然而事
实证明，一切企图从事该项事业的人都必然碰到这样的悖论：任何关于已
经成功消灭这一主体的言说或者理解同时也宣告了它所为之献身的事业本
身的无效。通过否认其全部有效性来摧毁主体就等于同时赋予了它同样多
的理想限定性。因此主体总是能够反过来影响任何摧毁它的企图。这就解

① Jean-Luc Marion, *Réduction et donation: Recherches sur Husserl, Heidegger et la phénoménologie*, p. 10.

释了为什么每一个现象学家都会陷入为后来者所指责的境地，因为他们用来取代主体的东西最终却成了主体的"继承人"——最为典型的例子就是海德格尔所描述的"此在"。

马里翁企图摆脱这个怪圈。他的策略是：不再试图直接摧毁或者取消主体本身的有效性，而是彻底地反转、倒转它；不是直接反对主体将自己设定为中心，而是反击它占领并且运作这个中心所采取的方式——作为能思想的、建构的、决断的"我"，也就是说，是作为起源、作为第一人称的自我（ego）、作为超越的"属我性"。因此，在马里翁这里，"主体"完全失去了上述优先性与支配权（privilège, primauté）：它仅仅作为"聆听者"（un allocataire，接受救济者）而被安置于此，作为"自身-既予者"（ce qui se donné，自行发生者）在这里展示自身；它本身在此被揭示为既予者，而所有其他的既予者也不断地在此发生。① 这样，在中心，实际上就不会持续存在任何"主体"，而只有一个 adonné。其职能在于接受那些无限向它给出自身的既予者，它的优越性也局限于它所接受到的礼物正是它自身，因为那既予者仅仅在它的回应中才展现自身，而它也在回应之时才被建立。此外，由于 l'adonné 自己也是一个现象，也要向一个他者给出自身，故 l'adonné 的意义可以被大概地归结为一个"接受-给予者"。②

当然，l'adonné 并不是横空出世的，它建立在现象学在法国的最新进展的基础之上。对这些进展的了解有助于我们更好地把握它的特征。自梅洛-庞蒂以来，现象学通过诉诸知觉（身体、世界之肉）、解释（语言、文化）和伦理（他者、他性）使得现象学的重心从贫乏现象（le phénomène pauvre）转移到了充溢现象（le phénomène saturé），这实际上完全打破了经典现象学关于现象性的界限，一步一步地接近一种"不可能的"现象学。

所谓充溢现象，与贫乏现象相对，就是以"直观对朝向它的赋义与

---

① Jean-Luc Marion, *Étant donné*, p. 442.

② 苦于无法找到对当的中文词，我们似乎只能把它译成这样一个复合词，而这样的译法使用起来也十分不方便，它与 donation 这个术语具有更强的不可译性，因此我们决定在行文中暂时保留原文。英译者考斯基（J. Kosky）曾经将它译作 the gifted，但是这个词也无法译出它的主动给出自身的意义，因此另一位研究者罗宾·豪内尔也选择保留原文。

概念行为之过剩"作为其特征的现象，它因此颠覆并且先于全部意向行为，它溢出意向并且使之偏移。① 作为自行显现者之现象之可见性因而逆胡塞尔式的意向性而产生——依据一种"反－意见"（para-doxa），一种"反－表象"，一种与被意指者（la visée）相对的可见性。② 马里翁承认，l'adonné 之所以能够被提出，就是因为已经有四种充溢现象作为先导：第一，事件（l'événement），从数量上是不可预测的，它通过摒弃先验之我（je）而放弃了经验自身（soi）的恒常性——确保自身恒常性的我让位于一种无限的解释学；第二，偶像（l'idole），就其质性而言是无法承受的，它通过自己最初的可见性填满意向性而使之陷于停顿并被倒转，我（je）与其说在意指一个可见者，不如说被它所召唤；第三，肉（la chair），从关系上作为一个自身激发者（une auto-affection）而展开，从而缝合了意向的绽出（extase）和我对客体的一切意指；第四，圣像（l'icon），在其模态上是不可注视的（irregardable），它通过他人而将能注视的注视转变成了被注视的注视。实际上，每一种充溢现象（或者悖论）都颠覆意向性，从而使呼唤（l'appel）成为可能甚至必然。当呼唤被其接受者所接受之时，l'adonné 就此诞生。③

至此，我们大体上依据马里翁本人的阐述勾画了其哲学旅程的草图，也确认了他最为重要的理论探索。如果我们假定他的理论建构的确实现了他的企图，那么他无疑将是西方哲学史上一个划时代的人物。

二

从以上的介绍当中我们可以得出如下结论：第一，主体问题是西方哲学一以贯之的中心主题；第二，作为西方哲学在当代的最新、最具代表性的形态之一，现象学也始终在从或积极或消极的角度展开对这个问题的探索；第三，马里翁的代表作又代表了现象学运动在主体问题上的最新进

① Jean-Luc Marion, *De Surcroît: Études sur les Phénomènes saturés*, Paris: Presses Universitaires de France, 2001, p. VI.
② Jean-Luc Marion, *De Surcroît: Études sur les Phénomènes saturés*, pp. 135–136.
③ Jean-Luc Marion, *Étant donné*, p. 369.

展。基于以上三个基本结论，我们认为展开对马里翁思想的研究将是一件很有意义的工作。

当然，这一主题的选择也与笔者本人的研究经历密切相关，这可以从必然和偶然两个方面来讲。从偶然的方面来说，我是在硕士毕业前半年接触到马里翁著作的，此时我关于福柯思想史方法研究的硕士毕业论文已然定稿，我开始考虑未来研究的课题，我的导师杨大春先生就将马里翁的著作交给我，当时只是说让我看看，并没有敲定。

在撰写硕士学位论文期间，我已经认识到，福柯思想的真正旨趣并不在于宣告主体之死，而是在于揭示主体被塑造、被"分析"乃至被"治理"的真相。这个与现象学颇有渊源的思想家晚年也开始从正面直接为主体及其自由寻求出路，令人遗憾的是，福柯的这个工作没有机会得到充分的展开。

在初步阅读《还原与既予性》和《既予》的过程中，我了解到，虽然是以一种与结构－后结构主义者们不同的方式进行的，但是整个现象学运动都没有脱离对主体问题的探讨，实际上是以更明显、更直接的方式进行的。而马里翁的工作不仅属于这个线索，而且整合了前人的工作，同时又企图有所突破。他借以突破前人的资源深深地扎根于他的哲学史研究当中。那么，马里翁的文本与笛卡尔文本、经典现象学文本以及当代现象学文本的关系就成为思想史工作的有趣课题，而贯穿所有这些文本的"我思"阐释的历史同时也就是"主体"的历史，这样，如果以马里翁为研究课题，那么从内容到方法都与我以前的工作保持着内在的联系，同时又可以将我的学术视野稳步地推广和前溯。从这个角度讲，本书主题的确定又成为一个顺理成章的事情了。

但是，当我真正按照自己的意图展开研究的时候，才发现我面临这样一个局面：直接可用的中文资料极少，因为国内当时对马里翁的译介、研究工作才刚刚起步，而与本书主题类似的系统研究还处于空白状态，这种情况直到2007年才开始有所改善，彼时本书的大体框架已经基本定型，进入正式写作阶段；国外的二手文献虽然卷帙浩繁，但是目前还没有与我们同一主题的专门、系统的研究。

当然，这并不是说马里翁的思想地位不重要，而只是说与本书同主题的研究并未充分展开而已——从我们第一部分对他的介绍来看，这也是情理之中的事情。可以这么说，无论是在欧洲大陆还是英语世界，马里翁的思想已经获得了极大关注，其著作、言论已经被翻译成多种语言，得到广泛传播。依据马里翁在 2006 年 6 月提供的资料，除了他本人的 17 种专著、4 种译著和 110 篇论文以外，他还有 34 种学术对话或媒体访谈被发表；收录其著述的各种文集则有 222 种之多。2008 年以后，我们又陆续收集了许多其他资料，本书基本上跟踪研究到其 2017 年前后的研究，包括最新的艺术哲学论著。①

最能够体现其学术地位和影响力的是与其思想有关的二手资料（Bibliographie secondaire）的质量和数量。已经出版的与马里翁争鸣或专门研究其思想的论著有超过 200 种，论述的角度大体为现象学、哲学史（尤其是笛卡尔研究）、神学、美学、伦理学等，主要涉及的主题有主体、他者、上帝、知觉、何为第一哲学等。可以说，国外对马里翁思想的回应和研究是与其本人思想发展大体同步的，其成果也是十分丰富的。出于我们研究主题的考虑，下面我们仅围绕马里翁基于既予性概念的现象学思想以及作为这种思想之哲学结论的新的主体观做一些介绍。必须说明的是，即使在这一主题下，国外相关的文献依然称得上卷帙浩繁，所以我们只能挑选一些重要的、极具代表性的著作、刊物来介绍。

1991 年，也就是马里翁的现象学三部曲中的第一部《还原与既予性：论胡塞尔、海德格尔和现象学》发表后的第三年，法国著名的《道德与形而上学评论》在第 1 期发表了哲学家米歇尔·昂利的一篇专题论文《现象学的四条原理》，② 高度评价了马里翁基于既予性概念的现象学思想及其对整个现象学运动的重要意义。这篇论文首先概要性地回顾了现象学发展过程中曾经出现的三个原理，③ 然后，昂利重点讨论了马里翁所提出的第四原理："第四条原理是晚得多的时候才由 J. –L. 马里翁在他的著作

---

① Jean-Luc Marion, *Courbet ou la peinture à l'oeil*, Paris：Flammarion, 2014.

② Michel Henry, "Quatre principes de la phénoménologie", *Revue de Métaphysique et de Morale*, 1991/1, "À propos de Réduction et donation de Jean-Luc Marion". 中文参见〔法〕M. 亨利《现象学的四条原理》，王炳文译，《哲学译丛》1993 年第 2 期。

③ 详参本书第一章第二节。

《还原与既予性》中规定的，然而其重要性影响到现象学的整个发展，它是这种发展的隐蔽的但始终起作用的前提。这条原理被表述为：'还原越多，给予就越多'（d'autant plus de reduction，d'autant plus de donation）。"①

同年，德里达在《给予时间》② 一书中展开了与马里翁的争论。在德里达看来，马里翁所要描述的纯粹的"呼唤的纯形式"（la forme pure de l'appel）其实是不可能的，甚至指责马里翁是在向形而上学的超越性回归。而马里翁则在他的代表性著作《既予：论既予性的现象学》（1997）中做了系统的回应。此外，这本书还回应了多米尼克·雅尼考③对他的批评。雅尼考的批评是在他总结海德格尔之后法国现象学（20世纪60年代到90年代前后的30余年）总体线索的长文《法国现象学中的神学转向》（Le tournant théologique de la phénoménologie française）中提出来的。此文后来作为一本小书出版，分为五章，其中为马里翁单列了一章，位于列维纳斯之后、米歇尔·昂利之前，这样看起来，马里翁恰好处在"神学转向"的转折点上，最后，此文直接批评马里翁的工作是神学阐释对现象学领地的侵蚀。④ 这些思想争鸣的过程都将在我们的研究中得到讨论。顺便提一下，不仅国外有学者有这样的批评，国内也有学者认为马里翁代表了"现象学的神学转向"，或者声称马里翁在英语世界的影响主要在神学

---

① Michel Henry, "Quatre principes de la phénoménologie", *Revue de Métaphysique et de Morale*, 1991/1.

② J. Derrida, *Donner le temps I：La fausse monnaie*, Paris：Galilée, 1991, pp. 72 – 74, 204. 德里达与马里翁的争论还在许多其他地方，比如《给予死亡》（J. Derrida, "*Donner la mort*, in L'éthique du don. Jacques Derrida et la pensée du don," Colloque de Royaumont. décembre 1990, Essais réunis par J. – M. Rabaté et M. Wetzel, Métaillé-Transition, Paris, 1992, pp. 52sq）以及《论礼物》（*On the Gift：A discussion between Jacques Derrida and Jean-Luc Marion*, moderated by Richard Kearney）等著作或对谈中都有体现，我们这里只是择要介绍。

③ 多米尼克·雅尼考（Dominique Janicaud, 1937 – 2002），法国哲学家，专研海德格尔哲学，1966 年起任教于法国尼斯大学，著有《希腊的神秘与艺术》（*L'art et les mystères grecs*）、《海德格尔在法国》（*Heidegger en France*）、《思想的阴影：海德格尔与政治思想》（*L'ombre de cette pensée：Heidegger et la pensée politique*）、《香榭丽舍的亚里士多德》（*Aristote aux Champs-élysées*）、《人能超越人性吗?》（*L'homme va-t-il dépasser l'humain*）等书。

④ Dominique Janicaud, *Le tournant théologique de la phénoménologie française*, Éditions de l'Éclat, p. 40.

界。这些看法从事实和概念两个方面来看都不是很准确，也不全面。马里翁最初是以笛卡尔专家的身份进入北美哲学界的，[1] 他关于笛卡尔时期"上帝"观念的研究收录在《剑桥十七世纪哲学史》中，而不是神学或宗教思想史著作当中。[2] 换个角度来讲，马里翁的许多作品可以被看作"基督教哲学的"，但是这个概念和"神学"有着方法和原则上的根本差异，不可以因为主题的交叉而混淆学科的界限。

2002 年，在《既予：论既予性的现象学》发表五年之后，法国《哲学》季刊出了一期关于马里翁的专号，该期杂志除了收录马里翁的论文《礼物的理性》之外，还收录了法国国内外思想家对他的回应和批评，其中卡普托（John D. Caputo）的一篇论文专门梳理了马里翁与德里达在礼物思想方面的异同。[3] 埃曼纽尔·弗拉克在谈到这本书的突破的时候将它与康德的《纯粹理性批判》对举，称之为"颠倒了的纯粹理性批判"（Critique de la raison pure inversée）。[4] 纯粹从其所涉及的内容来看，这一评价反映在《既予》一书中所实行的对现象的重新规定以及对现象与接受它的主体之间的关系的重新描述。

在以主体性为专门研究课题的论著中，值得一提的是弗朗索瓦－大卫·塞巴在 2001 年出版的一部专著：《极限之体验》。[5] 该书着重介绍了当代法国现象学中那些探索和企图突破哲学边界的哲学家们的思想历险。在梳理"主体性"（subjectivité）问题在当代法国现象学中的基本发展线索的基础上，该书不仅介绍了马里翁的立场和观点，而且重新探讨了当年马里翁与德里达的争论，因此是一部很有参考价值的专门性著作。在这本书中，马里翁被认为在主体性问题上与列维纳斯、米歇尔·昂利同属一个

---

[1]　Robyn Horner, *Jean-Luc Marion: A Theo-logical Introduction*, p. 3.

[2]　Jean-Luc Marion, *Questions cartésiennes II: Sur l'ego et sur dieu*, Paris: Presses Universitaires de France, 1996, p. 393.

[3]　参见 *PHILOSOPHIE*, Revue trimestrelle, Numero 78 - 1, Paris: Les Editions de Minuit, 2003. 本期杂志是关于此问题的专号。其中卡普托的论文原来是英文，先后被翻译成法文和中文（香港）。

[4]　Emmanuel Flaque, "Phénoménologie de l'extraordinaire," in *Philosophie*, Revue trimestrelle, Numero 78 - 1, Paris: Les Editions de Minuit, 2003, p. 52.

[5]　Francois-David Sebbah, *L'epreuve de la limité: Derrida, Henry, Levinas et la phenomenologie*, Paris: Presses Universitaires de France, 2001.

家族，① 而在是否可以逾越哲学的极限问题上与德里达处于对立的位置。②

此外，在德国、西班牙、意大利以及一些中东欧国家，马里翁的思想也引起相当的反响，限于语言和文献的不足，我们无法做出更详尽的介绍。

在英语思想界，马里翁的主要影响是在美国，因为他曾经在很长一段时间内任芝加哥大学的客座教授。大多数对他感兴趣的人来自宗教研究领域，最明显的例子就是以马里翁思想为其博士学位论文选题的学者罗宾·豪内尔，我们前面提到，他把马里翁视为"我们时代最重要的天主教思想家之一"。好在马里翁的哲学家身份渐渐得到正视，人们承认他"首先是一个哲学家" [布鲁斯·艾利斯·本森（Bruce Ellis Benson）语] 或"尚健在的最重要的三四个近代哲学史家中的一个"。③ 现在，他的现象学三部曲全都有了英译本，其中，第三部《论过剩：充溢现象研究》法文版是 2001 年出版的，而在 2002 年就出版了英译本。④ 相关的研究论文也经常见于各种学术刊物，有的比较马里翁与列维纳斯在意义给予（sinngebung）问题上的异同，⑤ 有的则质疑马里翁的"充溢现象"概念是否还具有现象学的合法性。⑥

在中国国内，目前对马里翁的研究处于起步阶段，但是已经有许多重要学术机构的众多学者开始关注其思想，如杜小真教授在《米谢尔·亨利和法国现象学》一文中指出，"马里翁是当代法国最优秀的哲学家，笛卡尔和胡塞尔现象学专家之一……我们从他们的研究中看到了一种对更加彻底的现象学的追求，那就是把'赠予'（donation，又译给予）从对象性

---

① Francois-David Sebbah, *L'epreuve de la limité: Derrida, Henry, Levinas et la phenomenologie*, p. 166.

② Francois-David Sebbah, *L'epreuve de la limité: Derrida, Henry, Levinas et la phenomenologie*, p. 147.

③ Jean-Luc Marion, *Cartesian Questions: Method and Metaphysics*, p. 1.

④ Jean-Luc Marion, *In Excess*, trans. par R. Horner et V. Berraud, Fordham University Press, 2002.

⑤ John D. Drabinski, "Sense and Icon, the Problem of Sinngebung in Levinas and Marion," *Philosophy Today* 42 (1998): 47-58.

⑥ Aleander Cooke, "What Saturates?: Jean-Luc Marion's Phenomenological Theology," *Philosophy Today* 42 (2004): 179-187.

的优先地位中解放出来，把它归还给真正的经验"。①

　　同济大学的高宣扬教授有两次对马里翁的介绍，一次是在《当代法国哲学导论》② 中，另一次是在《法国现象学运动的新转折》一文中，后者的影响可能更大些。该文认为，"通过礼物在其奉献和捐赠的行动中的自我证成、自成理由和自我合法化，庄·吕克·马里墉（原文如此——笔者注）终于完成了他对偶像、肉体、基督教的道成肉身等'最高的不可能的可能性'的论证"。③ 同时他也很关注这种"捐赠现象学的神学意义"。④

　　浙江大学杨大春教授在《二十世纪法国哲学的现象学之旅》一文中梳理了现象学因素在二十世纪法国哲学中的地位与作用，并且认为目前最有影响的现象学家就是马里翁，不过他没有谈到神学，只是说马里翁的"现象学是关于给予现象的研究，其中容纳了天主教信仰"。⑤ 武汉大学的郝长池老师则是在宗教现象学的语境中讨论马里翁的思想的。⑥

　　以上各位学者大多是在论著或长篇论文中作简要的评介或者简单提及，不过最近两年情况已经有了明显变化。专门以马里翁为主题的研究论文开始出现在重要的学术刊物上。中国社会科学院哲学研究所的尚杰研究员在《哲学研究》2007 年第 6 期发表了《马里翁与现象学》⑦ 一文，文章认为马里翁作为继德里达之后法国新一代现象学家，为我们提供了理解现象学的新思路。同时作者还以一种独特的"精神连线"说来解读马里翁与传统形而上学以及经典现象学的关系，我们期待尚先生的学说能够有进一步的深入和发展。

　　方向红教授是目前国内马里翁研究界为数不多的专门学者之一，目前已经有三篇专门的研究论文发表，我们在此介绍其中的两篇。其一是

---

①　杜小真：《米谢尔·亨利和法国现象学》，《江苏社会科学》2004 年第 4 期。
②　高宣扬：《当代法国哲学导论》，同济大学出版社，2004，第 297～303 页。
③　高宣扬：《法国现象学运动的新转折》（上），《同济大学学报》（社会科学版）2006 年第 5 期。
④　高宣扬：《法国现象学运动的新转折》（下），《同济大学学报》（社会科学版）2007 年第 1 期。
⑤　杨大春：《二十世纪法国哲学的现象学之旅》，《哲学动态》2005 年第 6 期。
⑥　郝长池：《宗教现象学的基本问题》，《现代哲学》2006 年第 1 期。
⑦　尚杰：《马里翁与现象学》，《哲学研究》2007 年第 6 期。

《意识的平面性与存在的深度——与马里翁一起反思胡塞尔和海德格尔的"现象"学》，文章从"什么是现象"这一基本问题入手，以马里翁的思考为指导线索，得出结论认为胡塞尔的"现象"与实事的显现相关，而海德格尔的"现象"通常是不显现的。因此前者的意识是平面的，而后者海德格尔的存在是有深度的。① 其二是《通向虚无的现象学道路》，文章从海德格尔关于虚无的论述说起，进而依据对马里翁的解读探讨一种"情而上学"的可能性。文章还比较了海德格尔和马里翁在通达虚无之路方面的异同。海德格尔认为从"深度无聊"出发经过"畏"可以达到虚无，而马里翁认为，不是通过"畏"而是通过经过改造了的"深度无聊"才能抵达虚无。②

笔者发表于 2007 年的《 L'adonné：取主体而代之？——马里翁哲学管窥》③ 一文大概介绍了马里翁其人其学，同时围绕 l'adonné 这一重要范畴展开论述，描述了它的诞生过程，也指出了关于该范畴未来研究的方向：它与形而上学主体之间的关系究竟如何，该文在某种意义上可以被看作笔者博士学位论文的导言。另有一系列的论文试图在当代法国思想图景中探讨充溢现象学的地位以及笛卡尔主义传统与现象学之间的关系，主要有《脸或者圣像：从列维纳斯到马里翁》④《现象的概念：从康德到马里翁——走向"极端"的现象学》⑤《思想的方法：从笛卡尔到现象学》⑥《我思：主体及其处境——从笛卡尔到梅洛 - 庞蒂》⑦。

在其他学术刊物方面，2004 年春季在香港出版的《道风基督教文化评论》（第二十期）是"德里达与神学"专号，其中有一篇卡普托论述马

---

① 方向红：《意识的平面性与存在的深度——与马里翁一起反思胡塞尔和海德格尔的"现象"学》，《南京社会科学》2006 年第 2 期。此外，同一作者还有《直观与被给予——兼述马里翁对德里达和海德格尔的评论》一文，《中国现象学与哲学评论》第八辑，上海译文出版社，2006，第 246 ~ 268 页。
② 方向红：《通向虚无的现象学道路》，《哲学研究》2007 年第 6 期。
③ 徐晟：《L'adonné：取主体而代之？——马里翁哲学管窥》，《哲学动态》2007 年第 2 期。
④ 徐晟：《脸或者圣像：从列维纳斯到马里翁》，《江苏社会科学》2007 年第 6 期。
⑤ 徐晟：《现象的概念：从康德到马里翁——走向"极端"的现象学》，《同济大学学报》（社会科学版）2008 年第 1 期。
⑥ 徐晟：《思想的方法：从笛卡尔到现象学》，《天津社会科学》2008 年第 6 期。
⑦ 徐晟：《我思：主体及其处境——从笛卡尔到梅洛 - 庞蒂》，《社会科学》2011 年第 9 期。

里翁思想的论文被译成中文发表，就是我们在前面提到的那篇论文，在此就不再赘述了。

最后，在相关作品的译介方面，到目前为止，已有多本论著如《还原与给予》①《情爱现象学》②《可见者的交错》③ 已经出版。北京大学的《哲学门》（总第十三辑）发表了一篇题为《让-吕克·马里翁：〈被给予的存在：朝向既予性的现象学〉》的书评，我们认为书名的翻译不正确。④ 至于系统的研究专著，尤其是将其思想放置在主体形而上学解体这一背景当中做专门论述的中文著作也都还没有问世。

三

总体而言，本书的写作计划最初是依这样两个标准制定的。首先，它的内容将是被严格限制的。我们将紧紧围绕两个范畴——既予性（donation）和 l'adonné；一个原则，即现象学的最终原则，准确地讲，是最终原则的第四个表述——有多少还原就有多少既予性（autant de reduction, autant de donation）；⑤ 一个关系——l'adonné 与现象之间的关系，展开研究。

其次，由于国内的相关研究刚刚展开，大量的原始文献和二手资料都没有中文版本，这就意味着许多基本论题的介绍和基本概念的翻译都必须逐步摸索或重新厘定，这个任务的难度很高，工作量是极其巨大的。因此我们的工作不仅要求对哲学史线索的准确把握，还要求努力克服大量文化、语言（尤其是古典语言）方面的困难。其中如有疏漏或不成熟之处，还请各位方家不吝指正。

上述的两个要求决定了本书研究的主要步骤：首先，以马里翁的哲学

---

① 〔法〕马里翁：《还原与给予》，方向红译，上海译文出版社，2009。本书在行文中用《还原与既予性》书名。

② 〔法〕马里翁：《情爱现象学》，黄作译，商务印书馆，2014。

③ 〔法〕马里翁：《可见者的交错》，张建华译，漓江出版社，2015。

④ 参见《哲学门》总第十三辑，北京大学出版社，2006，第 279~284 页，以及 Jean-Luc Marion, *Étant donné*, pp. 5 – 11。

⑤ 详见本书第一章。

文本为主要依据，描述既予性的现象学是如何建构的；然后，在此基础上探讨作为"继主体之后而来者"的 l'adonné 是如何从一种奠基于既予性的充溢现象学中被逐步勾勒出来，并逐步获得其身份和意义的。至于其在哲学史上的最终地位，我们目前还无法做出定论。

以上两方面的内容是从纵向的角度着眼而设定的，它们都基于既予性这个范畴而被提出来。马里翁得出这个范畴的理论基础是对现象学最终原则的重新阐述，而最终的落脚点是这个范畴在什么意义上改变了哲学史图景。

从横向的角度，我们试图初步厘清这样一个线索：作为一个"集大成"的思想家，马里翁与其同时代的法国主要思想家如梅洛－庞蒂、列维纳斯、福柯、德里达、利科以及昂利等人之间的关系。

虽然既予性和 l'adonné 这两个范畴在某种意义上都是专属于马里翁的，前者虽然在胡塞尔时代就是一个专名，但是在马里翁的体系中，它同时获得了奠基性和贯穿整个现象学史线索性的地位；后者则是基于前者的奠基性而推至极限所得的结论性概念。连接这两个概念的过渡环节则是一系列被马里翁称为"充溢现象"的概念。① 显然，充溢现象学实际上是对梅洛－庞蒂、利科、昂利、列维纳斯等人的现象学理论的集大成，而我们在研究时，也的确必须对上述作者的代表性著作做出必要的田野调查，并与马里翁本人的论述进行比较和讨论。这就构成我们本书的第三个方面：将马里翁的论述与其他思想家的思想进行比较，在比较中确立本书对马里翁的评价。所有这些问题并不是各自独立，而是有其内在关联的。可以这么说，正是马里翁所提出的新的现象学的最终原则才使一种关于既予性的现象学得以可能，并为 l'adonné 的诞生准备了条件。所有这些理论进展都是马里翁在与其他当代思想家的争论和整合中取得的。

由此，本书可以合理地被称为以马里翁为核心的当代法国哲学的最新进展研究；而其主题实际上是最为古老的，即现象（世界）与主体（人）的关系。

---

① 马里翁的《论过剩》一书乃是对这一类现象的专门论述。

在本书中，我们基于一种朴素的研究目的而遵循一种审慎的研究进路，不是急于将一种西方的思想"中国化"或"为我所用"，而是关注更为基础的工作，首先是追求对西方思想的一种"如其所是地"理解。其主要的工作不是"阐发微言大义"，而是通过翔实的文献梳理、并置、对比让哲学家的思想"自己显现"。它的意义在于让中国的思想者能够通过本书的研究知道一个西方思想家究竟在说什么，尤其是他是"如何"说的，他为什么会这样说，而不是那样说。因此，我们将主要借鉴西方思想史家，比如福柯的工作方法来处理西方思想的资料。我们不仅关注一个作者究竟说了什么，还更加关注某一论题何以在此出场、人们如何论述它以及它何以是这样而不是那样谈论某一主题。

出于以上的研究思路和目的，本书的研究方法主要有三种：首先，是尽可能如其所是地"描述"马里翁的思想；其次，是将马里翁的思想与其他哲学家的论述进行比较，以加深理解并指出他与其他思想家之间的相同与不同；最后，是在以上两种工作的基础上对其思想进行归纳、阐释乃至质疑，并对已经归纳出来的连续与断裂做出自己的解释。大体说来，本书的研究将是一项个案分析性的工作：以马里翁关于主体（他者）问题的论述为对象，通过具体细致的描述和解剖，在"理解（接受）—阐释—批判"的三重活动中，谋求对西方形而上学的主体问题的意义和发展脉络有一个较为准确的把握。

这样的论题限制和研究方法决定了本书不是一部系统地介绍马里翁现象学思想的著作，那样工程太浩大，而是从主体形而上学的逐步消解这个角度，考察现象学的某些范畴、命题的思想史意义。反过来讲，正因为本书试图通过对相关范畴和命题的详细阐述和分析来透视主体形而上学的历史，而目前国内还没有同类专著出现，它所提出和准备解决的问题也因此是新颖的。

总之，我们的工作范围是具体的、局部的，但是又试图通过细致的文献梳理、清晰的思路和独立的思想达到某种窥斑见豹的效果。

全书共分为三大部分：导论、正文和一个简短的结论。如同读者在前文已经看到的，导论部分主要介绍马里翁其人及其思想背景和主要哲学贡献，交代本书所聚焦的主题和研究思路。

正文部分共计八章。第一章勾画了两个断裂：一是现象学方法与传统形而上学认识论之间的断裂；二是马里翁通过其现象学最终原则的第四表述而实现的与经典现象学（胡塞尔、海德格尔）方法之间的断裂。我们可以看到，在经典现象学中，现象学方法与形而上学方法的区别在于：形而上学方法总是力求证明（démontrer）一个命题的真假，而所谓证明就是为了追求关于事物的确定性的知识，从而将事物建构为某个基础的表象；现象学方法致力于展示（montrer），这就意味着，即使在建构（constituer）一个现象时，这个方法也仅限于让这个现象自己显现。建构不同于构筑或综合，而是一种意义给予（Sinngebung）。意义给予究竟是以超越性的自我或此在为中心，还是由现象本身自行给出自身，并为"主体"所接受，正是马里翁与德国现象学的分歧所在。在马里翁看来，一种彻底化了的现象学方法意味着既予性的首要性，它乃是现象自身所具有的本己特性。因此，在马里翁的思想中，现象学方法所做的仅仅是为现象自己展示自身（se montrer）扫除障碍。

在马里翁之前，关于现象学的最终原则已经有了三个表述：（1）有多少显现就有多少存在；（2）直面事物本身；（3）一切原则之原则。只有最后一个表述明确地将现象性从形而上学关于奠基的要求中解放出来了，因为除了直观之外，现象之显现再也不需要任何其他外在合法性。问题在于，此后直观本身构成了现象性的界限或者说视域，这就意味着现象依然无法依据其自身的既予性而展示自身。为了最终通达既予性的首要地位，现象学的最终原则必须被更彻底地表述为：有多少还原，就有多少既予性。①

在本书的第二章，我们主要探讨了"既予性"这个范畴、它的历史及其在马里翁那里的用法与根本地位。既予性概念并非由马里翁所创设，它已经在胡塞尔、海德格尔以及其他哲学家那里被使用过。而且胡塞尔和海德格尔也一度揭示了它的重要意义，但是他们又以各自的方式双双错失

---

① 四种原则，法文依次表述为：（1）*Autant d'appara î tre, autant d'être.*（2）*Droit aux choses mêmes!*（3）*Principe de tous les principes.*（4）*Autant de reduction, autant de donation.*（*D'autant plus de reduction, d'autant plus de donation.*）参见 Jean-Luc Marion, *Étant donné*, pp. 19 – 23。

了自己的发现。通过假定现象性与对象性范式之间的未经审查的等价性，胡塞尔在他的突破面前止住了脚步，因为这种等价性使得既予性依赖于我（Je）的建构。海德格尔已经在对"发生"（es gibt, cela donne，它 - 给予）的描述中揭示了既予性的首要性，但是他旋即将"发生"阐释为大写的本有（Ereignis），因此也使得他的发现成为一个未被抓住的突破。

马里翁认为，必须依据既予者（le donné）的两义性来把握既予性的基本含义。既予性展开为既予者的褶子（le pli de donné）：被给予的礼物仅仅依据其本己的事件而给出自身。因此既予性就是现象的根本现象性：现象给出自身（se donner）。现象以其既予性为根本现象性（phenomenalité）这一命题不仅可以使"显现与显现者"① 之间的紧密相关的两义性得以合法化，而且与海德格尔的经典命题相呼应：现象的意义就是那就其自身而展示自身者。为了无条件地显现，现象能够也必须被还原为纯粹的既予者。为了阐述自己的上述观念，马里翁借助对一幅绘画的现象学分析，论述既予性在一种彻底的现象学中应该具有的首要地位。就如同一幅绘画给出的仅仅是它的效果（而非它的持存性或有用性），一个现象除了它自己所显现者之外什么也不给予，换言之，它不给予任何"东西"：既不给出对象，也不给出存在者。没有任何现象可以逃脱既予性，包括虚无、死亡乃至未知的他者。因此，在判定任何事物存在或不存在（有或者没有存在）之先，重要的事情不在于决断它是否从属于既予性，而仅仅在于判定其既予性的模式。以上就是本书第三章的主要内容。

第四、第五两章的内容相对而言是比较横向的，它涉及两个方面：一是法国哲学家雅尼考对马里翁的批评（神学转向）以及马里翁本人的回应；二是德里达与马里翁在"纯粹礼物是否可能"问题上的争论。在我们看来，是否谈论关于上帝或宗教经验的主题，并非神学与哲学的分野所在。就马里翁而言，诸充溢现象仅仅是可以将现象学拓展到其可能性的极致的理论工具，也就是说，这是哲学的论域的拓展，而非神学对哲学的入

---

① 原文表述为"l'apparaître（Erscheinen）et l'apparaissant（Erscheinden）"，参见 Jean Inc Marian, *Étant donné*, p. 33。

侵，也非哲学对神学的"僭越"。① 哲学与神学的分野，在于原则和方法，而非主题，否则任何一部欧洲哲学史，都将缺失中世纪的部分。一种关于既予性的现象学并非存在－神－学，而是一种立足于"有多少还原，就有多少既予性"原则的现象学突破。我们甚至可以说，如果列维纳斯可以被认为是某种后－现象学代表的话，那么马里翁其实是在回归某种"真正的胡塞尔主义"，因为他总是试图通过"重复"而非"拒斥"来超越现象学本身。

第五章的内容是第四章内容的延续，简单说来就是"三重悬搁"，意在现象地阐明礼物之给予者、接受者以及礼物本身的持存性，都是可以悬搁的，从而表明"纯粹的礼物"现象是如何可能的。德里达认为一种纯粹的礼物现象是不可能的。按照马里翁的解读，德里达的写作首先构筑了一种给予礼物现象的经济学，然后又在这种经济学当中将礼物消解。通过严格的现象学程序，马里翁证明不仅礼物的给予者和接受者是可以被悬搁的，而且礼物本身的在场或者说持存性也是可以悬搁的。使礼物成其为礼物的并非其客体性或存在，而是它的可给予性（donability，事物本己的必须被给予的特征）和可接受性（acceptability，事物本己的必须被接受的特征）；前者使得给予者不得不给予，后者则迫使接收者接受，简言之，礼物为了交托它自身而展示了自身。

本书第六章，通过对现象之显现的诸特征的具体描述，来说明传统形而上学中的实体与偶性关系在现象学中应该被重新规定。依据这种新规定，现象的如下四个特征使之可以被确认为"为了给出自身而展示自身者"，而不再是某个动力因的结果、某个主体的表象抑或我（Je）的意识的建构。首先，现象具有变形（anamorphosis）的特征，由于这种特征，它的确是从"别处"显现，但是这个别处并不必然指向某个起源、原因或交换的机构，因为它无须这些东西也可以实现自身。这种"别处"其实意味着它是外在于（作为接受者的）主体的，人们为了接受它所给予的东西必须向它的来临（arrivée）敞开，将它的效果作为一种冲击或感发

---

① 参见《一切真实的东西都是普遍的——马里翁（Marion）与中国学者对话录》，《华南师范大学学报》（社会科学版）2018 年 第 6 期 ；对话参与者为马里翁、贾江鸿、黄作、方向红、朱刚、徐晟、王恒，讨论中对此问题有直接的涉及。

而接受下来。这样，现象就悬搁了既予性词汇系统中的给予者。其次，现象具有作为一个事件的特征，它无须依赖任何外在的机构就可以达到显现，无法召回也不可撤销地给出自身。这样，从给予者的角度看来，它又悬搁了接受者。再次，现象之无法预测的来临使之具有意外事件（event）的特征，它只有在感发到我之时才抵达我，这就表明现象像一个礼物一样具有可接受性。最后，现象自己使得自身显现，以至于它仅在造就自身时才展示自身，在这个向我显现的过程中它一直保持着主动权，因此它像一个既成事实（fait accompli）那样使得我只能忍受它的重负。显现的主动性使它可以被转换为已经被还原了的礼物的可给予性。这种作为既成事实的特征消除了人们为现象之现象所设定的种种条件。正是从以上四个特征出发，马里翁不仅颠覆了传统形而上学中实体与偶性的对子，也使得在现象学上接受充溢现象成为可能。

在第一章至六章，我们旨在探讨一种既予性的现象学是如何建立起来的，从第七章开始，我们才逐步接近这种新的现象学所引起的效果，或者说它的哲学结论。这个效果归纳起来有两点：第一，从其既予性出发对现象进行重新规定从而使得重塑现象与主体的关系成为可能；第二，从此以后，他者作为一个绝对的现象可以在与主体的关系中占据现象学上的优先地位，并且所谓"主体"本身也可以甚至必须被现象化。为了阐明第一个效果，针对康德提出的现象的可能性条件，也就是四组知性范畴，马里翁描述了四种典型的充溢现象：事件，不可预测的；偶像，无法承受的；肉，绝对的，摆脱一切经验类比的；圣像，不可注视的。它们所代表的充溢现象的四个特征，逐个颠覆了康德的知性范畴，也超越了胡塞尔的视域和建构性的"我"。现象学因此实现了从展示到自身显现的转变，真正坚持了现象的自身显现相对于主体知觉的优先性。至于第二个效果，连接当代现象学进程的读者一定会立即由此想到一位更为国内学界熟知的思想家列维纳斯。的确，列维纳斯和马里翁的工作有着紧密的关联，二者都企图重构西方哲学，但是他们实际上开辟了不同的道路。马里翁的思想在许多地方都体现着列维纳斯的影响，后者对"脸"的确定是马里翁现象学最重要的理论前提之一。所不同的是，在与他者的关系问题上，马里翁认为这张"脸"还是成问题的，它必须被彻底化为一个"圣像"，二者的差异主要不是各自发出什么样的呼唤，而是所引起的效果：接受到脸之呼唤的"我"是受格的，而领会圣像之呼唤的"我"是与格的。

处于与圣像之关系当中的"我"不过是前者展示自身的见证，这个见证者就是那个既予性向之给出的那继主体之后而来者，也就是 l'adonné，它既不是一个先验的自我，也不是当代哲学为了先验主体性而提出的主体的众多"化身"中的一个。按照马里翁的精彩分析，在既予者发出了一个呼唤之时，l'adonné 因为接受了这个呼唤而使自身被建立。这种分析并没有将既予者转化为上帝、存在或主体。由于它的目的仅仅在于唤起 l'adonné，所以呼唤自身依然保持着无名状态。事实上，呼唤只有在它向 l'adonné 显现的事件中才能展示自身，也就是说，它只能在 l'adonné 的回应中才能被现象化。同时，在接受呼唤的过程中，l'adonné 也必须向它所接收者献出自身。这种关系表明，给出自身的呼唤仅仅通过并由于 l'adonné 而展示自身并不意味着既予性依赖于 l'adonné。既予性包含着界限，但是并不限制自身，因为 l'adonné 也必须被自己所接受者接纳。既予性的内在性因此完全得到尊重并且也得以开启一个在其本己的个别化当中通达他者的通道——爱（第八章）。

笛卡尔一方面强调思想主体的单纯性，也就是无广延、非时间的特征，使之可以脱离身体而单独存在；另一方面在论述身体之实存以及感觉功能时，又对身体的认知功能有所承认。梅洛－庞蒂的我思阐释不仅否认了单纯思维主体的永恒性，将我思重新揭示为一个时空中的事件，还由此勾勒出一个更为贴切的主体形象。

马里翁认为，先验主体同时面临着自我分裂和自我封闭两个难题：自我分裂是因为他既要充当基础，又要充当原则；自我封闭是因为作为先验原则，它不可以作为经验之我而呈现给其他自我，这就造成主体的唯我论危机。为了解决这两个难题，马里翁对笛卡尔的《沉思集》做了全新的解读，认为笛卡尔真正偏好的不是著名的 ego cogito, ego sum（我思，我是），而是第二沉思中的 ego sum, ego existo（我是，我存在）。后一个 ego 之实存在第二沉思中是由一个匿名、不确定的他者来赋予的，因为它是在与后者的对话中获得了自己的存在。马里翁由此认为，ego 具备一种原初的他性。而这种经由笛卡尔经典文本的现象学重新阐释所实现的转换，也有一种经由"现象"这一概念本身是纯粹概念分析而得以更为哲学地展开，这就是我们在第十一章展开的内容——最终通过对"现象"的重新阐释，而实现对一个全新主体形象的重新描画。

《纯粹理性批判》的"先验感性论"给出了一个关于现象的发生论的定义，其中相关的认知功能也具备一定的被动特征。但是现象并未因此得以自主显现，而是在先验构成论的分析中逐步丧失其主动性，成为被构成的认识对象。经典现象学家胡塞尔和海德格尔都触及现象本己的既予性，但是都先后错失了自己的发现。梅洛-庞蒂将现象置于"我（moi）-他人-事物"的互动结构中，现象开始摆脱单纯认知对象的地位。列维纳斯在一种主体与他者的伦理学关系中谈论现象，实际上探讨了主体自身现象化的可能。马里翁通过第三还原（也即既予性还原）恢复了现象的既予性，也为一种新型的主体形象的出现铺平了道路。

通过这两章的内容，我们不仅将现象学推进到它的极限，而且将笛卡尔的我思哲学真正纳入现象学的范畴，成为现象学运动的一章。

归纳起来讲，在马里翁那里，基于既予性的现象学将使得原来在形而上学和经典现象学那里被认为"不可能"或居于次要地位的现象居于首要地位，他进而通过对充溢现象的描述而水到渠成地得到一个新的主体形象。作为现象学当代发展的"集大成者"，马里翁具有强烈的历史感，因此，不管这个主体形象"新"到什么程度，从了解主体形而上学的来龙去脉的角度考量，对马里翁思想的研究都是必要而有益的；而对这个新的主体形象的更加详尽地考察和检验则构成我们未来研究的主要任务（结论）。

最后，我们对部分术语的用语做一些必要的说明。

既予性（donation）：对于这个概念，由于它的意义极其含混和复杂（详参本书第二章），我们最初考虑保留原文，但是由于已经有了一个保留原文的概念，再增加一个，论著的可读性将大打折扣。而且由于倪梁康先生的译介，国内学术界对它的意义及其含混程度已经有了一定的认知，所以我们想不如权且沿用倪先生的译名，然后通过马里翁的阐释进一步明确它的多义性，以提醒读者这不过是一个"译名"，需要依据语境随时变换它的意义甚至词性。但是这样做有两个弊端，首先姑且不论手头没有西文原著的读者，就算可以使用原文，如果不是很熟悉胡塞尔和马里翁思想的区分也很难弄清楚它们的不同变化。其次，不能够反映这个词在马里翁那里的主要意义，甚至与之背道而驰。这个词在马里翁的语境中主要可以依据动词"se donner"来领会，那么从作为接受者的主体出发，它是自己发生，然后影响及于我的，从现象本身来说，它就是自己发生；此外，即使在中译本的《逻辑研究》中，它在许多段落中也主要是指现象的"自身既予性"，因此应该译作"自给予性"。

但是，这些结论是我们在研究将近完成、本书即将定稿时才最终讨论得出的，而在整个撰写过程中一直沿用"既予性"这个表达，如果要通篇修改，可能会有以下三个暂时不可克服的困难：第一，既予性整个译名并非完全无效，它在部分场合依然是有效的，因此不可以全部替换掉；第二，在叙述从经典现象学到马里翁现象学的演进历程时，我们引用了大量的倪梁康先生的译著，而且这些引文与我们的行文已经密不可分，所以较难处理；第三，如此重要译名的改动往往"牵一发而动全身"，需要相当长的修改时间，而暂时不改倒是可以确保本书的连贯性和自洽性。

综合以上两点考虑，我们暂时保留"既予性"的译名，但是同时表明这样的看法：至少从一种彻底化了的现象学的角度考量，donation 这个法文词（在它终于突破了 Gegebenheit 的界限之后）应该译作"自给予性"更为妥帖。

L'adonné［（既）委身者）]：这是唯一一个我们最终下定决心保留原文的术语。简单地讲，它是指"那继主体之后而来者"，它不同于笛卡尔的我思自我，也不同于胡塞尔的先验自我，甚至也不同于当代哲学为了先验主体性而提出的主体的众多"化身"中的一个。作为一种新的"主体"形象，它依然处于哲学舞台的中心，但是它的职能仅仅在于接受那些无限向它给出自身的既予者，而它的优越性也局限于它所接受到的礼物正是它自身，因为那既予者仅仅在它的回应中才展现自身，而它也在回应之时才被建立。此外，由于 l'adonné 自己也是一个现象，也要向一个他者给出自身。在此意义上，l'adonné 的意义可以被大概地归结为一个"接受 – 给予者"。苦于无法找到对当的中文词，我们似乎只能把它译成这样一个复合词，而这样的译法使用起来也十分不方便，句子无法符合中文论文应该

"文从字顺"的基本要求，可以说，它比 donation 这个术语具有更强的不可译性。此外，我们还注意到，英语译者考斯基曾经将它译作 the gifted，但是这个词也无法译出它的主动给出自身的意义，因此另一位译者罗宾·豪内尔也选择保留原文。

从意译的角度，笔者倾向于将它译作"（既）委身者"。"（既）委身者"这一表述，意在表示一种通过自行给出自身（并被接受）而得以接受现象之影响的新主体形象，这意味着它赋予自己周围世界以意义的前提是自行投身其中，并且在一开始就知道自己并非世界意义唯一的、最终的来源，更不是一个凌驾于其上的、这个世界秩序的安排者。

表象：本书出现了三种意义不尽一致的"表象"。其中康德哲学中的表象（representation）是主体的表象行为（representer）的结果，在胡塞尔那里这一组词也有出现，倪梁康先生将它们译作代现，但是由于也属于意识行为过程或其所得，故而我们未做细分。① 第一章第二节经常出现的apparence［后来被昂利等人精确化为显现（apparition）］，是指事物自身所呈现的东西，由于出现比较集中，我们就在其出现时标出原文，以示与前两者的区别。

---

① 倪梁康：《胡塞尔现象学概念通释》，三联书店，1999，第 410 页。

第一章

方法与原则

第一节　方法的转换

"研究的目的就在于对呈现的一切事物都形成确凿、真实的判断"，为此必须限制研究的对象，"仅仅考察凭我们的心灵似乎就足以获得确定无疑的认知的那些对象"，而"方法，对于探求事物的真理是［绝对］必要的"，这个方法的建设性一翼就是直观和演绎，因为确定的知识只能是我们从自行呈现者那里"清楚而明白地直观到的东西"或"确然地从中推断所得的东西"。① 这就是笛卡尔给现代认识论制定的众多规则中的前四条的内容，它们的诞生比"我思，（故）我在"（*Cogito, ergo sum*）还要早七年。可以说，在现代哲学的开端，方法本身就是知识的前提。这个方法不仅仅是怀疑，怀疑仅仅涵盖了规则一和规则二的内容，它必须与直观、演绎（规则三）一道，共同服务于对真理的探求，它们构成了一个稳定而对称的一体两翼结构。怀疑，是为了给新知识打下牢固的基础而破

---

① René Descartes, *Règles utiles et claires pour la direction de l'esprit en la recherche de la vérité*, Règle1 – 4, tr. par Jean-Luc Marion, La Haye: Martinus Nijhoff, 1977, pp. 1, 3, 6, 10. 中译本参见〔法〕笛卡尔《探求真理的指导原则》，管震湖译，商务印书馆，2005，第 1、5、10、16 页。这里尤其应该注意 Règle3 中的"直观"一词，拉丁原文为 *intueri*，马里翁译作 regarder 而不是 intuition，表达一种获得后保持、守护的意涵。这种理解上接中世纪的知识，下可以与一种关于意向性的哲学相互沟通（Note de la Règle3, p. 112, *ANNEXE*1, pp. 295 – 302；管译本虽然也译自马里翁 1977 年的法译本，但附录第 121 ~ 123 页，应为译者自注，与马里翁原文并不一致）。

除旧有的成见，这个"破"的结果并不是虚无，而是一个无可置疑的基点：我思（cogito）。这不是一个单纯的主体，也不是一个纯粹的活动，而是一个主谓结构：［我］思。这是很值得注意的。我们认为至少应该注意以下两点：其一，这个基点同时也是由破而立的转折点，从它出发，我（Je）的良知认为自明、无疑的就是真的，否则就是意见或虚构；其二，既然这个基点是一个主谓结构，那就意味着它由"我"（Je）和"思"（pense）两个元素构成，前者为一个机构，后者乃是一个活动——对于笛卡尔的阐释是注重这个"我"的实体性（substantialité）和奠基性，[1] 还是更注重"思"之活动及其"所思"就成为非常重要的问题。[2] 我们认为，这可以看作形而上学与现象学的一个分水岭。如果以这个分水岭为标准，我们或许可以更细致地分析历史上任何时代的哲学著作，而不必以某个人物——比如胡塞尔（尽管我们正是受益于他的著作才能够找到这个分水岭）——的出现为准绳来考察哲学史。同时，这个分水岭的确认，使我们不仅可以依据文本，而且可以依据思想方法的转换，内在地提出笛卡尔与现象学的关系问题。

再回到刚才引用的四条规则。事实上，这四条规则以及笛卡尔对它们的说明已经确立了我思自我（ego cogito）的优先地位，并因此构成《谈谈方法》的先声。但是，这后一本书确立的笛卡尔哲学的"第一条原理"则不单单涉及"我思"，而是"我思，（故）我在"。从认识的顺序说，我的良知当然占据着首要的地位，因为一切其他知识，包括关于"最完满的存在"的知识，都必须以此为准绳。然而，"我思，（故）我在"[3]这个命题意味着，笛卡尔关心的不仅有认识问题，还有存在问题。尤其致命的是，他没能一以贯之地坚持"我们存在仅仅是因为我们思维"这样

---

① 关于自我（L'ego）与我思（cogitatio）的关系还可以参见 Jean-Luc Marion, *Sur le prisme métaphysique de Descartes*: *Constitution et limites de l'onto-théo-logie dans la pensée cartesianne*, Paris: Presses Universitaires de France, 1986, pp. 75sq.

② 或许有人会说，这里的思必定是我的思，因为它不可能是他人之思——这个我们同意，但是这并不能妨碍我们将"我思"作为两个元素来分析，就像"我走""我坐"一样，机构和行为当然是两个概念。

③ 或有译作"我想，所以我是"的，强调 sum/suis 还有"起作用"的意义，即使这种译法也依然不能掩饰笛卡尔的存在论倾向，也就是说不妨碍我们在下文对这个表述的判断。参见〔法〕笛卡尔《谈谈方法》，王太庆译，商务印书馆，2004，第27页注释1。

的论断，而是认为由于"我"还有比我更完满的观念，而且较完满的东西不可能从完满性较低的"我"当中产生，所以他推定不是只有我存在，"我既然想到一个东西比我自己更完满，那么我的这个思想是从哪里来的？我觉得很明显，应当来自某个实际上比我更完满的自然"。① 当他做出这样的自问自答的时候，意味着一种非常重要的转折，就是他不再局限于追问真假，而是转向追问来源；同时，他还引入了一种不同于"清楚、分明"（calrté et distinction）的新的判断的标准——完满性（parfait）。② 这个在认识论上非常虚弱的"本体论证明"本身更甚于它的最终结论本身（上帝存在），暴露了"我思，（故）我在"里面蕴含的危险和杂质，伤害了"我思"的纯粹性和严格性。这会导致一种不那么严格的循环论证，因为其中混杂着两个领域，一方面关于上帝的观念是否清楚、明白，也就是其认识论上的合法性由我思来断定，另一方面我思在本体论上的合法性又由这个上帝的存在来保证。因为上帝的存在不单是普通的"天赋观念"中的一个，也是知识客观真实性的最终来源。而本体论讨论的乃是实体之存在，实体（substance）是那无须以其他实体为自身根据和来源，仅凭借自身而实存（exister）者，与之相系的一组概念乃是方式（mode）、质性（qualite）和属性（attribut），而非真与假。

这迫使笛卡尔本人来做出某种调和。调和的结果是，我们看到一个追求清晰明白，却又态度含混的笛卡尔：一方面，我思是合法性的标准——这是与经院哲学根本区别之所在；另一方面，上帝是一切真理和存在的来

---

① 〔法〕笛卡尔：《谈谈方法》，第 28 页。

② 当然，这种完满性本身也是"我明显地认识到的"，但是这里的"认识"似乎并非直观或演绎获得，而是像"为了思想就必须存在"一样，是一种因果序列上的推断，否则，有限的、不完满的我如何能够直观到无限的、完满的那个实体呢？因此，窃以为，正是这一点使得笛卡尔无法以直观和演绎的方法明确而合法地将关于上帝的观念树立为真假标准。依据马里翁，上帝只可能作为充溢现象而给予主体，但是主体无法承受它，无法将它作为一个整体来认识，哪怕是认识的第一步——直观，因为它所给予的永远是多于直观之意向的。笛卡尔的灵魂像许多其他会思考的灵魂一样，不仅喜欢探求真理，而且对真理的来源也同样好奇；不仅追求纯粹理性，而且追求完满和无限。但是，可能引起现象学家不满的是，他过于草率地从一开始就把这些问题搅在一起讨论，就算它们有可能最终的确有关系。参见 René Descartes, *Oeuvres de Descartes*, AT, VI, *Discours de la methode*, Paris：Librairie Philosophique J. Verin, 1996, pp. 33 – 34；René Descartes, *La passion de l'âme*, Paris：Booking International, 1995, pp. 150 – 151。

源，它们"所以真实可靠，乃是由于神的存在"。① 而且尤其值得注意的是，上帝一定程度上也渗透到标准之中，其他的观念，包括我自己，因为我就是我的观念活动（"在思维而没有广延的东西"），都在与"最完满的观念"比较中获得其在这一秩序中的适当位置；毕竟上帝仅就其观念上是存在而言，总是"要有更多的客观实在性"。② 对客观主义的迷恋或者说沉溺使笛卡尔冒着重新失去刚刚征服到的全部领地的危险。简单地说，不像后来的胡塞尔那样强调原初给予的直观就是合法性的唯一的来源，在笛卡尔这里，"合法性"和"来源"先是被一分为二，然后"合法性"又遭到"来源"的不断侵蚀，认识论的奠基人实际上建立的还是一个存在－神－论的体系。追求清楚和分明也许没什么不好，但是一定要"找到事物背后的原因"就可能陷入某种含混不清，甚至自相矛盾。因为既然在背后，就不应该被看到；一旦被看到，就不是"背后的"。如果终极的根据必定是"背后的"原因、根据或本质，那么它就只能被形而上学地（通过溯因推理）"推定"，而无法被现象学地"描述"。

这种情况也导致了后来胡塞尔对笛卡尔不无惋惜地批评。胡塞尔在《欧洲科学危机和超验现象学》中认为，笛卡尔的我思行为（cogitatio）可以被看作他的意向性的"另一种表达式"。然而，令他不满的正是这位先贤"……坚持纯粹的客观主义"，尽管他这种客观主义所做的都是主观的论证。③ 因此笛卡尔可以被看作现象学的先驱，却是不自觉、不彻底的先驱，因为他的"自明的真理"又把他拉回到所谓自然态度的老路上去了，就算这种态度曾经催生了现代自然科学，胡塞尔还是不能原谅他。

至于海德格尔，则是直截了当地责难笛卡尔把"中世纪的存在论加到他设立为不可动摇的基础的那个存在者身上"。④ 这也就是我们前面所说的不严格的循环论证。不过《存在与时间》的批评有两点是有失公允

---

① 〔法〕笛卡尔：《谈谈方法》，第 32 页。
② 〔法〕笛卡尔：《第一哲学沉思集》，庞景仁译，商务印书馆，1996，第三沉思，以及第 40 页注释 1。
③ 〔德〕胡塞尔：《欧洲科学危机和超验现象学》，张庆熊译，上海译文出版社，1988，第 97 页。
④ 〔德〕海德格尔：《存在与时间》（修订版），陈嘉映、王庆节译，三联书店，2006，第 28～29 页。

的。其一是指责笛卡尔"依附于"经院哲学，并使用经院哲学术语。的确，笛卡尔不得不"使用经院哲学的术语"，因为即使胡塞尔也难免要使用笛卡尔和康德的术语，甚至某些论述手段，但胡塞尔可能不是要依附于前者，因为至少从主观上讲，他具有强烈的摆脱传统形而上学的意愿；类似地，虽然不得不使用大量的中世纪术语与知识，笛卡尔也具有摆脱经院哲学烦琐性和教条主义的迫切要求，他当之无愧地代表着所在时代的哲学创新精神。再说，为了开启新的思考方式而创立一种全新的问题系统或术语系统的哲学家至今尚未诞生。在我们看来，这其实既无可能也无必要。即使最激进、最愤世嫉俗的创新者，如海德格尔本人，也不会忘记向古希腊人致敬，这绝不是偶然的。因为在精神世界里，我们的变化可能没有在物质世界中那么显眼，那么迅速，甚至可以说，我们的基本问题没有变，万物无常而大道不更，所以任何思想家都不可能真正地完全做到"重新开始"，因为他不可能脱离生活在其中的思想语境来思考。其二是海德格尔还从解构存在论历史的角度批评笛卡尔耽搁了对"我在的存在意义"之追问。① 我们认为，在笛卡尔的时代，或许最迫切的要求就是一种"理论态度"上的变革，挣脱经院哲学的信仰主义和教条主义，从理性个体的立场去寻求清晰明白的知识。从整个哲学史进程来看，探求真理的"良知"（le bon sens）与作为操心之呼声的"良知"（Gewissens）的确非常不同，但是二者各有其不同的意义，很难说哪一个更重要或更迫切。② 不过，必须指出，海德格尔将哲学问题从形上学秩序中对诸存在之确实性及其根据的追问，转向对在世的存在者，尤其是"此在"，在时间中的意义追问。这种从"确实性"向"可能性"的转向，对马里翁这样的哲学家影响深远。

笛卡尔强调的是知识的清晰、分明，并以我思来承担这个任务，至于

① 〔德〕海德格尔：《存在与时间》（修订版），第 28 页。

② 在其严格意义上，所谓现代和后现代，都是欧洲事件，唯有在欧洲语境中才是合法的或者说有意义的。现代性就是个体理性视角的凸显并成为世界秩序之奠基性原则；所谓后现代，是对这一秩序的反思。这一意义上的"后－现代"，从卢梭和德国浪漫派开始就已经与现代性结伴而行，进而发展为对其根基——个体理性的瓦解与攻击；其"建设性"的一面则是为欧洲的个体寻找本土文化的或宗教的家园，哲学上的表现之一就是神学课题的重新回归。

探讨这种知识的可能性、原则和范围，则是康德的任务："对一般理性能力的批判……因而是对一般形而上学的可能性和不可能性进行裁决，对它的根源、范围和界限加以规定。"① 为笛卡尔奠定新知识基础的是他的"怀疑"，为康德的哲学大厦奠立第一块基石的则是对纯粹理性的"批判"。这种批判首先从主体的角度探讨知识如何可能的问题，然后又严格限制了理性的使用范围。这就是康德为建立一种关于经验或现象的"内在的"形而上学所准备的方法论原则，也就是"对纯粹理性的一个完备系统的诸形式条件的规定"。② 康德认为自己哲学的主体应该是建立在批判基础上的自然形而上学和道德形而上学，但在哲学史中得到最多讨论的却不是这两者，而是那块"基石"，以至于人们直接将他的思想称为"批判哲学"了。然而，这些批判性的原则立场连他本人都无法一以贯之地执行，因为胡塞尔认为康德把"很多预先假定当作不言而喻的。这些预先假定在休谟意义上是包括在世界之谜中的，而康德从来没有深入这个迷本身"。③ 因此，虽然《纯粹理性批判》的"先验演绎"已经在现象学的领域中工作，④ 但康德还是没有摆脱从笛卡尔经莱布尼茨直到沃尔夫的理性形而上学传统。

那么，不同于自然态度的、非形而上学的方法，即现象学——胡塞尔最初就是要将它建立为一种哲学方法——又是什么样的呢？如果非要按照传统的词典编纂者的做法，说出现象学方法是什么的话，我们可以综合《现象学的方法》⑤ 一书的内容做如下的归纳。现象学的方法主要分三步。第一步，是为了进入现象学领域而进行的现象学还原，悬搁除了纯粹意识之外的一切在非反思意识中活动的客观设定，中止对外部世界的判断。这就打开了通向现实的以及可能的内在经验"现象"的通道。第二步，是本质直观，就是通过对现象作"想象力的自由变更"而通达纯粹心灵的总领域的不变本质形态。第三步，是通往先验主体，也就是"思索纯粹

① 〔德〕康德：《纯粹理性批判》，邓晓芒译，杨祖陶校，人民出版社，2004，第一版序第4页。
② 〔德〕康德：《纯粹理性批判》，第549页。
③ 〔德〕胡塞尔：《欧洲科学危机和超验现象学》，第116～117页。
④ 〔德〕胡塞尔：《纯粹现象学通论》，李幼蒸译，中国人民大学出版社，2004，第98页。
⑤ 〔德〕胡塞尔：《现象学的方法》，倪梁康译，上海译文出版社，2005，第179～196页。

进行的自我"的活动，这个阶段要求悬搁纯粹心灵和与纯粹心灵有关的纯粹现象学的心理学，纯粹心灵将因此被纯化为先验的现象，这才得以进入先验现象学领域。但是没有任何一个现象学家会满意这种看似包罗万象其实却空洞无物，甚至漏洞百出的概括。因为首先，这只是对所谓胡塞尔现象学的归纳，但是现象学不是只有胡塞尔；其次，就是在胡塞尔思想的范围内，如果通观他不同时期的具体著作的话，就会发现他从来没有将这个方法作为整体正式地界定过，只是在不同的阶段针对某一个步骤有一些规定性的说法，而且就是这些说法之间，也不乏相互抵牾之处；① 其他同时或后来的思想家们的理解和表述也各不相同：这不是现象学的缺陷，只能说是它的特征，如果不是它的魅力所在的话。说到底，现象学是一个方法论倾向，一个运动，它不是胡塞尔，也不是胡塞尔和海德格尔，而且不仅仅属于德国和法国，就像经院哲学一样，其诞生有着多样的来源，其成长也呈现播撒的状态。自然而然地，除了我们刚才所说的那个可以容纳大量各不相同的阐释的倾向性口号之外，我们找不到任何公认的三言两语式的限定。当然，也不是完全没有折中表达的办法，我们倒是可以知道一个相对公认的说法，同时也是最简洁明了的表达："面向事物本身！"

就是从这个表述所主张的现象学观念出发，所有那些参与或被卷入现象学运动中的思想家都以各自的方式在不同程度上以一种不同于形而上学的方式思考。那么他们的思考方式与一般形而上学方法的区别究竟在何处呢？海德格尔在《哲学的终结与思的任务》一文开头认为，形而上学以论证性表象的思维方式来思考存在者之为存在者，② 其任务是探讨事物背后的根据。马里翁的看法其实与此大同小异。他的说法是，形而上学的方法是论证（démontrer），论证就意味着首先为了一定（程度）地认识而创设一个表象；然后为了达到确定性而进入表象的深处。显然，我们已经在笛卡尔和康德那里看到，这种归纳是令人信服的。与形而上学方法不同的是，现象学的方法不是论证，而是展示（montrer）：让现象以其本身实现其显现的方式显现，以期按照它自己的方式获得或者不如说是接受它。③

---

① 倪梁康：《胡塞尔现象学概念通释》，第 293 页。
② 〔德〕海德格尔：《面向思的事情》，陈小文、孙周兴译，商务印书馆，2002，第 68 页。
③ Jean-Luc Marion, *Étant donné*, p. 13.

这里需要强调的是，展示这个词不是就视觉，甚至也不是就听觉、嗅觉等而言的，它并不意味着知觉或者说知觉主体的任何优先性，而是就现象本身而言的，它意味着现象本身的优先性。简言之，不是人以某种方式知觉现象，而是现象展示自身（se montrer）、给出自身（se donner，或曰自己发生），而人如其所是地接受之。

　　这里面可能包含着某种不点名的批评，或者说，暗示着马里翁本人的思想相对于法国现象学前辈的彻底性。我们知道，传统的形而上学诉诸视觉或视觉隐喻，现象学则多少偏离了这个传统。因为现象学的"看"在很多时候恰恰不是看，而是听觉、触觉、味觉乃至纯粹内在的直观行为。《存在与时间》的作者要求倾听"良知的呼声"；《整体与无限》的作者要求聆听"他者的召唤"。梅洛－庞蒂没有诉诸某一种具体的感觉，而是直接声称"知觉"的首要地位。当然，他那里的知觉也不是纯粹就主体而言的，不如说整个知觉的地位和功能都是含混的，是游离于主体与客体之间的，用梅洛－庞蒂本人的话说，"知觉是一个悖论，被知觉物也是一个悖论"。① 知觉现象学展开的场所是"本己的身体"，虽然在梅洛－庞蒂后期思想中，身体意向性特征扩展到世界之中，从而否定了身体的机械组合性质，并因此赋予了身体以灵性，而通过强调肉身化概念，意识不再超然旁观。② 尽管如此，他还是无法摆脱指责，因为这种优先性既可以被理解为一种对"我"的稀释、消融，反过来也可以被认为是一种"我"的无限扩大和延伸。如果是后者，那么我就是世界，世界就是我，这就难逃唯我论的嫌疑，至少可以说是依然保留着意识哲学的某些特征。而一种彻底的现象学，应该是真正关于"现象"的学问。如果按照海德格尔的规定，现象是"就其自身显示自身者"，现象学就是"让人从显现者本身那里如其自身显现的那样看到它"，③ 那么，现象学所追求的就只是那在其显现中给出自身的现象才具有优先性，任何主体或类似主体的机构——

① 〔法〕梅洛－庞蒂：《知觉的首要地位及其哲学结论》，王东亮译，三联书店，2002，第12页。

② 杨大春：《语言·身体·他者——当代法国哲学的三大主题》，三联书店，2007，第154～157页。

③ 〔德〕海德格尔：《存在与时间》（修订版），第34、41页。为保证行文统一，译文依据马里翁的引文而有改动，大意相同。

建构之我、操心的此在或知觉着的身体甚至倾听着的伦理主体——的优先性都不符合现象学的本义，也就是说不应该从主体出发或以主体为中心，而是要真正尊重现象本身的优先性。

关于这一点，马里翁有一个系统的阐述。在他看来，仅仅在知觉最终确定表象，也就是现象最终从属于知觉时，某种知觉形式的首要性才是必需的。他想说的是除了力求通达现象在其表面中的显现——就是越过关于事物本身的意向性所知觉到的一切印象——之外，现象学没有任何其他的目标，也没有其他合法性。所谓现象就是它自己所显现的东西，没有什么别的背后的、不同于外表的东西，也不依赖于什么知觉的身体，作为一个感知的机构来充当它显现的前提。即使在关于单纯表象的视觉中，现象学所涉及的也恰恰不应该是主体性通过这个或那个知觉工具感知到的东西，而是穿越、不顾甚至是不需要这些知觉——直接涉及由其本身给出的事物本身的显现。看、听、触等各种感官之间的区别也仅仅在类似的情况下才是具有决定性意义的，那就是它们可以过滤、阐释乃至破坏显现的表象。①

倒是胡塞尔的"一切原则之原则"并没有单独强调某一种具体的感知形式，也没有过分突出知觉范畴的首要性，② 而且似乎已经赋予现象本身（"给予我们的东西"）以优先性。但是，这个原则当中，现象始终摆脱不了直观的幽灵。他一方面强调了"如其被给予的那样"把握现象，另一方面强调了这种给予必须是"在直观中"，并且必须"在此被给予的限度内被理解"。这里直观本身不仅回避了还原，而且构成了现象的限度。但是，问题在于由对超越于意识的对象的意向的直观就能完成一个现象的全部展现吗？简单地说，通过直观——它由客观化地绽出所充实——对意向对象的建构穷尽了一切显现形式吗？或者说直观是应该被局限于意向性的包裹之中，还是可能延展到那自身展示的广泛可能性？而且，既然

---

① Jean-Luc Marion, *Étant donné*, p. 14.

② 胡塞尔更多地强调直观是现象学研究的最终依据，虽然他有时候也将感知 [perzeption，也就是梅洛 - 庞蒂的知觉（perception）] 与直观并列使用 [参见 [德] 胡塞尔《逻辑研究》（第二卷第二部分），倪梁康译，上海译文出版社，2006，第 45 节，A614]，但是更多的时候，直观是由感知和想象共同构成的。

直观本身是"被给予的",那么,难道不是显现的现象给予我,而是我给予现象吗?难道不应该是显现先于直观吗?"一切原则之原则"用直观来限定显现——而显现事实上正是直观的前提,这难道不是本末倒置吗?尤其是,依据这个原则,直观对显现却是反对多于支持,因为直观本身似乎避开了还原,因而它恰恰与自己使之成为可能的显现相矛盾。此外,从概念本身来说,直观也与感知难脱干系。因为直观的行为类型正是由感知(wahrnehmung)和想象共同构成,"然后'直观'行为又与'符号'行为一起进一步构成'表象'的行为类型。而后,'表象'再与'判断'一同构成'客体化行为'类型"。① 而现象的客体化正是后来的现象学家们所要极力避免的。

在马里翁看来,以往的现象学一以贯之的悖论就在于它主动放弃了现象的自身展示,因而没有达到它应有的发展以及"完成"。它做了许多摆脱形而上学的准备工作,却最终没能完全摆脱形而上学的思乡病。胡塞尔最初的理想,就是要让现象学成为一门严格的科学,并且他也的确是如此身体力行的。像所有严格科学一样,现象学决定了自己的计划、领域和方法,它尽可能原初地采取主动:摆脱一切成见,直接面向事物本身。同时,与一切形而上学相反,现象学的野心仅限于尽可能完全地失去这个主动性,因为所谓事物本身就是那纯粹的自身被给予的东西,也就是说它企图将事物的显现重新置入它们原初性之中——置入那个它作为自身从而依据自身而无条件地展现的天然状态(l'état natif)之中。可是,这又会引起另一个困难:作为一门严格的科学,这种对形而上学的倒转——不是由自我来给自在的客体安排一个合理的秩序,或强加一个应然的目的性,而是尊重事物本身的显现和可能性——必须依据一种严格的理性规范并遵守一些严格的操作程序(即一系列的"还原")。这些严格的操作程序上的要求并没有取消悖论,只是给它加上了一个形式上的要求。但是,这个困难的出现本身恰恰体现了现象学在积极地寻求突破,如果没有这个困难,现象学不过是形而上学的一个空洞的新名称罢了。② 从胡塞尔开始,这个

① 倪梁康:《胡塞尔现象学概念通释》,第493页。
② Jean-Luc Marion, *Étant donné*, p. 15.

困难就反复出现并引起了关于现象学方法问题的争论。因为使显现者展示自身，自然应该从方法上着手，虽然对还原的方法有不同的理解，但都主张它必须完全满足使知识达到无可置疑性的合理化要求。然而，还原能够引起的是事物显现的确定性，但是并不产生对象的确定性。而认识对象乃是依据知识的先天条件而产生的，并不是依据现象本身。这个方法最终不能够确保占有特定对象的方式的无可置疑性（l'indubitabilité）。这里有一个深刻的原因：不管所谓"严格的科学"严格到什么程度，知识（connaissance）总是来自我（moi）而不是来自现象自身（soi）。也许，这就意味着，要坚持现象学本身的精神，也就是胡塞尔在《逻辑研究》中所实现的突破性进展所取得的成果，我们就迟早是要放弃这种严格科学的理想，放弃它所暗藏的占有特定对象的方式。因此现象学还原必须被进一步彻底化。

马里翁做了两个类比来说明他对一种彻底的还原的理解。首先，还原可以与法治国家相类比。它的作用的顶点就是为显现清理出一块场地，让体验（vécu）尽可能地显现。它的"悬搁"就是针对非法的理论暴力、自然态度的虚假现实性。可是还原并没有引起自身显现者的完全显现，因为它未能清除显现者周围令其不快的障碍。还原什么也没有做，它只是为了将这个主动性给予自身显现者时才采取主动。还原应该是为了摆脱还原，是通过还原让显现成为展示自身者，从而最终不再需要还原，也就是说，从展示本身再前进一步，转而让现象自己展示自身。其次，还原应该像一个导演那样，将现象搬上银幕之后，它自己就应该完全从画面中引退，让现象在那里自己展示自身。① 经典现象学还原的全部困难都在于它没有实现这个本应该采取的转向，这也是它不断被迫重新开始却又总是无法完成的原因。

正是基于这样的理由，马里翁认定，现象学中首要的不是知觉，也不是直观，而是显现。他把这种优先性定义为展现（manifestation）："显现在其表象（apparence）中的优先性也称为展现——事物依其自身并且作

_____

① Jean-Luc Marion, *Étant donné*, p. 16.

为其自身的展现。"① 这个优先性意味着，在现象学中不仅要展示，而且要使显现者依据其显现在其表象中展示自身（mais de laisser l'apparition se montrer dans son apparence selon son apparaître）。从论证到展示的简单过渡依然没有改变现象性的根本地位（statut profond），也没有确保它的自由。正是由于没有意识到这一点，许多现象学论著都简单地重复并确证了知觉或主体性（形而上学的）相对于显现的优先性。现象学方法展开一个转向，这个转向意味着双重的转变：第一个转变是从论证到展示的转变，它必须在第二个转变——从将作为自我（ego）使对象自明的展示转向使一个显现在其表象中展示自身——中完成。这两个转变相互补充，或者说第一个因第二个而完整。这是一种"方法的转向"，转向反对方法本身，并在这个转向中构成自身：反 - 方法。②

这里显然有两个值得注意的断裂，它们分别对应于前面的两个转变，我们在本节中仅仅考察第一个，就是经典现象学方法与形而上学之间的断裂，即论证与展示之间的断裂。③ 如果贴近地考察这个断裂发生的过程，我们可能最终发现所谓断裂不过是一种方便的说法，它其实可能有着多样的来源和不同的阐释。要进行这样的考察，就必须回到文献本身。必须回到的第一个文本就是《逻辑研究》，据许多人，其中也包括胡塞尔本人的看法，那里记录着现象学的第一个突破。这是在情理之中的，如果现象学最主要的发生之地就在那里，那么这个断裂发出的第一个声音必定也在那里，我们必须回到那里去考察它对这个声音的记录，当然，也要适当听听其他已经去过那里的人的不同说法。

虽然胡塞尔本人对作为整体的《逻辑研究》没有十分积极的评价，不过他的确十分看重其中的第六研究，认为这一部分"提供的发明为最广、实事上最成熟，而且可能也是成果最丰富的一项研究"。他还自信地声称其第二篇"揭示了任何一门未来现象学和认识论的基石"，④ 也就是

① Jean-Luc Marion, *Étant donné*, p. 14.
② Jean-Luc Marion, *Étant donné*, p. 17.
③ 另一个断裂是：现象从被建构的"对象"转变为一个给出自身者（se donner）、展示自身者（se monterer）。Jean-Luc Marion, *Étant donné*, pp. 91 - 102。
④ 〔德〕胡塞尔：《逻辑研究》（第二卷第二部分），第 270 ~ 271 页。Also cf. Jean-Luc Marion, *Réduction et donation*, pp. 16 - 17.

说，对胡塞尔本人而言，《逻辑研究》的突破本身的定位就是含混的。这种内在的矛盾立场导致这样一句自我评价："一部突破性著作，并且，与其说是一个终点，还不如说是一个开端。"① 这个评价从此一直主导着对《逻辑研究》的阐释。

与胡塞尔本人的看法类似，海德格尔就是在对第六研究的解读中确认胡塞尔的突破的。他在《存在与时间》导论第二章中承认，该书的工作只有在胡塞尔奠定的地基上才是可能的。② 不过，在另一个场合，他又说："为了能够展开存在的意义问题，存在就必须被给予，从而可以向这个被给予的存在追问它的意义。胡塞尔的功绩恰恰就在于，呈现了存在，现象地将存在呈现于概念之中。由于这个功绩，我终于有了一个大地/土壤——'存在'……"③ 而这正是在《逻辑研究》第六卷中完成的。虽然胡塞尔本人并没有真正展开存在的意义问题（*sinn des seins*），但这个突破使得提出存在问题成为可能，可以说已经超出了形而上学。据此，胡塞尔1900~1901年的突破为本体论的解构（destruction），从而为形而上学的终结做了准备。如果我们同意海德格尔的意见的话，那么就应该承认这个突破到了形而上学的彼岸。

德里达则以一种完全不同的视角解读《逻辑研究》的突破。在他那里，作者本人对文本的说法要么无关紧要，要么必须为我所用——但是这绝不意味着无原则的穿凿附会，而是有相当的"文本依据"。除了非常高明的语言游戏④之外，他还非常善于利用"以子之矛，攻子之盾"的论证方法，也就是并置作者本人的不同说法并使之陷于自相矛盾的境地，然后见缝插针，让自己的理论在别人的伤口上苗壮成长。这种做法之所以可能，是因为哲学文本本身毕竟不同于数学或严格的逻辑学论证。哲学体系中的范畴，包括一些基本的范畴有可能是含混的，甚至在不同语境下表达的含义是矛盾的，有些是因为作者无意中使用了有歧义的词语、口误或笔

---

① Jean-Luc Marion, *Réduction et donation*, p. 11.
② 〔德〕海德格尔：《存在与时间》（修订版），第 45 页。
③ Heidegger, Questions Ⅳ, Paris, 1976, p. 315. cit. Jean-Luc Marion, *Réduction et donation*, p. 13.
④ 杨大春：《文本的世界》，中国社会科学出版社，1998，第 219~224 页。

误（在受心理分析影响的 3M 一代思想家看来，这些更能够引起他们的兴趣），有些是因为作者立场的变化，还有的甚至是有意为之。因此，如果说解构理论的确使文学批评受益匪浅的话，那么这恰恰是由于解构思想家首先得益于某种文学特征——他们在哲学文本中发现的文学特征。而且，不只是解构思想家，许多其他思想家也以解释学的名义做着类似的理论工作，他们往往依据自己的理解对已经有的文本做出"梳理"或"澄清"，而这种工作往往就是某个新思潮诞生的契机。就像解构不只是激进的，也有其内在的保守性一样，① 解构不只是破坏，也有其建设性的一面。因此笔者更愿意把"解构"这个词理解为解－构，也就是找到传统哲学本身的裂隙和不确定之处，然后使之突出和扩大，只有旧的结构松动了，新的可能性才有机会被探讨。探索事物本身的多样性和可能性不正是现象学的目标吗？笛卡尔和胡塞尔在其哲学旅程的起点都表现得非常激进，摆出一副涤荡旧世界，然后按照新的理想建设新世界的架势；但是在建设的过程中，他们又有意无意、情愿或不情愿地承认了对传统的尊重和继承。因此，虽然风格迥异，但是二人实际上要达到的目标可能与游戏的德里达或谦逊的梅洛－庞蒂相去不远。

回到关于《逻辑研究》的讨论上来，不同于胡塞尔和海德格尔，《声音与现象》的作者德里达似乎更看重第一研究。在他看来，《逻辑研究》不同于以往的地方就在于从其先天理想性中将意谓（Bedeutung，signification）抽离出来。但这并不是他真正要强调的东西，他关注的是胡塞尔对在场（presence）的价值的追求：意谓被导向直观的充实，后者确保其自明的在场。每当这种在场的价值受到威胁时，胡塞尔都要唤醒它，使之以最终目标的方式回归自身。② 这实际上是无法摆脱对在场首要性的追求，从而沦为在场形而上学的"最后冒险"。因此，德里达在《声音与现象》中直接将胡塞尔的名字写入了形而上学的历史中。③

① 杨大春：《解构的保守性》，《哲学研究》1995 年第 6 期。
② Jacques Derrida, *La voix et le phénomène*, Paris：Presses Universitaires de France, 1967（Quadrige, 1993），pp. 7 –9.
③ Jacques Derrida, *La voix et le phénomène*, pp. 27, 56 –57.

　　显然，在对待《逻辑研究》的态度上，海德格尔与德里达的视角和结论都不一样，而胡塞尔自己一直保持着含糊其词的姿态。当然，你也可以说，作为一门正在发生着的学问的草创者，他不断修正立场或者"造句笨拙、有欠优美"① 实在是迫不得已，甚至是其严肃的态度使然。但是，读者总是要问，为什么三个思想家对同一个文本的看法会如此不同？如果的确存在突破，那么在胡塞尔本人看来，《逻辑研究》的突破究竟是什么？不论是直接地还是间接地，这种突破的确是针对形而上学的突破吗？这些也是马里翁在1984年提出的问题。他的回答是，胡塞尔本人的立场可以做如下推定。《逻辑研究》的突破在于首先将概念与客体导向（reconduire à）直观，从而彻底扩大直观本身的范围。这个突破意味着，由于直观已经被扩大，它所显现的就比向它呈现的要多，也就是说只有被扩大的直观才能被现象学的，从而是反自然态度的目光所看到。② 那么他是如何得出这个结论的呢？

　　首先，从1901年，胡塞尔就有意识地承认纯粹现象学分析的困难就是要遵循一种不同于自然态度的直观方式和思维方式。因为旧的哲学——自然哲学或世界观哲学，从他列举的一系列批评对象看来，就是指自柏拉图至黑格尔的传统形而上学——都不符合作为一门严格科学的要求，③ 因为这些哲学依赖于传统的逻辑概念系统，但是这些概念系统或规律都是"作为或多或少动摇不定的语词含义被给予我们的"，而且"作为思维统一性的逻辑概念必定起源于直观"，现象学分析的起点便是对这些逻辑观念、概念和规律的澄清。④ 据此，可以推定胡塞尔的目的是要将直观确定为逻辑观念的起源，并且海德格尔在胡塞尔本人那里找到了佐证："……

---

① 这其实是海德格尔自述的说法［《存在与时间》（修订版），第45页］，我们移用到胡塞尔身上。这几乎是德国哲学的"文风"，也许还是它伟大的原因。以其独特的彻底性去探索那些还"缺乏词汇，首先缺乏的是'语法'"的哲学任务。这适用于胡塞尔，又何尝不适合康德呢？要知道在康德时代，不仅他的思想很新颖，连德语作为学术语言都很"新颖"。不过在翻译的时候，我们还是宁可守拙以取信而不必媚雅而失真。

② Jean-Luc Marion, *Réduction et donation*, p. 11. 该书第一部分最初发表于1984年的《哲学》杂志上，是马里翁早期最重要的一篇现象学论文。

③ 〔德〕胡塞尔：《哲学作为严格的科学》，倪梁康译，商务印书馆，2002，第1页。

④ 〔德〕胡塞尔：《逻辑研究》（第二卷第一部分），倪梁康译，上海译文出版社，2006，第6~7页。

我的方法是严格'直观的'，这就是说在我赋予这个术语的已经扩大了的意义上是彻底直观的；而且，就是这一点构成我的理性主义和观念论与一切先前的经院哲学存在论之间的深刻差异。"① 这里所谓他赋予这个术语的意义也就是《逻辑研究》第 45 节中对直观概念的扩充："……将每一个充实着的行为都标识为直观……对象连同这些概念形式不仅被意指，而且它正是在这些形式中被置于我们眼前，换言之，它不仅被思想，而且也被直观……"②

　　总结上面的看法，按照海德格尔的分析，胡塞尔开启了存在论分析的新视域，构成真正的突破；按照德里达的看法，《逻辑研究》虽然在意义问题上颇有建树，但是没有脱离形而上学的范畴，因此也就不构成根本的断裂；按照马里翁的解读——这也似乎更符合《逻辑研究》的文本和胡塞尔的自我表达，《逻辑研究》的确完成了一种突破，那就是对直观概念的扩大，并强调其对于形而上学逻辑范畴的优先性。但是这个突破最多只是一个走向严格的现象学方法的开端，并没有使他完全摆脱主体优先的立场。也就是说，在马里翁那里，为了事物本身的优先性，最终必须将直观也还原掉，而当现象本身真正处于最优先地位时，连还原本身都成为多余了，这也就是上文中已经提到的还原应该是为了摆脱还原。因此胡塞尔对扩大了的直观的优先性的强调没有真正实现向现象自己展示自身的转换。这就涉及对"一切原则之原则"的详细分析。我们知道在现象学运动的演化进程中曾经出现过的一系列原则，或者不如说关于现象学最终原则的一系列不同表述，从中我们可以更详细地看到现象学方法转换过程中的第二个断裂，即从"展示"现象到现象"自己展示自身"的转变。

第二节　最终的原则

　　我们前面提到，米歇尔·昂利在其《现象学的四条原理》一文中逐条评论了现象学历史中曾经出现过的四条原则（理）：其中第四条原则是由马

---

① Jean-Luc Marion, *Réduction et donation*, p. 16.
② 〔德〕胡塞尔：《逻辑研究》（第二卷第一部分），第 154 ~ 155 页。

里翁提出来的"还原越多,既予性就越多"(d'autant plus de réduction,d'autant plus de donation)。与此相对应,马里翁本人也讨论了这四条原则,所不同的是,马里翁没有将它们同时称为现象学的最终原则,而是称为关于最终原则的四种表述,因为既然是最终原则,那么就只能有一个。此外,他还颠倒了中间两个原则的表述顺序,并且将自己提出的第四条原则进一步修正为"有多少还原就有多少既予性"(autant de réduction,autant de donation)。那么具体有哪四条原则呢?马里翁与昂利在这个问题上又有什么不同看法呢?

第一个表述是"有多少显现,就有多少存在"。这个表述最初由赫尔巴特(J. F. Herbart)引入,后来在胡塞尔的《第一哲学》中被引用,但是表述并不十分一致,继而出现于《笛卡尔式的沉思》中,在海德格尔《存在与时间》等书中也有引用。马里翁强调,赫尔巴特不是偶然地引入这个格言的,而是有一个明确的先决问题——"既予者是什么?"(Was ist gegeben?)赫尔巴特对这个问题的回答是:"本来,存在就应该是在既予者中被设定的。……我们否认一切存在:至少还剩下感觉(la sensation)的无法否认的简单性;但是这在(如此)被取消的存在之后依然存在的就是表象(apparence),〔它〕存在!然而正是表象的概念使它不是看上去的东西。它的内容,它所反映的东西,在'表象'的概念中被否认了。由于我们完全将它解释为一种虚无,直到我们赋予它一种新的存在为止。(这个存在是完全外在于它经由自身所反映的东西的。)但这个存在又是人们从这个表象中推断出来的。综上所述,有多少表象,就有多少导致存在的表征。"① 很明显,这一段表述已经确立了显现者之外再无别物,显现者本身就是"是",就是存在,倒是传统中所谓"存在"是从表象中演绎出来的东西。

按理,这已经是一个相当彻底的表述,但是米歇尔·昂利还是指出了它的缺陷。那就是它看上去建立了显现与存在的同一性,但是如果深入思考一下的话,就会发现,这个原则中,显现是一切,存在却没有任何地位,它只是由于显现而显现出来,并且仅就此而言才存在。这样,与其说

---

① Jean-Luc Marion, *Étant donné*, p. 19, note1.

是二者的同一，不如说是关系的颠倒，从此只有显现，从而也就只有现象学的优先性了，而存在连带着存在论本身都变得无关紧要了，甚至反过来，显现决定存在。马里翁也批评这个表述将原来存在的地位赋予了显现，二者虽然换了位置，但是连接它们的关系并没有变，这就等于认可了一个完全传统的柏拉图式的对子，因此没有摆脱形而上学。在严格的现象学意义上，应该把所谓显现背后的存在视为超越者，应该对它中止判断，而不是简单地使之从属于表象。这其实是一种取消，而且是无根据的取消。

第二个表述是"面向事物本身"（Droit aux choses mêmes）。鉴于这个表述的宽泛性和包容性，我们前面已经用它来表达整个现象学运动的倾向，然而这个优势也可能恰恰是它的缺陷所在。每一个后起的思想家肯定都会抓住这些问题不放：所谓"事物本身"究竟指什么呢？所谓"面向"仅仅是一种姿态还是一种诉诸具体操作的接近？如何规定这些操作呢？我们这里仅仅就第一个问题展开。马里翁认为，胡塞尔对事物自身的规定是不妥当的。胡塞尔强调这个"事物"不应该被经验地理解，但他的事物依然是"被假定为已经在那儿的、可利用的、可通达的、如果不是被建构的话"。[1] 这也与《现象学的观念》法文本注释相一致，在其非专门的使用中，事物指的恰恰是"被某一直观所把握到的一切（物质事物，价值，自然经验、他人经验等）"。[2] 这就意味着，如果不能对这个事物给出严格恰当的规定，这个表述本身就不是无可置疑的，就不成其为原则。

与其他三个表述相比，第三个表述显得有些特殊，它的名称并不涉及其内容本身，而类似一种"尊号"，被称为"一切原则之原则"（principe de tous les principes）。该表述的具体内容是这样的："一切原初地被给予的直观乃是知识的合法的源泉；在直观中（也就是说，在其肉体有效性中）原初地被提供给我们的一切都应该仅仅作为自身给予的东西被接受，不得再越出它在其中给出自身的那些界限。"[3] 对于这个原则，马里翁费了不少笔墨。这不仅是因为胡塞尔毫不含糊地用一种最高级的表达法让它承担了"一切原则之原则"的名号，也是因为它的具体内容的确表现出

① Jean-Luc Marion, *Étant donné*, p. 20.
② 〔德〕胡塞尔：《纯粹现象学通论》，第392页，注释70。
③ Jean-Luc Marion, *Étant donné*, pp. 20–21, et p. 20, note1.

某种程度的突破。对此我们在第一节已经有所提及。

具体说来，马里翁认为这个表述有三个突出的进展。首先，它解除了对现象性奠基的形而上学要求，从此以后，除了直观之外，现象不再需要任何合法的源泉。换言之，显现的合法性不再依赖于充足理由律，这种规律仅仅能够识别某些"确然被奠基了的"现象，而将其他现象排除在外。其次，这个表述也为现象解除了康德式分析的框架和限制，不再将任何概念的先天条件或直观纯形式强加于现象。最后，现象性依据"肉体确实性"而被确定为在场、显现的最高级形象，据此，它可以彻底摆脱"半-实体"（semi-ens）的卑弱地位。

但是这些进展也有其代价。正如我们在第一节当中已经提到的，始终伴随着显现者的直观似乎构成了现象性的界限。因为首先，依据"一切原则之原则"，直观之外再无既予性，这就使得直观本身变成了显现的先天（a priori）条件。其次，这一表述假定有时会缺乏那企图显现者的合法的源泉，但是，假如实际上就没有什么合法性，直观可能缺乏的东西又从何而来呢？很可能直观的定义本身暗示着它可能的贫乏，但是没有任何分析来澄清这个可能性，也没有解释清楚在何种意义上这一可能性属于直观本质上所缺乏的。最后，一旦这个可能的匮乏被接受，我们就应该对它进行定位、衡量并且规格化。它的缺乏是无转换的/突然的还是逐渐产生的呢？此时又如何确定充分的直观与匮乏的直观之间的界限呢？简单地说，直观的层次（degrés）是什么？"一切原则的原则"没有回答这些问题。似乎直观天然地就是单值的，没有任何层次和变形。①

最重要的是，作为现象性的界限的直观，严格地使一个对象被看到（voir），然而对象意味着对意识的超越性，因此，"直观不过是这个超越性（transcendance）的另一个名称"（米歇尔·昂利语）。直观是应该将自己限定为对象的超验性和意向性的界限，还是能够展开为那展示自身者的更为广泛的可能性，在这个问题上，胡塞尔犹豫不决：一方面，他希望将"显现"从所有的先天原则中解放出来；另一方面，似乎又将直观局限于对对象的意向性的充实，从而将"显现"限制在其中。如果是后者，那

————————
① 关于这个问题，详细的阐述参见 Jean-Luc Marion, *Étant donné*, pp. 265sq。

么直观与现象性相矛盾，因为它本身也要服从客观化（objectvisante）表象的理想。正是这一点确认了一切原则之原则在还原之前介入从而不适用于"还原"。然而，如果不经过还原，任何认知程序都不得被称作"现象学的"。因此，一切原则之原则由于无法与还原相衔接，也就无法把自己确定为现象学方法论原则。① 《逻辑研究》中有一段话很能够说明问题："……在现象学意义上讲，对象处在某些行为之中，某物作为对象在这些行为中显现出来会被思考……在这里构成现象学核心的是行为，它们使自我'意识到'对象，自我在它们之中'朝向'有关的对象。"② 按照米歇尔·昂利的解读，直观在胡塞尔那里就是指作为"对某物的意识"，也就是作为意向的意识结构，或者更正确地说是已经完成的意向性，意向性作为自身超越而指向意向相关项，③ 而意向相关项之核就是对象（克劳斯·黑尔德语）。也就是说，作为意识行为的"对象"，既予者没能够从一切原则之原则中取得优先性，它依然从属于意向行为。

综上所述，一切原则之原则在解除了旧的枷锁之后，又给显现加上了新的桎梏：作为意识活动的直观使显现无法最终得到解放，它不是自主的，而是超验主体的对象。这个原则所建立的不是现象性，而是对象性（objectivité）。

面对类似的批评，胡塞尔专家克劳斯·黑尔德也注意到："一些胡塞尔的批评者认为先验现象学的结果是贫困化……向意识的回复削弱了哲学在对象存在方面的丰富性；向'实事本身'的突破在主观主义中使自身枯萎。"④ 同时，他指出这是对"还原"概念的误解，现象学还原并非不去注意对象，而是"就像它原本地、不加缩减地展示给意识的那样"对对象的内涵进行如实的分析。⑤ 然而，澄清并不意味着这就是对还原的唯一可能的阐释，因此无法完全摆脱批评，尤其是在马里翁的第四个表述被

---

① Jean-Luc Marion, *Étant donné*, pp. 21 – 23.
② Jean-Luc Marion, *Réduction et donation*, p. 82. 〔德〕胡塞尔：《逻辑研究》（第二卷第一部分），第 422 页。
③ Michel Henry, *Quatre principes de la phénoménologie*, Revue de Métaphysique et de morale, 1991.
④ 〔德〕胡塞尔：《现象学的方法》，导言第 32 页。
⑤ 〔德〕胡塞尔：《现象学的方法》，导言第 32 页。

提出之后，这个澄清就显得不那么必要了。因为在马里翁那里，还原本来就不是"限制、缩减、省略或'简化'"，而是"开放，是呈现"。① 它所呈现的就是既予性，还原的扩展与加深也就是既予性的扩展与加深，这就是"还原越多，既予性就越多"的意义所在。而且，不仅前面对胡塞尔的批评有文本依据，而且现在对最终原则的全新表述的合法化依然可以从胡塞尔那里找到同样确凿的依据。

"还原越多，既予性就越多"这一新原则的引入首先就是从胡塞尔对现象的设定开始的，这个设定认为"必须将现象看作自身被给予的"（Il faut prendre les phénomenes comme ils se donnent）。② 然后，他就此提问：现象因此给出自身（se donnent）了吗？回答是既是又不是。那么，为什么是？又为什么不是？如果不是，现象学上的给出自身意味着什么呢？就现象本身而言，它是，因为它的概念就是"依据其自身并作为自身而展示自身者"；但是就我们（现象之接受者）而言，可能有许多障碍阻止它向我们显现，从而阻止我们直接地接受它们——使它无法向我们显现，因此就必须有还原。前面已经提到，所谓还原的任务就是为现象的自行展现扫清障碍，也就是说现象学的必要性乃是就我们而言，一旦我们搁置了各种成见和荒唐的理论，现象就会自己向我们显现。还原不是要针对现象，而是恰恰相反，是针对主体，针对主体的各种非现象学态度，也就是在这个意义上，现象学是一种认识论批判，而不是认识本身。还有一个问题，假如现象是自己给出自身的话，它们还需要原则吗？回答是现象本身并不需要，如果需要什么原则的话，那么应该是现象学必须遵循的以下原则：现象的"自 - 给予性"（auto-donation de soi）本身恰恰就是现象的原则。③ 如果

---

① Michel Henry, *Quatre principes de la phénoménologie*.

② Jean-Luc Marion, *Étant donné*, p. 23.

③ 马里翁是这样表达这个意思的："A moins que cette auto-donation de soi ne definisse précisément ce qui leur tient lieu de principe"，直译就是"除非这个自身的自 - 给予性恰恰就是为它们（指给出自身的现象）限定了那取代（tient lieu de）原则者"。也就是说，自 - 给予性取代了一切原则的地位，它本身就是原则，其实也就是现象自己给出自身，而无须任何外在与其自身的原则——这就是第四个表述的真义所在。英译者将tienir lieu de 这个短语分开理解，译成"为它们而拥有原则的地位"，幸运的是最终的结果还不错，原则的地位没有改变。参见 Jean-Luc Marion, *Étant donné*, p. 23; Jean-Luc Marion, *Being Given: Toward a Phenomenology on Givenness*, p. 14。

是这样的话，作为现象学方法的还原本身就只是让现象自己给出自身的方法，还原就导致既予性本身。对现象学最终原则的第四个表述意味着现象以自己的特征为原则，现象之外无原则。现象从自己出发给出自身就是现象学无可置疑的基点，还原不过是通往这个基点的道路。还原得越是彻底，既予性就越是毫无阻碍地向我们显现。

乍看之下，这个说法似乎显得有些激进甚至极端，然而马里翁从文本和概念两个方面来证明自己这个假设在现象学上的合法性。

首先是文本方面的依据：在还原被提出的第一个文本中就已经规定了它与既予性的紧密连接。在 1907 年的《现象学的观念》① 中，胡塞尔首次实践了还原的所有形式，同时提出了对既予性的迫切要求。马里翁自己列举了其中四个表述来支持自己对现象学最终原则的表述。我们简要列举如下。

其一，"纯粹既予性不是统觉与心理学的客体化（l'aperception et objectivation）中的心理现象，而只是纯粹现象，已经被还原的现象"。因此，一个现象作为绝对既予者而在现象学上被合法化，不只包括它的简单显现，还包括它的已然被还原的特征。只有还原能通达既予性，同时它也只能通达既予性，别无其他的终点。其二，"因此，现象学还原的概念获得了一个更为严格、深刻而且明确的确定性：对作为有待额外承认的超越性存在的普遍排斥，也就是说对所有依据纯粹的观看（regard pur）而言非绝对的既予性的排斥"。因此，超越者很少通过真正的超越性，而更多地通过对它的既予性还原是否彻底可行来确定：内在性的标准不再存在于按照心理学关系对于意识的真正固有性之中，而是存在于明确、纯粹而绝对的既予性之中。其三，"只有通过还原——我们现在也愿意称之为现象学还原，我才能得到绝对既予性，完全不再依赖超越性"。一般的超越性存在或关于这种存在的设定对现象学而言毫无价值，只有最终通过内在地还原为内在性的方式才能变形为绝对既予性。其四，也是最为明确的表述是"一个已经还原的现象的既予性"，这直接认定了还原与既予性之间的关联。因此，马里翁认定还原与既予性之间的连接早在 1907 年就已经由

---

① 1907 年，胡塞尔作为哥廷根大学副教授进行了 5 次讲座，这一系列讲座名为"现象学的观念"，这里引文主要转引自 *Étant donné*，并参见胡塞尔的《现象学的观念》[省称为《观念》（五篇讲座稿）]。

胡塞尔本人确立。一个现象只有在被还原的情况下才变成绝对的既予者。然而，相应地，还原也只能被现象学地运用，也即为了给予而让现象绝对地显现。①

事实上，能够支持这个结论的表述还不止于此，此外还有“绝对现象和被还原的思维对我们来说之所以成为绝对的既予性，不是因为它是个别性，而是因为它在现象学的还原之后在纯粹直观中仍然作为绝对的自身既予性表现出来”；“现象学还原的含义并不是指将研究限制于实项的内在领域内，限制于在绝对思维的这个（Dies）之中实项地包含之物的领域内，它的含义根本不是指限制在思维领域内，而是指限制在纯粹自身被给予性（selbst Gegebenheit，自身既予性）的领域内”；② 等等。在此不一一列举。

其次，是概念方面的依据。应该强调的是，马里翁的表述之所以受到当时学界的普遍重视，不仅仅是由于上述文本依据，也是因为他的表述可以从对两个概念的分析中获得。依据他对这两个概念的阐释和分析，还原的所得就是既予性展开的直接结果。还原作为趋向既予性的各种各样可见者的招募中心，将它们引向既予性，并依据既予性来为不同的可见者划分现象性等级，依据这个等级来建立它们显现的权利。可以说，还原除了将可见者引向既予性之外没有别的目标，它也仅仅是为既予性服务。这样，通向意识之我和回到事物本身这两个操作原本并不是自相矛盾，而是标志着向既予性还原的同一个任务的两个侧面。总之，没有不经还原过滤的自身给予，也没有不服务于自身给予的还原。③

在建立了自身的现象学合法性之后，这个表述还必须确立自己相对于以往表述的优势。这一点米歇尔·昂利已经有所描述：“第四条原理的优点，就是它直截了当地指明了现象学的两个关键概念，并在它们之间建立了一种赋予还原以真正肯定意义的比例关系。”④ 在马里翁自己看来，“还

---

① Jean-Luc Marion, *Étant donné*, pp. 24 – 25.

② 参见［德］胡塞尔《现象学的观念》，第52页。

③ Jean-Luc Marion, *Étant donné*, pp. 25 – 26.

④ Michel Henry, Quatre principes de la phénoménologie. 应该指出，此文也指出这个表述有含混的缺陷，在 *Étant donné* 中对于这篇文章的许多评论都有或明或暗的回应。此外质疑其本身作为原则的合法性——那就是见仁见智的看法了，当然是值得关注的问题，限于本节主题不在于展开比较研究，未做详论。

原越多，既予性就越多"或者说"有多少还原就有多少既予性"，这种对现象学最终原则的最新表述可以同时使得澄清和克服其他三条原则的疑难成为可能。

前面提到的第一个表述的主要缺陷在于它为了恢复显现的地位，而赋予显现本体论上的优先性，重新建立了严格颠倒过来的柏拉图式的对子。而第四个表述通过把显现者引导到它唯一的接收者那里，也就是通过将它自己纳入既予性，悬搁了一切不能给出自身而只是寄生在既予者身上的东西，这样，显现者和非显现者就被还原区分开来。由于还原是通过严格将既予者限制为它自己给予观看的东西来使显现回到它自身，因此这个原则没有建立任何教条，而且排除了对任何实项的（réelle）超越之物的假定。这样一来，第一个表述的麻烦就被消除了，只有在这样的条件下，还原才和存在具有等量关系。这个显现被还原为它本身，这样作为完整的显现，它实现为一个既予性。这就意味着不是将显现转换为存在，而是相反，存在本身变成了既予性，任何外在于既予性的超越性存在都已经被还原。①

第二个表述"回到事物本身"的麻烦在于这个成问题的"事物"的含混性，尤其是这个事物可能会被规定为客体或意向对象。如果我们同意第四个表述，那么可以推定，一方面现象具有"过剩"的特征，也就是它所给予的东西总是比它被看到、被接受的要多；另一方面，它也可以通过将自己给予意识之我，也就是在还原的帮助、护送之下——因为成见和自然态度会阻挡它的道路，或者说遮蔽现象学的目光——而使自己向意识之我显现。这也就等同于被还原到意识之我，那么，显现就仅仅基于它显现这个事实、仅因为它为了意识被还原为它的既予性，而完全地给出自身。仅仅还原就足以使返回那接受既予性的机构成为可能。这样，回到事物本身并不意味着任何实在论的预先断定，而是要求将超越者还原为那将自己给予意识的体验（vécus），也就是在这些体验中现象将自己给予了意识。事物本身不是什么对象或客体，而是纯粹既予性的现象。②

第三个表述一切原则之原则实现了一定的突破，但这个突破是不彻底

---

① Jean-Luc Marion, *Étant donné*, pp. 26 – 27.

② Jean-Luc Marion, *Étant donné*, p. 27.

的。正是由于这种不彻底性，它不仅显得含混，而且没能避免自相矛盾。含混是因为胡塞尔在决断既予性和直观何者优先时犹豫不决，因此就有了一个矛盾。本来，既予性应该不受任何限制（la donation n'en connaît, elle, aucun），① 就是说既予性本身并不需要其他行为来构造它，用作既予性界限的直观反而总是受到限制，因为直观本身乃是一种有待充实的意向。②

前面已经说过，将显现者导向意识之我，同时也就是导向它自身，这其实是同一个过程的两个方面。在这一过程中，还原也将显现者导向了纯粹的既予者。这个既予者的限定无须任何间接的、不同于它本身的东西。因为还原的工作使得既予者的给予行为就仅仅取决于它本身。虽然直观所充实的意向性的超越性偶尔会介入，但由于某些显现是无须客观化的意向，从而就无须直观的充实而给予的，因此并不能限定既予者。③ "只有在既予性的辅助下，直观才能行使对真理的摄政权（lieutenance）。"④ 这就是说，直观不过是既予性的代理人，而对于马里翁来说，这种代理完全是多余的，它的存在如果不是胡塞尔有意识地借以维护主体的手段的话，也是他对主体形而上学思乡病的不自觉流露。既然直观无法使任何东西变得可见、可感知，它凭借自身不能给我们任何东西，我们凭什么还要赋予它优先性呢？这就是"一切原则之原则"必须被超越的原因所在。只有以最终原则的第四表述取代"一切原则之原则"，既予性才能越出直观的束缚，因为此时直观已经不能再扮演给予者的功能，它已经完全不是必需的了。既予性因此将按照它自己的标准被衡量，而不是依据直观的标准被衡量。无须"越出出于自身而给出自身的界限"，给出自身者仅仅限于那依据已经还原的既予性而被给予。"还原既予性意味着将它从一切权

---

① Jean-Luc Marion, *Étant donné*, p. 27. Connaître 还有 "经历、体验、感受到"的含义，这里应该选择与上一分句中的 souffre 意义相近的译法，英译本译作 knows，也有经历含义，未详译者考斯基倾向如何。

② 〔德〕胡塞尔：《逻辑研究》（第二卷第二部分），第 43 页。

③ 我们在后面会谈到，这样的现象被称为充溢现象，它们不仅无须也无法对象化（objectivation，客观化）。参见徐晟《L'adonné：取主体而代之？——马里翁哲学管窥》，《哲学动态》2007 年第 2 期。

④ Jean-Luc Marion, *Étant donné*, p. 28.

威——包括直观的权威——中解放出来。由于声明既予性是通过还原而完成，还原只不过是主体引导自己通往既予性的途径，关于最终原则的第四个表述得以确立。依据这个表述，还原这个在现象学上至关重要的操作，终于超越对象性和存在者性，达到既予性。①

"有多少还原，就有多少既予性"这个新奇的原则为现象解除了前三个依然是先天的原则。它不仅与形而上学对一般原则的定义相矛盾，而且拒绝为现象奠基，以期最终将依据自身而显现的主动性留给现象。这个关于既予性的原则因此是一条足以作为现象学原则而又不与现象本身的展示自身的权利相抵触的最终原则。因为它所要求的不过是不允许任何东西先于现象从其自身出发的显现。简言之，它将首要性给了现象。胡塞尔本人也曾经格外明确地宣称："既予性是一个最终术语。"② 按照马里翁的理解，这里的"最终"并不意味着既予性相对于现象的优先性，因为既予性原则并非在现象之前介入，以先天地为显现者（现象）设定显现的规则和界限；它是在显现者的自行展现——这个展现无须任何原则而自由地展开——之后介入，仅仅是为了事后通过还原来确认这个显现者的确配得上被给予的现象这个名号。简单地说，它是现象自身具有的本己特质，它本身不需要什么名称，是主体通过还原而通达那自己显现者时，将其自身显现的特质称为"既予性"。因此，既予性本身是先于主体的，与现象的发生同时，但是现象学上"关于既予性的最终原则"是现象的接受者在事后归纳出来的，在这个意义上，它是名副其实的"最终"原则。

此后，既予性不再是众多现象学术语中的一个，人们可以按照自己的气质或学派接受或者拒绝它，而是一个从现象提升到其自身显现的非奠基的而又绝对的条件。应该指出，马里翁这里虽然还使用条件这个词，但不是针对现象，而是针对主体，是任何主体如果要"看到"现象就必须遵循的条件。当然，人们总是可以拒绝它，但是这一拒绝完全堵住了现象通过自身如其所是地展示自身的可能性。拒绝既予性这一原则性的规则将在事实和理论上重新停止现象学突破。对于既予性的判定等他于对现象的现

① Jean-Luc Marion, *Étant donné*, pp. 28 – 29.
② Jean-Luc Marion, *Étant donné*, p. 29.

象性的判定。青年海德格尔已经发现了这一点，马里翁追问："给予物意味着什么？既予性，这个现象学的神奇术语和其他一切术语的绊脚石。"①

而马里翁要做的，正是要建立既予性的优先性，把这个绊脚石变成他本人学说的奠基石。那么，作为一个术语，既予性从何而来？在马里翁那里，它又是如何被理解、阐释和使用的呢？为什么说既予性具有优先性？它又是凭借什么超越对象性和存在者性（etantité）的呢？

---

① Jean-Luc Marion, *Étant donné*, p. 30.

第二章

概念与用法

第一节　概念的历史

我们总是希望通过几本著作来抓住某个思想家的精神实质，希望得到对某个概念权威的、明确的界定，简单地说，希望把思潮、学派、思想家、术语乃至整个思想史运动变成一部哲学史著作、一本哲学大词典。然而，我们最终总会发现这实际上是一项不可能的任务，就像同一双鞋子，在沙地上和草地上留下的印迹绝不会相同一样，即使在同一块土地上由不同的人穿，所留的印迹也不尽相同，甚至同一个人在同一个地点，随着步履的轻重疾徐或姿势的变化，其印迹也是完全不一致的。对我们而言，直接可见的永远只能是"迹之为迹"，而不是"迹之所以为迹"，但似乎只有后者才是我们想要探求的。[1]

既予性作为一个术语之所以非常难以把握，不是因为别的什么，而是因为我们想要把握的不是一个固定僵死的概念，因为一个术语之意义有其动态的生成与演化进程：人们对它的设立、使用、阐释和转译。当一个思想家引入一个新的术语时，他可能是要用它来表达一种全新的意义（而这很可能意味着要因此引入一个与之相配合的概念、陈述系统，并因此在

---

[1]　但是，同时我们也必须面对这样的诘难：对于后来的人而言，所谓思想史本身难道不就是而且只能是以这些著作为前提而存在的吗？言不尽意，而意非言无以传，得鱼而忘筌，且不论"遂忘"是否可能，至少应该追问无筌何以得鱼；此外，言者有言，而其所言者特未定，那么，所谓"得意"究竟是否可能以及如何可能也是个问题。

某种程度上导致一种不同于以往的、"新"的思维方式），也可能是要对一个旧概念进行新阐释（而如果不能伴随这个新的阐释形成一个概念、陈述系统的话，它就不能被看作一个新的概念）。

相对于德国古典哲学而言，20世纪以来的欧陆哲学有一个明显特征，那就是阐释变得日益重要，甚至比体系的建构更重要。虽然德勒兹声称哲学就是"概念"的形成、发现和创造，但是他的"概念"一方面体现着创造者的独特领会，有着特异性；另一方面却总是可以回溯或延伸到别的概念，处于一个概念与阐释难分难解的河流之中。因此他的主张看似与我们的归纳相悖，其实却与我们指向同一个思想史现实。概念的无限创生并不导致新、旧概念之间的断裂，只不过能够凸显不同概念之间的差异罢了。不过，不管在哪个时代，以上两种情况应该都有其存在。我们从不同的视角去考察，既能够得到一个纵向的、有深度的静态剖面，也可以得到一个横向的、无深度的动态场面。具体到某一个思想家那里，同一个概念起初可能只是一个阐释的组成部分，到后来可能成为一个新体系的基石。不管是哪一种情况，这都只是一个开始，而不是结果，因为随着概念提出者本人思想的演变，这个术语本身的用法和地位还会发生变化。事实上，既予性在胡塞尔那里也经历着这样的变化，而这种变化会在某些文本中造成意义的含混甚至不同用法之间的对立。后来的思想家如果继续使用这个术语，那他可能继承某一段落中的特定用法，也可能利用这些矛盾提出新的阐释。而本书的任务只是尽可能地把这些变迁如其所是地呈现出来。既予性这个范畴在胡塞尔那里有两个显著的特征：一是高频出现，涵盖甚广；二是意义模糊，地位含混。

在胡塞尔那里，尤其是在其早期著作中，既予性是一个出现频率极高的词语。最为典型的莫过于《现象学的观念》这个篇幅很短的讲座稿。在这本小册子中，"被给予性"（Gegenemheit，既予性）一共出现了140多次，如果加上"被给予之物"的话，有160次。① 此外，这个词与文本中涉及的几乎所有其他的重要现象学范畴有着各种关联。在1913年出版的《观念I》和《逻辑研究》（第二版）中，它出现的次数有所减少，但

① 这里的统计依据胡塞尔的《现象学的观念》，以下统称为《现象学的观念》（讲座稿）。

依然经常伴随着其他重要范畴，如还原、直观、感知、明见性、意识、意向性等一起出现；与此同时，对象、对象性或对象之物则被更多地谈论。

同时，胡塞尔对这个术语的用法也是极为多样的，它所覆盖的领域时宽时窄，在最宽泛的时候，它甚至可以超出严格的现象学范围。在《现象学的观念》（讲座稿）中，胡塞尔不完全地列举了既予性的各种样式：思维的既予性（la donation de la *cogitatio*）、在新近的回忆中关于鲜活体验之思维的既予性（la donation de la cogitatio sur vivant dans le souvenir récent）、在现象之流中持续的显现统一性的既予性（la donation de la *l'unité d'apparition* qui dure dans le flux phénoménal）、这个统一性的变化的既予性（la donation de son changement）、在外感知中事物的既予性（la donation de la chose dans la perception "externe"）、在想象或回忆感知中的事物的既予性（la donation de la chose dans la perceptions de l'imagination et du souvenir），当然还有逻辑的既予性（les donations logiques）、普遍性的既予性（la donation de l'universel）、谓词的既予性（la donation du predicat），此外还有荒谬的、矛盾的、虚无的既予性（la donation d'un *non-sens*, de une *contradiction*, de une *néant*）等。其实胡塞尔在1907年之后还发现了其他"真正的既予性模式"，尤其是肉体的（donation de la chair）、被动综合的（de synthèse passive）乃至主体间性的（donation de la inter-subjectivité）和神学的（donation de la theologie）既予性。而后来的现象学不断地增加着这些模式：存在与存在者，此在及其存在的基调、脸、自-激发、阐释以及延异。在马里翁看来这些都属于既予性的范畴。[1]

胡塞尔在1907年的列举虽然没有穷尽既予性的全部可能，但是已经有了相当的广泛性，它同时覆盖了现象的无法截然分离的两个侧翼：思维（*cogitatio*）与事物（chose），此外也涉及了它们极端的变形：一端是临时的、想象的既予性，另一端是逻辑的乃至荒谬的既予性。问题在于，"如果既予性涵盖了这样一个近乎普遍的领域，它将如何给它们以共同的规

---

[1]　转引自 Jean-Luc Marion, *Étant donné*, p. 43, 参见同页注释2。

则，将给它们以什么样的共同形象（figure）与共同现实性（realité）？"①

胡塞尔对这个问题也有所考虑，他认为虽然所有这些都是某种意义上的被既予者（donné），但并不都具有严格现象学意义上的被给予性（douation），因为严格意义的既予性必须是明见的。这实际上是依据明见性对如此繁多的被给予性进行区分："现在绝对不应说，这些在最后被阐述的被给予性（既予性）是真正意义上的真实被给予性，因此最终所有被感知之物、被想象之物、被虚构之物、符号性地被想象之物，所有构造和荒谬都是'明证地被给予的'；而是只应指出，这里有着巨大的困难。原则上看，在澄清它们之前，它们不能阻止我们说，真实的明见性伸展得有多远，被给予性就（既予性）伸展得有多远。"② 这里说得非常模糊，既像是在说并非所有的被给予性（既予性）都具有明见性，又像是在说明见性与被给予性（既予性）有着共同的边界——"真实的明见性伸展得有多远，被给予性（既予性）就伸展得有多远"——不就是这个意思吗？如果非要给出一种连贯的理解，那就只能是上面所说的，他实际上以明见性为准绳，从一般的既予性当中区分出绝对的既予性，后者才是严格意义上的现象，这样，明见性实际上构成现象的视域。然而这种理解马上又引出另一个更为根本性的问题，因为胡塞尔一方面在第五讲最后一段以绝对既予性作为最终标准，另一方面他对既予性本身的划分又是以明见性作为标准的，于是出现了两个"终极的"标准。那么，究竟谁具有真正的最终标准的资格呢？依据胡塞尔的"一切原则之原则"来理解的话，我们倾向于认为，胡塞尔本人其实还是以明见性作为既予性的标准：因为只有在直观中被给予的东西才是合法的，而所谓明见性"实际上就是直观的，直接和相应地自身把握意识……绝对被给予性（既予性）"。③ 这是对被给予性的终极性的第一种削弱。据此我们还可以推导出第二种削弱，或者说一种降格：将被给予性等同于意识行为的客体。按照《逻辑研究》中的说法，"明见性也是一个客体化的行为，它的客观相关物就叫

---

① Jean-Luc Marion, *Étant donné*, p. 43.
② 〔德〕胡塞尔：《现象学的观念》（讲座稿），第 62 页。
③ 倪梁康：《胡塞尔现象学概念通释》，第 155 页。

做'真理意义上的存在'"。① 那么这里被给予性是否可以被认为等同于一种明见的思维对象呢？胡塞尔的话可以在某种程度上证实这种猜测："……我们认为被给予性（既予性）就是：对象在认识中构造自身，对象有如此之多的基本形态须予以区分，给予的认识行为和认识行为的集合、联系也有如此之多的基本形态须予以区分。"② 那么既予性即使不是简单的、静态的对象，也是对象在意识中的构成，它对应于甚至可以说从属于各种认识行为。我们如此认定的理由是，尽管胡塞尔的"对象"的意义复杂多变到这样的程度，以至于他自己承认"没有发明普遍的对象的概念"，但是这个多变的概念的对应概念却始终没有变，那就是"意识"。③

随着这个问题的提出和回答——虽然这个回答目前还不那么令人满意，我们已经过渡到前面提到的第二个特征：既予性的意义之模糊和地位之含混。

可以这么说，在胡塞尔使用被给予性这个术语时，无论是在《现象学的观念》（讲座稿），还是在《逻辑研究》中，这种由于思想本身演变所形成的含混乃至对立都得到了体现。依据其文本，至少可以得出以下两个结论：首先，胡塞尔为了展开认识论的批判而赋予既予性以根本的地位，但是，由于严格科学的理想，他又有意无意地给它加上了意识哲学的种种限制；其次，伴随这种限制的，乃是一般的被给予性和绝对既予性或纯粹被给予性的区分。这两点所带来的后果不仅是被给予性的意义模糊了，而且是所谓绝对被给予性的地位也成为含混的。绝对被给予性本身具有二重性：既是合法性源泉，又需要以直观或明见性为视域；既是纯粹意识本身，又是纯粹意识的对象。

首先，我们来看第一个文本，也就是《现象学的观念》（讲座稿）。这个文本其实提到了两种被给予之物。第一种是在自然态度中的显现给我们的被给予性："在自然的思维态度中，我们的直观和思维面对着事物，这些事物被给予我们，并且是自明的被给予，尽管是以不同的方式和在不同的存在形式中，并且根据认识起源和认识阶段而定。"④ 第二种也就是

---

① 〔德〕胡塞尔：《逻辑研究》（第二卷第二部分），第 130 页。
② 倪梁康：《胡塞尔现象学概念通释》，第 155 页。
③ 倪梁康：《胡塞尔现象学概念通释》，第 178～180 页。
④ 〔德〕胡塞尔：《现象学的观念》，第 1 页。

作为现象学真正工作领域的绝对被给予性，有时候也被称为纯粹被给予
性，它其实是现象学得以确立的基底。通往纯粹被给予性的方法就是现象
学的悬搁，它不是完全否认自然态度中的一般的被给予性，而是不对之做
任何肯定或否定的设定，只是存疑，最终仅仅承认在直观中直接被把握的
东西。这可以被认为是一条经过改造的笛卡尔式的道路，因为至少在现阶
段，胡塞尔的目的不是要最终重新肯定那些客观的超越性存在，就像笛卡
尔在第三、第五沉思中所做的那样，而是要在认识内部寻找一个认识批判
得以进行的真正无可置疑的基底。"这种认识不是它不加考察地从别处取
来的，而是它自己给予的，它自己把这种认识设定为第一性的认识。"①
因此胡塞尔达到的基底不是笛卡尔的等同于自我的"心灵"，而是"现
象"，这就意味着心灵本身也被置入括号。② 心灵与"身体"一样，只有
在直观中被给予时才能获得现象学上的合法性。在胡塞尔看来，绝对被给
予性必然具有使任何问题都迎刃而解的那种明确性，它在直观中自己构造
自己："……这是一种什么样的存在以及这种存在的被给予性在这里意味着
什么，并且我能够在继续反思的同时，使直观本身对我来说成为这样一种
直观，在它之中，上述被给予性，或者说，上述存在方式构造着自身。"③

在第二个文本《逻辑研究》中，上述特征就更明确一些："……现象
学是一门关于所有那些在体验中明见的可证明的、不仅是实项的，而且也
是意向的被给予性（既予性）的学说。……而纯粹现象学则是一门关于
'纯粹现象'的本质学说——这就是说它不是立足于那种通过超越的统觉
而被给予的物理的和动物的自然……它将那些超出相即的、纯粹内在直观
被给予性（既予性）（即超出纯粹体验流）的统觉和判断作为体验自身之
所是接受下来……只讨论属于某个纯粹'我思'形态的纯粹可能性和必
然性……"④ 胡塞尔区分了一般的现象学和纯粹的现象学，它们的对象都
是被给予性，所不同的是前者对应的是意向的被给予性，而后者对应的是

---

① 〔德〕胡塞尔：《现象学的观念》，第 26 页。
② 〔德〕胡塞尔：《欧洲科学的危机与超越论的现象学》，王炳文译，商务印书馆，2005，
　　第 100 页。
③ 〔德〕胡塞尔：《欧洲科学的危机与超越论的现象学》，第 100 页。
④ 〔德〕胡塞尔：《逻辑研究》（第二卷第二部分），第 255 页。

纯粹"现象"。如果承认现象就是那"就其自身而给出自身者"的话，那么所谓纯粹现象也就是纯粹既予者。

如果说胡塞尔的整个现象学事业可以被限定为划分被给予性的等级，那么从这种划分等级的实践出发，在规则、形象和现实性方面，既予性究竟哪一点与通过并且依据它而被给出的现象一致呢？如果说它们的共同点是给出自身（se donner），那么，它们给出了什么呢？胡塞尔的回答有点出人意料，他说给予的是存在之物，也就是存在者（Étant, seiende），而且这个存在者实际上与"对象"处于同一个层次："在进行任何智性的体验和任何一般体验的同时，它们可以被当作一种纯粹的直观和把握的对象，并且在这种直观之中，它是绝对的被给予性（既予性）。它是作为一种存在之物，作为一个此物（Dies da）被给予的，而对这个此物的存在进行怀疑是根本无意义的。"①

对这段引文，马里翁提出了如下分析和质疑。首先，这一段引文实际上表明，在确定被给予性的意义时，胡塞尔试图同时保持其"存在"和"存在者"两种规定性，而这会导致双重不精确。

第一个不精确是在根本上将存在者与对象等同，内在的绝对的存在以及超越的存在当然都被称为存在者、对象。这必然会引起文本的不连贯。因此，马里翁提出这样的质疑：凭什么将存在同时也称为存在者，而不考虑二者之间的存在论上的差异？需要解释的是，马里翁将"存在论差异"视为海德格尔最重要的进展继承下来，才会对胡塞尔提出这个质疑。因此，在我们看来，他的第二个和第三个质疑似乎更为有力一些，因为这后两个质疑是依据胡塞尔本人的文本而提出的，这两个质疑就是，如何才能在试图以"意义的鸿沟"来区分内在的绝对的存在和超越的存在的时候，又以"存在者"和"对象"的名目将二者同一起来呢？如何才能使"存在者"与"对象"的同义合法化呢？如果说"现象"或"存在者"不过是"空的范畴"，那么在马里翁看来，在一种以思考"事物本身"为要务的现象学中，这种空洞是无法容忍的。②

---

① 〔德〕胡塞尔：《现象学的观念》，第27页。
② Jean-Luc Marion, *Étant donné*, p. 48.

当然，对马里翁而言，更加不能接受的是，凭什么要求所有的存在者和给出自身者都服从于对象及其对象性。就现象而言，假如不是那在一个范畴中显现者和既予者，所谓"具有一种原对象性至上地位的对象"又是什么呢？难道这是要说，对象或对象性所涉及的并非真正的现象，而是一个空的视域——它接受一切可能的现象而它自身则不必显现吗？① 与此紧密相关的就是第二个不精确：将既予性与对象性本身相混淆。假如这只是说"……对象能显现出来，它能在显现中具有某种被给予性（既予性）……"，② 那就没什么困难，因为对象性实际上最终将作为被给予性而终结，后者将它规定为其模式之一。但是，问题没那么简单，"……问题完全不在于将任何显现者都确定为被给予的，而是要关注（porter au regard）被给予性（既予性）的本质以及不同对象性模式的自身构造……"。③ 这就意味着胡塞尔是将对象性作为既予性的绝对标准和尺度。这样，通过将现象性从属于对象性，胡塞尔关闭了他根本性的胜利：通过还原而使被给予性（既予性）决定现象性。胡塞尔所解放的东西没有能够解放它自己，既予性是一个没有被抓住的开端。④

尽管海德格尔强调他的哲学是关于存在的学说，而不是"严格的科学"，同时也强调他的还原方法是将研究的目光从素朴把握的存在者引回到存在本身，从而与胡塞尔的现象学还原相区别，但是，在马里翁看来，在没能最终实现依据既予性而思考存在这个问题上，与许多其他问题一样，"海德格尔在这一点上一直都是胡塞尔主义的"。⑤ 也就是并未实现或坚持真正的现象学"突破"。

《存在与时间》的确致力于展开关于存在本身的意义问题，然而这个问题从一开始就遇到困难，因为无法从存在本身来展开——因为存在总是意味着存在者之存在，那么就只能从存在者身上来逼问出它的存在。我们还是依据文本来说话。

---

① 〔德〕胡塞尔：《纯粹现象学通论》，第 12 ~ 13 页；Jean-Luc Marion, *Étant donné*, p. 48。

② 〔德〕胡塞尔：《现象学的观念》，第 47 页。

③ 〔德〕胡塞尔：《现象学的观念》，第 62 页。引文依据法文有改动，参见 Jean-Luc Marion, *Étant donné*, p. 50。

④ Jean-Luc Marion, *Étant donné*, p. 50.

⑤ Jean-Luc Marion, *Étant donné*, p. 51.

在其存在与如是而存在中，在实在、现成性、持存、有效性、此在中，在"有"〔es gibt〕中，都有着存在。我们应当从哪种存在者掇取存在的意义？我们应当把哪种存在者作为出发点，好让存在开展出来？出发点是随意的吗？抑或在拟定存在问题的时候，某种确定的存在者就具有优先地位？这种作为范本的存在者是什么？它在何种意义上具有优先地位？①

众所周知，对于后面几个问题，海德格尔后来的回答是，那个可以作为出发点的具有优先性的存在者就是"此在"，因为它的优越性在于它在其存在者中与存在本身发生交涉，这意味着"此在在它的存在中对这个存在具有存在关系"。海德格尔对这种"关系"的阐释是这样的：

此在在它的存在中总以某种方式、某种明确性对自身有所领会。这种存在者本来就是这样的：它的存在是随着它的存在并通过它的存在而对它本身开展出来的。对存在的领会本身就是此在的存在的规定。此在在存在者层次上的与众不同之处在于：它在存在论层次上存在。②

这里，第一句话讲此在在它的存在中领会自身，第三句话讲此在对存在的领会。如果此在对自身的领会并不等于对存在的领会的话，那么这两个句子之间是无法自动连贯的，因此就得看第二句话，此在的"存在是随着它的存在并通过它的存在而对它本身开展出来的"。这句话的结构是：A（它的存在）是随着 A 并通过 A 而向 B（它本身）开展的。如何理解如此含糊不清的说法呢？如果说它（此在）的存在是生存，那么这句话就是生存随着生存并通过生存向此在本身展开，这似乎不能直接过渡到存在本身，除非我们承认生存——作为"此在无论如何总要以某种方式与之发生交涉的那个存在"——就等于前面那个"存在本身"，否则，这就是一种跳跃。似乎海德格尔后面的表述才多少弥补了这个缝隙：各种

---

① 〔德〕海德格尔：《存在与时间》（修订版），第 8 页。
② 〔德〕海德格尔：《存在与时间》（修订版），第 14 页。

科学作为此在的存在方式也涉及那些本身不必是此在的存在者，"包含对一切非此在式存在者的存在的领会"。通过这样的阐释，海德格尔实际上是要赋予此在以特殊的地位，并以此作为探讨存在意义的出发点。说到底，虽然海德格尔一再重申存在问题的必要性和优先地位，但是《存在与时间》的主角似乎既不是存在，也不是时间，而是此在。这本书的确提出了存在论差异，这个差异使得此前将形而上学重新阐释为存在的遗忘史成为可能，并且因此得以展开对存在论的历史的解构，最终却只是指出"存在论差异"，而没能够真正地专注于存在自身的特征。当然，我们也不能忘记，这是一部未完成的作品。

对于"存在（l'être）处于存在的事实与方式之中，在现实性（realité）、持存性（subsistance）、基底（le fonds）、有效性、此在、〔它〕给予（cela donné）之中"① 这样的说法，马里翁的问题是："如何理解存

---

① Jean-Luc Marion, *Étant donné*, p. 51. 这是马里翁对《存在与时间》的译文，对应中译本中的"在实在、现成性、持存、有效性、此在中，在'有〔es gibt〕'中，都有着存在"。我们并置两种译文，而不是择取其一。关于"es gibt"的译法，马里翁有如下说明：〔法语学者〕习惯用 il y a 来翻译"es gibt"，在通行的翻译中当然是可接受的。但是当人们追究这个概念的确切含义时，上述译法则无法自圆其说。实际上，它掩盖了构成"es gibt"的既予性的全部含义。我们实在无法理解 F. Fedier 的相反的意见："……在翻译中，le es gibt 在朝着一个给予（donner）的方向发展，这个翻译有点过头了。"但是为什么呢？一个如此草率的否定还用得着任何辩白吗？我们会看到，对字面上翻译的拒绝，通常都无法走得足够远/难以行得通。至于韩波（Arthur Rimbaud）的权威，海德格尔曾经引用过这个人，似乎也被滥用了：我们只看到这首诗特别地澄清或展现如其所是的既予性，在"es gibt"中阐明的，或者至少应该建立这一点。即使要冒风险，假如我们要以存在的基调来思考既予性的话，参考韩波的其他诗句也许更合适一些："ce le repos eclairé, ni fièvre ni langueur, sur le lit ou sur le pré〔这是一种敞亮的安宁/既无狂热也不阴郁/在床榻抑或牧场之上〕"；或者将它思考为一个发生/来临："qu'il vienne, qu'il vienne/Le temps dont on s'éprenne〔来吧，来吧，我们相爱的时刻〕。"此外，海德格尔本人要比他的阐释者们更保守些，他既没有否认"将韩波的 il y a 译成德文 es gibt 是完全符合的"这个明见性，同时也含蓄地承认，il y a 反过来并不能完全地翻译 es gibt。我们还是坚持将 es gibt 译成 cela donne；尽管不符合习惯，但是这种译法更准确。——详参 Jean-Luc Marion, *Étant donné*, p. 51, note1.

实际上，学术翻译的情形通常是这样的：最初的译者是在研究未深入的情况下，依据最初遇到的语境和自己的理解给出一种尝试性的译法，但是这种译法既可能在后来的研究和翻译中被修正，也可能约定俗成，更可能由不同的译者依据不同的语境和理解给出不同的译法，尤其是一个概念的本身具有多种用法、哲学又发展到一个解释学时代的时候，这种情况就更为显著。在这种情况下，我们还是倾向于哲学史研究的翻译主要采用直译，如果要突出某种意义和阐释时则加注原文依据，这样做的好处不仅在于统一译名，更在于可以避免以下的困境：有时候某个概念在一段原文中可能同时具有不同译法，强调不同的意义，这时无论选择哪个单单契合其中某一个意义的译法都会感觉不妥。

在处于任何它自己所不是的东西之中？"假如人们回答说，这些东西都是它扎根并且开启的存在论寄居之所（depots），那么，对于这里所列举的存在的事实和方式，人们都有当然的理由这么说，只有最后一个"［它］给予"是例外的，因为它丝毫没有存在者的特征，它已经是一个至少在此时能够使存在成为可通达的非本体论的机构。因此重要的不是强调存在实际上存在于此在之中的可能性，而是应该强调此在通过展开并且实施一种既予性以展开这一可能性更有意义。因此，我们就必须更多地关注《时间与存在》，而不是《存在与时间》。为什么呢？因为后者更为明确地专注于存在本身的特征。简单地说，这种特征，就体现在，我们只能说"它给予存在"（es gibt sein），而不可以说"存在存在"（sein ist）。因为存在虽然通过时间被规定为"在场状态"，但它不是时间性的——没有时间性意味着它被时间规定的同时也规定着时间。它是持存的：时间在流逝的同时依然作为时间而留存，不消失，因此也是在场，在此就意味着"被一个存在规定"。① 一般的存在者，包括"此在"在内，都是时间性的，只能为时间所规定却不能反过来规定时间，只有存在是与时间相互规定的。它们共有一种不同于存在者的现象性，或者说显现自身的方式，那就是基于既予性的现象性。它们都是"［它］给予"所给出的礼物（gabe）。存在不持存（ist），而是被给予的："'它'给出作为在场之解蔽的存在。"② 既然海德格尔的"还原"就是将研究的目光从存在者引回到存在本身，那么这种借以规定"［它］给予"不正是真正值得重视的吗？

既然存在不存在，自然就无法在存在自身的视域中把握它，就必须赋予它一个新的视域，同时，既然既予性能够描述其不同于存在者的根本特征，那么通过既予性来解读存在就成为自然而然的事情了。③ 进入这一视域的关键就在于保持"它给予"中它的匿名，只有它是匿名的，是以退隐为特征的不在场的在场，因为这种退隐确保"es gibt sein"不同于任何

① 〔德〕海德格尔：《面向思的事情》，第 3~6 页。
② 〔德〕海德格尔：《面向思的事情》，第 7 页。
③ Jean-Luc Marion, *Étant donné*, p. 54.

关于存在者的陈述。① 本来，如果能够抓住在这个"它给予"中发挥作用的既予性的话，海德格尔完全可以成功地完成他最初的企图——从存在自身的显现来解决存在问题；然而，他却将"es"大写为"Es"，进而将它命名为"本有"（Ereignis）。这种命名并非依据任何必然性，而是一种依据类比的阐释，甚至按照马里翁的看法，是一种过度的阐释。② 这个有名的本有取代了"它给予"中的"它"——"那个'它'显现为本有"，从而就遮蔽了既予性的视域，最终导致"存在消失在本有之中"，因为本有只是居有，它既不存在也不给出。③ 就这样，海德格尔也像胡塞尔一样，与既予性的首要性失之交臂。

第二节　语言的迷宫

至此，我们以对既予性的不同态度为线索，介绍了这个概念在胡塞尔和海德格尔文本中的殊途同归的命运。因此马里翁将二人的思想历程归纳为两个"突破—回撤"运动：胡塞尔提出了既予性，用它规定了几乎所有现象学主要的其他范畴，但是最终却将既予性降级为对象性；海德格尔的"现象学方法"是要将研究的目光引回存在本身，并探询存在的意义，但他用 Ereignis 取代了匿名的 cela donne，从而不能坚持就存在本身来探询存在的意义，存在因此不能成为"就其自身显示自身者"，即由于错失了既予性而错失了存在本身的现象性。但是，我们在第一章结尾所提出的问题并没有得到回答，也就是说，人们仍然会质疑：马里翁凭什么说必须从既予性出发来思考现象和存在呢？为什么既予性具有优先性？它是如何超越对象性和存在者性的呢？

在回答这些问题之前，我们先对这些问题本身可能引起的误解做一些说明。在我们看来，既予性的优先性与其说是马里翁个人的孤立主张，倒

---

① 〔德〕海德格尔：《面向思的事情》，第 22 页。面对海德格尔这样的表述，我们当然会有"功成身退，天之道""道隐无名"之类的联想，但是，我们认为，过于仓促地将东西方思想扯到一起是非常值得怀疑的，必须保持高度的冷静和审慎。

② Jean-Luc Marion, *Étant donné*, p. 57.

③ 〔德〕海德格尔：《面向思的事情》，第 28 页。

不如说是他对胡塞尔某些著作的基本精神的解读和发挥；① 而且他并不是唯一一个有类似看法的思想家。他的法国前辈们也曾经表达过类似的观念，如梅洛－庞蒂说："中心的现象……是由这样的东西构成——我被给予我自身。我被给予，这就是说我已经在一种自然的和社会的世界中处于被安置、被指派（engagé）的状态；我被给予我自身，这就是说这种情形从来都不曾将我遮蔽。"萨特说："真理不可能是保持为绝对主体的所有物。它属于被给予的存在……真理是一个礼物。"此外，与马里翁关系更为密切的表达还有列维纳斯所说的："超越性并不是一种他者的幻象（vision），而是一种原初的既予性。"②

那么，既然这一看法已经被别人表达过，那么马里翁的贡献究竟在哪里呢？回答这个问题，其实就是在谈论马里翁与他的法国前辈们在这个问题上的差异。③ 这种差异有两个方面：首先是在专门性方面，萨特或梅洛－庞蒂虽然有只语片言涉及既予性，但是既予性从来都没有成为他们的中心论题；其次是在系统性方面，既予性在列维纳斯那里已经显得非常关键，但是他没有像马里翁那样将既予性的地位和作用彻底化并以之为中心建立一个论述系统。马里翁实际上是以既予性这个概念为核心，重构了现象学的进程并且将这个思想运动引入新的可能性领域。但是，马里翁的成就不是凭空得来的，而是得益于他对胡塞尔作品，尤其是早期作品（《逻辑研究》和《现象学的观念》）的重新解读。也就是说，他以胡塞尔的文本为依据，提出必须从（现象的）既予性出发，才能够真正承认现象本身的现象性，才能真正地回到事物本身，使得成问题的事物不再含混不清——因为既予性将得到如其所是的领会和接受。而这种解读具有两面性，一面是彻底化对胡塞尔早期文本中所实现的突破的继承，另一面则是对后来先验现象学的一些基本论点的改写乃至摒弃。

---

① 当然，如果本书中的措辞是含混和杂乱的，那么从中清理出一种单一而明确的阐释——这样的活动从积极的角度说是一种进展，从消极的角度说是一种背离，而这种背离正是进展所必须付出的代价。

② Jean-Luc Marion, *Étant donné*, p. 30, note1.

③ 我们这里本来也可以用"进展"这个词，因为就某个具体的问题线索而言，进展是的确存在的；但是由于这里也涉及思想家的思想整体，所以只能说他们有各自的问题域，或者说各自有着不同的思的"事情"。

因此马里翁认为，承认现象本身之现象性就意味着从既予性出发来把握它，承认其从自身出发展示自身的权利和能力。我们在第一章就已经讨论过胡塞尔的突破是对直观的扩大，即从康德式的感性直观扩大到现象学的范畴直观。然而马里翁认为，这种扩大实际上就意味着将明见性扩大为既予性，并且为自己的这个结论做了如下论证。

胡塞尔在《欧洲科学的危机与超越论的现象学》中这样回顾自己的早期工作，认为《逻辑研究》标志着他的哲学思想的突变，"正是在那个时候［1901年］……明见性（这个死的逻辑偶像）第一次转变成一个问题，从科学明见性的流俗（prevalence）中解放出来，并扩大为原初的自身既予性的普遍性"。① 为什么要将明见性贬低为死的逻辑偶像？因为胡塞尔已经彻底重新定义了明见性。在传统意义上，明见性意味着主观性的自身同一，然而假如明见性依然只是简单的主观印象，只是一种意识的效果，简单地说，一面偶像崇拜的镜子，那么它就应该依然是形而上学的而非现象学的。因此，胡塞尔在《逻辑研究》第38节依据既予性重新规定了明见性：明见性意味着意向的充实。② 正是明见性的既予性特征凸显着他本人与笛卡尔之间的区别："笛卡尔在确定了思维的明见性之后……问道：是什么在向我们保证这种根本的被给予性（既予性）？是明白清楚的感知（clara et distincta perceptio）。我们可以以此为出发点。我不须说，我们在这里已经比笛卡尔更纯粹、更深刻地把握了这个事物，因此我们在更纯粹的意义上把握和理解了明见性和明白清楚的感知。我们可以随着笛卡尔再向前迈一步（经过必要的修正）：所有像个别思维一样通过明白清楚的感知而被给予的东西，我们都可以利用。"③ 由于现象学意义上的明见性意味着意向的充实，那么它"所给予的就必须多于意识的状态或体验，必须在其清晰性上带来一种非-意识、非-体验、非-思想的显现。在意识的屏幕上，必须投射并发生一种不同于它的东西——非-明见性，现象本身"。④ 因为必须承认这个悖论：既然传统的明见性被定义为单纯

① 转引自 Étant donné, p. 31，又参见《欧洲科学的危机与超越论的现象学》，第280页。
② 〔德〕胡塞尔：《逻辑研究》（第二卷第二部分），第128~129页。
③ 〔德〕胡塞尔：《现象学的观念》，第42页。
④ Jean-Luc Marion, Étant donné, p. 32.

意识的模式或状态，独立于并且无关于任何可能的超越者，那么现象作为外在于意识的机构必然是完全非－明见的。这样，现象学意义上的明见性将不再是意识本身，而只是一个现象发生的场所。马里翁将传统的纯粹意识的明见性比作真实的现象得以在上面显现的电影胶片，而使现象得以显现的力量正是现象自身具有的既予性。他写道："为了明见性能够在无深度的胶片与真实的现象之间做出决断，简单地说，为了它能够使现象被看到、显现——就必须引入一个新的术语——被给予性（既予性）。"① 明见性本身是盲目的，它不过是显现的屏幕、给予的场所。明见性作为既予性的场所，因此不是它的起源，而是它的落脚点，它的所至（aboutissement）：既予性的起源依然是现象"自身"，除了自身之外别无原则或起源。可见，不仅旧的明见性不过是"死的逻辑偶像"，即使新的明见性，从既予性的角度而言，也不再像它在胡塞尔那里一样构成"现象学的主导动机"。② 如今，现象学真正关心的乃是给出自身的现象：现象的自身既予性意味着必然只有现象亲自给出自身，尤其是它依据自身并从自身出发而给出自身。只有这种起源于自身的既予性才能够给予现象自身并赋予明见性以尊严。

当然，只有通过还原的操作，这种死的明见性向充满着既予性的明见性的突变才能够完成。但是，这里又遇到一个麻烦：既然还原的功能就在于将现象引回到它自身的既予性，而这种既予性在展现自身之前又是完全非－明见的，也就是并非与意识同一的，从而也就是非－内在的，这就与现象学严格的内在性要求相违背了。不过这个问题也可以通过胡塞尔的文本得到解决——对内在性本身进行重新规定。

胡塞尔承认自己的现象学不仅涉及实项的内在之物，而且涉及"在意向意义上的内在之物。认识体验具有一种意向（intentio），这属于认识体验的本质，它们意指某物，它们以这种或那种方式与对象发生关系。尽管对象不属于认识体验，但与对象发生的关系却属于认识体验。对象能显现出来，它能在显现中具有某种既予性，但尽管如此它既不是实项地存在

① Jean-Luc Marion, *Étant donné*, p. 32.
② 倪梁康：《胡塞尔现象学概念通释》，第 152 页。

于认识现象之中，也不是作为思维（cogitatio）而存在"。① 从马里翁的角度来理解胡塞尔的这段话，可以分为两个方面：一方面，马里翁不能同意的是胡塞尔在这里暗示的将现象性等同于对象性的倾向；另一方面，马里翁也看到现象本身（所谓"对象"）并非认识体验的一部分，认为意向的内在的提出使得显现者成为内在的，同时又不必内在于认识主体。也就是说，由于这种新的内在性的提出，"内在"这个词从此不再意味着"对象内在于认识体验"，而是相反——意识以这种或那种方式内在于现象。不知道胡塞尔本人是否同意这样的阐释，但是从既予性的角度来看，马里翁的确得出了这个相当激进的看法。他的理由是，如果说双重性意义上的现象（显现者及其显现）内在于意识的话，那么仅仅是因为，一方面意识首先意向地内在于显现的"对象"之中，另一方面意识必须意向地内在于显现者本身。在意向的内在性当中，表面的既予性不再排斥显现的既予性，因为意向性意指这显现者的既予性，即显现者被视为被意指者。这就是说，由于表面现象（l'apparence，显现的客体）的既予性和显现的既予性从来就是同一个既予性，现象的两个方面是同时发生的。所谓既予性乃是这样的，它是内在性之中的超越性，只要两种既予性依然是有分别的，甚至是分离的，既予性就仍然不会在深度上出现，它停留为一种只给出它自身而非对象的形象。至于超越的客体，其非－显现性妨碍了它的既予性。既予性由于表象的显现成为显现者的显现而爆发，简言之，是将显现者纳入其本身的显现之中。由于并作为表象的显现，既予性给予意向对象以显现。表象因此不再遮蔽显现者，而是为了后者能够显现向它给出自己的表面（aspect）。②

本书从开头到这里，出现了如此众多的"既予性"，而且它们在不同的场合有着不同的意义甚至不同的词性，为了使下面的论述不至于过分令人费解，我们再也无法耽搁这样一个十分棘手的任务：对既予性这个词的转译过程做一个简单的梳理，然后在此基础上对它的用法做一个相对明确的说明。而在做这一说明之前，还应该对这个所谓说明本身做一个说明，那就是我们最终无法将这个词确定为一个内涵和外延都十分确定的概念。

---

① 〔德〕胡塞尔：《现象学的观念》，第47页。
② Jean-Luc Marion, *Étant donné*, pp. 38 – 39.

"既予性"对应于法语词 donation，而 donation 又是马里翁为德语 Gegebenheit 选择的对应词。① 我们这里用"对应词"而不说"翻译"，是因为，无论从德文到法文，还是从法文到中文，目标语言实际上都无法完全涵盖或准确表达原先语言的全部意义。这里的小心并不显得多余，因为前文已经说到过这个词在胡塞尔那里的多义与含混。正是由于这种多义与含混，法文翻译中出现了诸多歧见。法文译者看到 Gegebenheit 这个词既表示既予者（le donné），又表示既予者的一种特性，也就是说它既指示实体，又指示性质，因此为了避免歧义和含混，他们就将它分拆成两个术语来翻译：表示实体时译为材料（la donnée，或译为与料），表示性质时则译为在场（présence）。显然，译者的用心是好的，希望借此消除法语读者阅读时的困惑。然而，这种做法只有在以下两个条件下才能够保证这个良好的用心不会带来恶劣的后果。首先，两种译法本身是准确的；其次，在胡塞尔所有的行文中，Gegebenheit 只有这两种含义（或是其中的一种，或是同时具备两种）。但是，很不幸，就第一个条件而言，在场这个词不能够准确地表达既予者的特征，而且它也不能用来翻译既予性作为性质的一翼，因为它只能代表现象之发生所达到的结果，却无法表达现象自己给出自身的动态特征。至于第二个条件，虽然既予者及其自身被给予的特征的确构成 Gegebenheit 的两个基本含义（这两种含义共同构成马里翁所谓 le pli de donation，既予性的褶子），但是不代表它没有其他的含义。退一步讲，即使在仅仅考虑这两种含义的情况下，如何在译文中确定是选择其一还是二者并置也成为一种不可能的任务。更糟糕的是，这个词的意义还远远不限于这两个基本的意义，它还可能表达给予的过程、机构和标的。因此马里翁不同意这样的处理。

　　还有一种情况是将 Gegebenheit 译成材料——利科就倾向于这个译法，但是他本人的言论表明，这不过是一种简单化的处理。② 这种译法不仅将

① 当然，这并不意味着其他思想家此前或此后没有使用过这个词，不过，它的确是在马里翁这里获得了更多的阐发和更为基本的地位。
② Jean-Luc Marion, *Étant donné*, p. 98, note2. 利科也表明了这个术语的二元结构。此外，李幼蒸先生在译著《纯粹现象学和现象学哲学的观念 I · 初版中译者序》（中国人民大学出版社，2004）第 6～7 页中已经指出，利科在许多胡塞尔术语翻译的处理上是比较宽泛的。

Gegebenheit 直接化约为一个既予者，而且企图将它身上作为给予物的特征以及任何给予过程的痕迹都消除了，成为"一个简单、素朴、中立、光滑的事实…… 既予者因此将属于一种作为并依据自身可理解的在场，一种无来源的持存（subsistance），类似于自因者的纯粹的在手之物（vorhanden）———一个被涤除了（purifiée）全部既予性的既予者"①。但是，马里翁认为这种企图也是不可能实现的。他的理由是，即使那些看上去最单纯、最中立、最空洞的数学 - 物理知识中的材料也不是全无既予性的。因为如果要理解并加工这些材料（这里的材料相当于科学问题中的已知条件），那么首先就必须如其所是地接受这些材料，这就意味着接受它们已然被设定的意义，或者说只是它们自己为自身设定的意义。因此，正是通过材料的被安置，通过它们的作用，它们的既予性获得了证实。因此一种没有既予性的材料是不可能的。② 其实材料（实际上其他一切既予者也是一样）的既予性在斯宾诺莎那里可以得到佐证。在斯宾诺莎看来，因果关系原则上可以被认为是从既予性开始的。③ 因此材料本身就是依据它本己的发生（sa proper advenue）以及这种发生的效果的产物，它们因此就不可能从中得出任何超越性（transcendance）。既予性乃是从属于既予者之为既予者的限定本身，而不是由谁从外部附加上去的。既予者由于来源于既予性，故完全可以被回溯到既予性，甚至与之同一。因为作为既予者的现象从来都是自己发生或者自己给出自身的④。虽然没有使用现象学的术语，知识材料的这种既予性其实早已由福柯揭示。福柯在考察主体的命运时，已经发现"人"不过是知识 - 权力系统中的一个功能，人的身体成为权力运作的场所，而人的经验成为知识的对象。因此，不是人创造、学习知识，而是知识造就人。只要体会一下我们自己的经验就知道，与其说我们在创造知识，不如说知识［被］给予我们、

---

① Jean-Luc Marion, *Étant donné*, p. 99.

② Jean-Luc Marion, *Étant donné*, P. 94.

③ Jean-Luc Marion, *Étant donné*, p. 95, note1, 2.

④ 自己发生、自己给出自身这两个意思可以用同一个短语 se donner 来表达。马里翁同时使用这两个意义，表达自己发生时，通常会谈论现象/既予者之发生（advenue）、涌现（surrigissement）；表达给出自身时，则会谈及给予物（don）、给予者（donateur）和接受者（donatrice）。

强加于我们，并且借助我们的经验得以不断增殖自身。我们当然不是主张反智主义，而是说在知识爆炸的时代——其实在其他时代也是一样，必须对知识保持警惕。如果说动物依赖自然而生存，那么我们则是依赖知识。但是我们毕竟不同于动物，因此福柯才会谈论对古代伦理实践的某种意义上的复归，才会提倡一种审美的生存。如果说在 20 世纪 70 年代及以前福柯的思想总是倾向于提醒、警告和剖析的话，那么从 20 世纪 80 年代开始他提出某种积极的主张，只是这个进程随着他的身体的消亡戛然而止了。当然，由于关注的焦点不同，马里翁并没有十分注意这种知识的自身既予性与主体的关系及其影响，而只是一般地证明它的存在。

回到本书的主题，即究竟应该如何处理 Gegebenheit 这个术语。马里翁认为在决定处理办法之前必须先明确以下两点：其一，Gegebenheit 这个词本身就是含混的，它的基本结构是由现象给出自身的结果——既予者（donné）和现象给出自身的过程——给予（donner）这两个基本意义构成的褶子，我们无法将这两个基本意义截然分开，因为少了褶子的任何一翼，褶子本身就不存在了，Gegebenheit 也就随之消失了；① 其二，除了这两种基本意义之外，Gegebenheit 有时候可能被用来指涉这个给予行为的标的（don，给予物），甚至可以涵盖作为其相关项的行为人（donateur，给予者）和既予者的实现方式（caractère de donné 既予性）。②

在确认了以上实情之后，在法语中对 donation 的用法的选择可以这样来表述：要么所有的既予者都依据其褶子（其含混性）的展开而回溯到既予性；要么仅仅在这样的情况下拒绝既予性——现象不是经由自身而显现。但是一个不给出自身的现象显得近乎自相矛盾，至少是一种十分边缘性的例外（une exception marginale）。此外，即使人们能够现象学地使这种例外合法化，它很可能也无法修正下面的规则：一个现象被要求在一个既予性中，只有后者才能原初地将它作为既予者而传达出来。因此问题其

① Jean-Luc Marion, *Étant donné*, p. 97.
② Jean-Luc Marion, *Étant donné*, p. 91.

实不在于我们是否能够或应该从既予性出发来思考现象，而是要知道是否能够在没有既予性的情况下思想现象。因此既予性的含混性就不能作为我们回避它的借口，而恰恰是我们通达现象自身之本质的通道。既然含混无法避免，而且正是 Gegebenheit 的根本特征，那么与其为了回避含混而丧失概念本身，还不如积极地承认它丰富的含混性，用 donation 这个法文词来作为它在法语中的对应词。也就是说，应该用 donation 来对应那个多义的 Gegebenheit，主要用它来表达既予性的基本结构，也就是既予性的褶子（le pli de donné）。中文中也没有完全对应的词来翻译 donation，因此我们只能勉为其难地用"既予性"来作为它的对应词，至于它确切的意义只能依据上下文来判断了。①

这就是有关既予性的第一个迷宫——语言的迷宫。在做了这个准备工作之后，我就可以说讨论既予性的第二个迷宫——内在结构的迷宫了。

关于这第二个迷宫，马里翁是这样说的："既予性的悖论就在于其褶子的不对称性之中：出自既予性过程的既予者（le donné）显现，但让既予性本身被遮蔽了，这成了既予性的迷局。"② 正是由于在这个褶子当中既有所给予的东西，又有给予的动态过程，它也表达了既予者本身的动态（action）。而我们传统的概念总是有意无意地排斥动态和不可重复性，追求静态的可重复的意义——这也就是前面的语言的迷宫产生的原因。人们期望获得的是材料、在场这样的概念，而极力回避褶子的另一翼，即它的动态的发生过程。但是，只有完整的褶子结构才能反映胡塞尔关于现象的定义："依据显现（l'apparaitre）与显现者（l'apparaissant）之间的关联，'现象'这个词具有双重的意义。"③ 这种关联向"两种绝对既予性"开放：显现的既予性和对象的既予性。其中，作为显现者（l'apparaître）的既予性仅仅构成一侧。既予性就是现象之现象性，也就是现象自己给出自身，或者说现象自己发生。从既予性出发来理解现象的现象性不单是为了看到那直接可见的现象（如果是这样的话，就不需要现象学），还是为了

---

① 当然，这只是一般的做法，有时候为避免汉语句子过于费解，还可能改用别的词，但是会注出原文。

② Jean-Luc Marion, *Étant donné*, p. 100.

③ Jean-Luc Marion, *Étant donné*, p. 101.

看到那些寓居于可见者之中的不可见者，现象学的合法性就在于它可以使不可见者变得可见，而不可见者仅仅向既予性的褶子，也就是它自己的既予性开放。在下面一章中，我们将通过对一幅画的分析来表明现象之既予性究竟是什么，以及它何以具有根本的优先性。

第三章
艺术与现象

第一节　绘画的效果

在 19 世纪最后几年里的某个星期五，一个欧洲人整理自家的储藏室，准备在次日的社区跳蚤市场上将那些留之无用，弃之可惜的杂物都卖掉。其中就有一幅看上去已经很破旧的油画。然而，戏剧性的事件就发生在那个周末的跳蚤市场上，一位艺术史家兼业余收藏家发现了那幅画，并最终认定那就是夏尔丹①（或者别的什么大师，这无关紧要）曾经在书信（或者日记、回忆录什么的）中提到过的一幅自己送给友人的作品。随后的事情顺理成章，艺术界当然轰动了，艺术史家、传记作家、艺术批评家们开始写文章、开会、争吵甚至相互嘲弄，当然也少不了媒体的起哄。最后，虽然没有取得完全一致的意见，但是大多数人，尤其是权威们，认定这是"真迹"。于是画作被送到巴黎或者阿姆斯特丹的专家那里修复，不消说，不仅画框，而且一部分画布甚至颜料都被替换了，然后它脱胎换骨，焕然一新地被送到某个著名的画廊展出，在它面前驻足流连的当然不乏关心它价钱的古董商。最后，它有幸被某个国家博物馆购买收藏，它的照片也逐渐出现在各种各样的或精美或粗糙的画册上，流传到世界各地。

许多年之后，还是一个下午，在另一个大陆，一个无所事事的大

---

① 夏尔丹（Jean-Baptiste Chardin, 1699 – 1779），18 世纪法国画家。

学生，百无聊赖地来到图书馆，随手拿起一本画册毫无目的地翻看，就在他觉得无趣，准备放下的时候，一幅图画吸引了他的目光，使他为之一震，使他进入了一种安宁、舒适、物我两忘的境界——依然是无所事事，但绝对不是百无聊赖了。至于那本画册上说的关于这幅画的传奇经历、艺术史地位以及技法、真伪、馆藏、尺幅大小、创作年代、画家之类，他全然无知，也毫不关心。真正的艺术事件——美的现象性之显现，恰恰发生在没有人考虑艺术家、艺术品以及艺术之本质的时刻，而且不受时空维度的约束，因为这个事件的最初发生或许是在许多年前的某个瞬间，在画家自问"它所给予的是什么？"（Ce que cela donne?）的那一刻。同时，这种显现也有可能在此后的任何一个时空中发生。①

这当然是一个虚拟的过程，但是可以让我们有一个具体而清晰的语境来理解马里翁的理论。我们将通过一幅画来说明现象之现象性乃是它本己的既予性。这个判定意味着既予性不应该被看作对象、存在者、死亡抑或虚无，换言之，既予性具有绝对的、基于自身概念的优先性，因为现象就是那给出自身、自己发生者。

在前面的章节中，我们已经简要地介绍了马里翁对经典现象学（胡塞尔和海德格尔）的梳理以及他对现象学方法与原则的重新阐述；在此基础上，我们梳理了既予性这个概念的意义和用法的变迁。简单说来，马里翁认定，现象学方法的基本精神就在于展现或者更准确地说是让现象自己展示自身，而不是依据一般的形而上学的原则去演绎、证明，或者力求"揭示"现象背后的所谓深层次的真理。这个方法由于反映现象定义本身的要求而确保了现象学本身应有的特质：现象学中首要的不是直观，不是知觉，也不是此在之存在，而是显现，是现象给出自身或自己发生。现象学的还原不过是一个"让-显现"的活动，也就是让现象自己显现自身，是让显现者回溯到它的自身（被）给予性。这也就是马里翁为什么会说

---

① 这并不意味着我们主张观者与画家，或不同的观者所"看"到的东西完全一致，应该说，它们实际上是不可比较的，甚至是无以言表的。

"既予性比对象性和存在走得更远，因为它的来处更远：作为现象性的极端形象，它先于或超出了对现象性的任何其他详细规定"。① 由于这个方法的确立，现象学的最终原则也随之转变为"有多少还原就有多少既予性"，也就是说，它确认了既予性与还原之间的必然关联。所谓还原，就是将各种可见者导向既予性，这实际上确立了既予性作为现象性的终极形象的地位。这样，现象学将只是关于现象的学问，而不是一门"严格的科学"，它也不作为一门"存在学"而陷入自相矛盾。②

但是，由于我们刚刚提到的既予性的第二个迷宫，也就是由于既予性总是间接地通过它的褶子而显现，人们不得不从对象性或存在者性的方面去描述它，这最终导致对既予性本身的遮蔽。这就需要一个合适的平面使我们能够积极、正面地谈论既予性的问题。首先，这个平面应该是一个既予者的平面。其次，在这样的平面上，既予性本身将能够显现，能够将一个现象的意向相关项与一个既予者同一起来，而不是立即将它降格到对象或存在者的行列之中，也不过早地关闭它的现象性，简单地说，就是能够使一个现象作为纯粹而严格的、毫无保留的既予者显现，并且它的现象性仅仅归属于既予性。如果能够做到这一点，就可以避免在胡塞尔和海德格尔那里曾经出现过的自相矛盾。

那么，对马里翁而言，这样的平面是什么呢？他并没有选择显赫的现象——人（或此在），他者，崇高的、神圣的或最高的存在者，而是一幅绘画作品，并且不是什么名家的杰作，而是一幅十分平庸的作品。为什么呢？马里翁这样解释："我们的意图显而易见。既然我们寻求确认某一个甚至所有的现象（包括相当普通的现象）属于既予性，我们就必须依据一个确实可见的界限——图画——展开工作。……简单地说，一个现象，它除了它的可见性之外丝毫不引人注目，尤其是这样一种任何其他现象都可以达到的可见性（有人注视它，有人展示它以使之被注视），与存在者和对象的可见性处于同一个世界之中。"③ 假如像一幅平淡无奇的图画这样一个普通现象，都能够被回溯为一个作为纯粹既予者的可见者，并且为

---

① Jean-Luc Marion, *Étant donné*, p. 60.
② 我们下面还要谈到，它也不是一门伦理学，或关于虚无、死亡的学说。
③ Jean-Luc Marion, *Étant donné*, p. 61.

了能够显现（apparaître），也就是给出自身（se donner），它与那纯粹的既予者（le donné）共同构成既予性的褶子（le pli de donation），它必须被回溯为纯粹既予者，那么以之为范式的任何普通现象的现象性都将可以被引回到既予者。① 由于主题的关系，这里的阐述也涉及马里翁的美学观念。

马里翁所挑选的是一幅出自二流美术机构的属于 17 世纪末荷兰画派的作品，很可能出自一个有天分的善于模仿的学徒之手。简单地说，它在技法方面没有什么建树，虽然有吸引力但十分有限，它能引起愉悦却不能唤起热情，这只是一幅古董画，再没别的什么了。画的内容是这样的：一个农家，窗边有一个女仆，屋外有两只动物和一个男人，桌案上放着猎物和蔬菜，还有装满奶的瓶子和装满花的篮子。"装满奶的瓶子和装满花的篮子"是按照一种有点复杂的透视技法，通过一些亮色来表现的，一缕阳光倾斜而下，温暖的色调浸润整个画面。一派宁静祥和的田园风光，一幅在那个年代随处可见的欧洲风俗画。由于马里翁刻意选择了名不见经传的绘画作品，所以我们无法找到图版，不过读者完全可以参照维米尔的《倒牛奶的女人》② 和米勒的《晚钟》③，想象它所描绘的场景，尤其是它所要呈现的效果。

关于这幅画，在现象学上提出的问题是这样的：这幅画如此向我给出的是什么现象？或者不如说凭借什么它向我显现的东西属于既予性——它能够被归结为既予者吗？换成比较容易理解的话来说，就是在一个现象学家看来，这幅画究竟给予了什么呢？一个由画框、画布和颜料构成的物

---

① 选取绘画而不是音乐、诗歌、电影或舞蹈等其他艺术形式，是因为相对其他艺术形式，它有着更多的与客体的共性——总是持存并且实际上被利用，如果确认它的现象性也属于既予性的话，说服力就更强。参见 Jean-Luc Marion, *Étant donné*, p. 65, note1。

② 维米尔（Jan Vermeer, 1632–1675），法国画家。《倒牛奶的女人》创作于 1658 年前后，现藏于阿姆斯特丹的 Rijks 博物馆。作品展示了一个非常朴素的生活片段，动人之处在于以窗户为光源，着意避开阳光直接照射的那一刻，选取天光进入厨房内，让阳光慢慢地浸润着厨房里的每件物品，清晰而迷蒙。

③ 米勒（Jean-Francois Millet, 1814–1875），法国画家。《晚钟》创作于 1859 年，现藏于巴黎奥塞美术馆。作品描绘了夕阳映照下的田野，辛劳了一天的一对农民夫妇聆听到远处教堂传来的钟声，于是暂停劳作，开始虔诚地祈祷。画面宁静、温煦而又隐隐透露出某种悠远神秘的气息。

体？一个人们在茶余饭后驻足欣赏，借以怡情悦性的装饰品？还是在这个世界存在中作为个体突入眼帘的存在者之真理的展示者？都不是，它既不是持续存在者，也不是日用器具，更不是存在者，它不过是绘画本身的效果。

首先，这幅画挂在那里，就像一只草帽或一件别的什么东西那样，向人们呈现自身的存在，作为一个持续存在的客体，在恰恰触手可及的范围内展现自己的在场（所谓现成在手状态）。但是这些持续存在之物就是绘画之为绘画——或者说绘画的本质吗？实际上，持存性并没有赋予这幅画以合法性，尤其没有赋予它以现象性：它的现象性与持存性毫无关系，或者说几乎没有关系。因为这些持续存在之物都是可以替代的：人们可以砍掉或换掉它的框架；拆下画布并给它重新镶上另一个框架，然后重新装裱；最后，一种精细的重建工作可以完全替换掉这幅画的颜料本身。用海德格尔的话来说，所有一直存在于此的东西不过是一些"纯然的物"或"自然物"，它们显然并不构成艺术作品——这里就是这幅画——的本质（essence），这只是一幅十分普通的绘画作品。恰恰相反，这样的想象中的操作让我们坚信，真正构成绘画之现象性的应该是不同于这些持存物的别的什么东西。马里翁认为，绘画不是因为持存物，而是因为"其装置的非实在性"（l'irréalité de l'installation）层面才显现，即它的显现植根于纯粹的"使－看到"与"愿－看到"（"faire-voir"et"vouloir-voir"），"完全是非－持存的，转瞬即逝的东西"。① 这些说法看上去十分玄妙，其实也不是无法理解的。这不过是说艺术作品的本质不是构成它的装置、质材，而是作品，即艺术家通过这些持存之物让人们"看"到的以及观赏者从中"愿－看到"的东西。用我们可以接受的例子来说，就是"我见青山多妩媚，料青山见我亦如是"：这里妩媚的不是山上的大量碳酸钙和碳水化合物，而只是我所见的青山，并且这个青山不是所谓"自然物"，因为它还可以"看我"。马里翁的这个看法显然是梅洛－庞蒂在这个问题线索上的延伸。梅洛－庞蒂已经在消弭世界与我的界限："主体与客体不再是认识关系……主体荒谬地就是身体、其世界和其处境，而且在某种方

---

① Jean-Luc Marion, *Étant donné*, p. 63.

式上，相互转换。"①

　　如果说"现成物"本身就可以作为艺术作品——最著名的例子莫过于杜尚的《泉》②，那么上面的结论是否因此被打破了呢？完全不是这样的。因为很明显，并不是任何人在任何场合指着一个小便池说"这是一个艺术品"，就能够得到认同的。那么使之成为艺术品的是什么？回答如下：是一个转瞬即逝的事件的效果；是一个具有良好艺术修养、受到过传统艺术熏陶的艺术家，《下楼梯的裸女》的作者，在 1917 年的某一时刻将一个从商店买来的男用小便池命名为《泉》③，匿名送到美国独立艺术家展览馆要求作为艺术品展出，这一现代艺术史上里程碑式的事件。所有当时亲历这个事件的人（艺术家本人、拒绝这一"作品"的展会人员、知情并关注此事的其他人）对它倾注的思考、惊愕、愤怒或激赏，所有这些效果才是艺术作品的现象性所在。如果不是用它作为自己重新体验当时那个事件的载体的话，它在后来人那里与别的小便池不会有什么区别——如果一定要说的话，不过是更陈旧一些罢了。也就是说，只有在脱离这个载体本身的持存者，回溯到艺术家"使 - 看到"与观者"愿 - 看到"的互动时，艺术品才真正显现出来。因此，现成物艺术不仅没有否

① 杨大春：《语言·身体·他者——当代法国哲学的三大主题》，三联书店，2007，第151 页。
② 马塞尔·杜尚（Marcel Duchamp，1887 - 1968），法国画家，纽约达达主义的团体的核心人物，当代艺术史上第一位以"现成物"（Ready-Made）的作品送入艺术展览机制的艺术家。《泉》创作于 1917 年，现藏于法国巴黎的蓬皮杜艺术中心。
③ 与安格尔（Jean-Auguste Dominique Ingres，1780 - 1867）的一幅作品同名。安格尔从1830 年在意大利佛罗伦萨逗留期间就开始创作《泉》，26 年以后完成，被认为体现了其艺术的理想境界——"清高绝俗和庄严肃穆的美"。安格尔是主张"为艺术而艺术"的画家，在其素描中可以找到精确的比例和完美的线条，但是为了自己理想的美，他不惜改变自然本身的结构。需要说明的有两点：其一，杜尚和安格尔一样出身艺术世家，都受到过文艺复兴艺术的影响，不同之处在于，安格尔认为首要的是"美"，杜尚似乎更注重艺术的"自由"，这倒也无可厚非；第二，杜尚以及受其影响的艺术流派重视艺术家"意象观念化"的意图，以及作品与观众的互动，杜尚的许多作品都试图激发人们对艺术本质做最直接与深层的探索。此外，我们宁愿与安格尔也不愿与杜尚"互动"，因为杜尚的"互动"诉求太明显、太刻意了。他表面上宣称艺术表达"观念"，可是他又时常自己出面解释自己的意图、构思甚至制作背景——其实不过是理念宣传（杜尚认为艺术应该"走向知性的表达"，参见常宁生等编译《现代艺术大师论艺术》，中国人民大学出版社，2003，第 232 页）甚至私人体验的贩卖，更不必说那些评论家胡说八道了；至于"激发人的思考"，那是自以为是的傻瓜而不是艺术家的事情。

定，反而最为典型、最为彻底地支持了我们的结论。

现在，我们已经知道，绘画的现象性不应该被归结为一个简单的持存物，而是必须抛弃这种东西才能显现的。那么它是否可以被认为是上手的（maniable）、合用的客体（海德格尔所谓上手状态、上手之物）呢？这种关于现象性的含义看上去更加适合图画，因为说它是上手状态，就意味着，像《存在与时间》所规定的，不再是概念地把握它，而是"使用着与其打交道"，使之可以在"其上手状态中抽身而去"。① 因为要欣赏一幅画，就必须从一个适当的距离去靠近它，或者去领会绘画所描绘的风景、人物甚至故事情节，最终融入其中，忘记绘画作为对象的存在；或者专注于技法、色彩的分析，连画的情节内容都忽略了；或者专注考证创作年代、作者身份、作品真伪、保存状况，以便给它定价，最终将艺术品作为商品。但是，所谓称手或上手状态（maniement）意味着现象总是通过一些功能性操作显现并内在地被限定，而这些操作所依据的诸目的性乃是那观看的此在的目的性，也就是说，起主导作用的是此在和它的目的，也就是所谓"为了作……之用"。那么，按照马里翁的分类，如果绘画是这样的上手的用具，它可能被描述为三种客体：首先，它可以被看作注视者的审美快感〔康德所谓愉悦（agréable）〕的客体，它通过被观看而达成其效用；其次，可能作为批评性判断的客体，通过从属于某种所谓理论的、形式的或科学的标准而达成其效用；最后，作为商人估价的客体，它在买卖中达成其效用。② 然而，尽管这三种关于上手状态的描述很可能都具有很强的合法性模式，都确认了依据精确的标准而施于绘画的界限——愉悦、教化、价值。但是，所有这些可能性全部都会被认为是一种足以完全重构它的规定性，而没有承认它的根本特性。也就是说，尽管这是一幅平庸之作，这幅画依然应当展现自身，并且是依据其本身而展现：绘画不同于锤子、刨子、凿子或任何其他工具，它的现象性的显现的确必须舍弃持存性，但是又不仅限于此。与一幅画打交道并不是要使之作为合用的上手之物，而是主体必须投入其中，移步前来观看，使自己处于合适的位

---

① 〔德〕海德格尔：《存在与时间》（修订版），第81～82页。

② Jean-Luc Marion, *Étant donné*, p. 80.

置，亲眼观察通过最终微妙地展示它在观者那里可能引起的情感——这时候，就可以发现在自身已经可见的这种或那种持存之物中，还有某些不同于持存者的东西，而这才是真正重要的东西。

一幅画要被看到，在这个事件中起作用的不只是观看者，也不只是艺术家，还有一个更重要的方面，那就是作品本身和它所要施加于人们的意向性，或者说是作品自身的显现，即它的现象性。当然，不是说前两个因素就可以完全被忽视，这个显现的实现，最初自然需要艺术家完成作品，然后需要一个（或多个）观看者前来观看，观看不是一般地考察，也不是为了感官的愉悦，而是要"使自己被作品捕获，被画家或绘画的意向所捕获"。① 这不仅完全不同于理论态度，而且不同于实用态度。这里所需要的，乃是一种决断、一个行为，一种愿意看到更多于其持存物的决断——很显然，这是一个意识行为。然而这里的实用并不属于一种对用具（l'usuel）的使用。正是在观看者决定看到它时，画摆脱了其上手状态，因为它最终并非有用，不是有用性，而是为了并由于自身而显现。用具永远都不会为了自身并出于自身而显现，而绘画作为绘画却永远都是为了自身并出于自身而显现的。

因此，马里翁在此用作参照现象的绘画的现象性在根本上与用具的现象性相对立。他还列举了另外三个理由以确认这种对立。

首先，我们知道在康德那里，美作为"对对象的愉悦不能建立在对象的有用性的表象之上"，因为这种愉悦是一种"直接的愉悦"，它无须以对象的有用性作为条件。② 因此，就有了美的第二个定义："〔美是〕一个对象的合目的性的形式，前提是这种形式是无目的之表象地在客体身上被感知到。"③ 显然，这个条件句里的目的指的应该是一个外在于对象的目的，比如实用的或客观的目的，而主句中的"合目的性"所"合"的"目的性"是主观性的。因为美的判断是一种鉴赏判断，是基于主观依据之上的，它与"客观的目的性无关，即与一个其目的被决定的客体的关系无关"。因此，美不是这样一种客体，它依据某一概念被认识、被

---

① Jean-Luc Marion, *Étant donné*, p. 64.

② 〔德〕康德:《判断力批判》，第 62～63 页。

③ Jean-Luc Marion, *Étant donné*, p. 65. 又参见〔德〕康德《判断力批判》，第 72 页。

把握，并且因此服从于一种不同于它本身限定性的目的；相反，主观的合目的性是在"无任何质料（matière），也无任何与它相一致的概念"的情况下展开自身的。绘画并不通过概念而被认识，因为它遵循这样的目的性，关于这个目的性没有任何概念可以向我们提供客观的表象。它的目的性不属于概念，因此也不属于不同于它的客体；因为它本身无须客体而展开自身，因此不属于任何客观性。无目的的合目的性不是指合目的性的消失，而是指一种无任何不同于它本身之目的的合目的性。合目的性不再向外指向（extravertier）其他的客体或其他的主体（包括此在），而且也无任何客观化的概念，因为一个现象本身是不可以客观化的。① 美的判断既排除了绘画的现成在手状态，也排除了它作为客体的合目的性。与现成物或用具不同，绘画的显现仅仅依赖于它自身。

其次，依据《艺术作品的本质》中的精彩分析，上手之物区别于现成在手之物的特征之一就在于这样一个悖论：它在使用过程中就是不明晰的，当它明晰地呈现时，必定已经脱离它的上手状态。我们不会在奋笔疾书的时候注意到笔的存在，不会注意到它的做工多么精巧，它出自某个遥远国度的巧匠之手，因为某个值得纪念的日子被转交到我们的手中，将来也许会被束之高阁，积满灰尘，或者遗失在道旁，不顾你的焦虑和沮丧而独自继续它自己的旅程。所有这些笔本身的特征和经历都无关紧要，因为这些与它的用途无关，或者说，都不属于它的上手状态。也许只有像安徒生那样的人才可能关注一支蜡烛、一个即将被换掉的老路灯的特征、命运甚至它们的"心灵"，但这样的状态在当今世界却是不可取的，它太过孩子气，不够成熟，这会使我们"几乎无法在一个差不多完全机械化的世界里生活下去"。② 处于上手状态的工具、器皿或机器在其功能正常发挥时是不会引起注意的。只有在出现故障时，它们才向我们显现出来。这就是器具的现象性：它的 Visibilité 性与它的有用性此消彼长：为了显现，它必须不再生效，因为有用性将它维持在非 - 展现的状态。

但是，画与上手之物是不同的。它不是随着有用性的减退、消失而显

---

① Jean-Luc Marion, *Étant donné*, p. 65.

② Jean-Luc Marion, *Étant donné*, p. 66.

现；相反，它从一开始就是以自身为中心的。它只有作为非 - 有用性，仅仅作为它自身才能如其所是地展现自身。在绘画中，牛奶是不可以饮用的，猎物也不会成为美食。但是绘画的存在不是空无，它究竟是什么呢？它是一块由画框从现实时空中圈出来的飞地，它创造出一个属于绘画本身的世界。"……镶上画框意味着这一由绘画提供的可见者不再属于有用的、目的化的、客体的空间。"① 正是画框这个"治外法权机构"——现象学可以借以从现实空间中圈出自己的领地——微妙地提出这种拒绝性的提醒"这不是一个器具"——这个有色彩的空间显现的并不是作为客体存在的、现实的、可随意使用的颜料，而是一种不可客体化显现的可见性。像福柯一样，马里翁也提到了马格利特的"这不是一支烟斗"②。在同名文章中，福柯谈到了画家通过语言对相似与确认关系的切断，③ 马里翁也赞同这一点，不过，不同于福柯的晦涩含糊，他说得更明白也更直接："'这不是一支烟斗'，恰恰是这一色彩的铺陈使一支烟斗被看到，但人们不能把它握在手中，只能以目光取之。图画中的果实不可食用，图画中的裸体不可以抚摸，其中的风暴与战斗也不会使人恐惧，因为在这个画框之中，它就不再是'为了作……之用（servire à…）'。"④ 也就是说，绘画不是通过模仿对象来表象、指示和确认对象，它是在开辟自己的世界。康定斯基的话代表了画家的心声，同时可以作为上述结论的佐证："绘画是各种不同世界的剧烈碰撞，它的目的就是要在一个接一个的斗争中创造出一个新世界，这个世界就是艺术作品。"⑤

总之，绘画既不能替代现实的可用之物，也不能用作表（representation）象对象的符号性工具，作为在其最单纯的显现中而展现自身的现象，它与上手之物完全不同。

---

① Jean-Luc Marion, *Étant donné*, pp. 66 – 67.
② 勒内·马格利特（René Magritte, 1898 – 1967）被视作超现实主义的代表画家。1929 年，马格利特创作了他最为世人熟知的《图像的背叛》，画面上像描绘广告一样精确地画了一支烟斗，然而底下却写了一行字，"这不是一支烟斗"。
③ 《福柯集》，杜小真编选，上海远东出版社，1999，第 125 页。
④ Jean-Luc Marion, *Étant donné*, pp. 66 – 67.
⑤ 常宁生等编译《现代艺术大师论艺术》，中国人民大学出版社，2003，第 84 页。康定斯基在回忆录中还提出了艺术王国与自然王国相互分离、各自独立的观念。

还有一种值得详细考察的看法，这个看法正是来自前面已经提到的给了马里翁很大帮助的那本书——《艺术作品的本源》①，书中认为艺术作品，当然也包括绘画，与真理有关。不过，海德格尔所追问的主要不是艺术作品是什么，而是它如何发生（es gibt），或者说如何显现，因此，他排除了艺术作品的纯粹物性和它的有用性，而追问艺术作品的本源，所谓本源乃是指存在者之存在现身于其中的本质来源。② 他关于艺术作品之本源的论述，更准确地讲是阐述③，最终将艺术消融于真理之中——艺术作品的本源是艺术，艺术就是自行设置入作品的真理。④ 那么，他是如何得到这个结论的呢？在海德格尔看来，真理作为世界与大地的争执而发生。⑤ 而它的发生方式或发生方式之一就是［艺术］作品的存在。因为作品建立一个世界并创造大地，故作品就是这种争执的诱因。海德格尔得出结论说："真理是存在者之为存在者的无蔽状态。真理是存在之真理。美与真理并非比肩而立的。当真理自行设置入作品，它便显现出来。这种显现（erscheinen）——作为在作品中的真理的这一存在和作为作品——就是美。因此，美属于真理的自行发生。"⑥

很明显，在海德格尔的阐述中，艺术作品的问题讨论摆脱了形式（目的）－质料的模式，被纳入了存在者－存在的理论模式中；马里翁谈论艺术作品的方式不是存在者－存在模式，而是现象－现象性模式，或者说既予者－既予性模式。这就是二者的分歧之处。马里翁无法接受海德格尔的结论，在他看来，海德格尔无非在说："艺术通过将自己从属于另一个不同于自己的目的——真理——而展现自身。艺术作品最终只能依据存

---

① 法文译作 *L'essence de l'oeurve d'art*，将 Wesen 译作 essence。
② 〔德〕海德格尔：《林中路》，孙周兴译，上海译文出版社，1997，第41页。
③ 海德格尔的行文的梗概通常是一堆或首尾相衔、或相互交叉的规定。当然，他的论断之间有时有推论关系，有的则是断裂的，还有的是因果之间有跳跃，然后又在别的地方补充中间环节，而这种补充行为有时候是需要读者自己来完成的。这种风格大概也是他迟迟不能为盎格鲁－撒克逊传统接受的原因。因为他"说"的乃是维特根斯坦认为人应该对之保持缄默的东西，大概这位活跃于不列颠传统中的大陆哲学家是最能够体验这种进退维谷的困境的。
④ 〔德〕海德格尔：《林中路》，第23页。
⑤ 〔德〕海德格尔：《林中路》，第46页。
⑥ 〔德〕海德格尔：《林中路》，第65页。

在者性之展开来展现自身——这样它不是为自己而开启，而只是作为存在者开启自身的一个根据。美在真理中完成并消失了。"① 其实，海德格尔的本意也许不是或者至少不是有意要抹杀艺术作品的本己的既予性。他真正关注的不如说是对"真理"的重新规定，艺术作品不过是将"真理"从流俗的符合论转变为"发生论"的四种方式之一罢了。但是这种对真理的解放可能在哲学上损害了艺术本身的独立性。马里翁则采取了与海德格尔正好相反的思想步骤，他不是把艺术作品作为存在者中的一个来追问它的存在，更不是将它的本源归结为真理的依据，因为这无异于重谈形而上学关于诸超越者之协同性（la convertibilité des transcentantaux）的老调，而是要求助于美的现象性的资源以通达一种尚未获得的现象性——既予者的现象性，这当然不是又一种消解活动：将艺术现象消解为既予者——因为依据其定义，任何现象，包括艺术现象，都是"给出自身者"，因此也就是既予者，② 因此寻求其作为既予者的现象性，也就是确认绘画作为绘画的现象性。所以，马里翁明确反对"美始终存在"这样的表述。因为绘画之为绘画乃由于它本己的现象性，而非持存性或有用性，绘画不是在它存在的条件下才显现的，与它的存在无关，甚至完全独立于它的存在者性。③ 而语在者仅仅是艺术借此显现自身的载体而已，在此意义上，任何一个"物/事/人"都可以既是也不是一个艺术作品。

在排除了这些障碍之后，我们终于可以直接面对绘画的现象性究竟为何以及如何通达的问题。在第一个问题上，马里翁像梅洛-庞蒂一样求助于塞尚，塞尚认为："效果构成了绘画，它统一之，浓缩之……任何对象……都是一个具有其本己生命的存在，顺理成章地形成一种必然的效果。人持续不断地受到这种心理的影响。"④ 这里所说的效果当然是多义的，它可以是引起可见者的冲击、淹没注视者的情感以及色调与线条无法言表的配合（combination），正是这些冲击、情感才将绘画不可还原地个别化为这个场景。这种复杂性表明，绘画的效果乃是一种自主的、不可还

---

① Jean-Luc Marion, *Étant donné*, p. 68.
② 对这一句的理解参见前文关于"既予性的褶子"的相关论述。
③ Jean-Luc Marion, *Étant donné*, p. 69.
④ Jean-Luc Marion, *Étant donné*, p. 73.

原的意义，它自己设定自身。塞尚称之为可见者的"生命"，以强调现象作为并依据自身而从中涌现的自身和内在性（内在的共鸣）正是绘画与单纯对象之间的区别所在："'世界沉寂'，而绘画'歌唱'。"①塞尚因此使自己与海德格尔相对立。

类似地，康定斯基也是借助于这种效果来解决关于艺术非实在性的悖论的。首先是一种形式或色彩被精确地画出来，它们如此这般地展开为一种效果，由于这种效果，"内在的影像完全活了"。这种效果通过视觉而身体地（physiquement）产生，如随着强度、形式、环境的不同，色彩对眼睛产生或强或弱的效果，而这种身体的效果已然达到一种可见者的生命，这种生命直接作为感觉自身而发生。同时，这种身体的效果只是第一层次的效果，它并未止步于此，而是会引起第二层次的、精神上的效果，"这种基本的效果引起一种更为深刻的效果，它诱发一种灵魂的情感"。②而且，康定斯基强调，这种效果并不等于原先的那些持存之物，"对象色彩之效果，其形式或本己的效果之效果，独立于形式与色彩"，逾越事物甚至我的肉体，以在我的灵魂中引起纯粹共鸣与震颤。用笛卡尔的话来说，绘画的可见性并非一种知觉的效果（与肉体事物相关），也非一种情感的效果（与我的身体相关），而是一种激情的效果（与灵魂相关）。这种效果引起灵魂的震颤，而没有也无法表现任何对象或存在者，但是最终只有这种效果才使得限定绘画的现象性成为可能。也就是说，通过这种效果，绘画才可能从自身出发作为自身而展示自身。

再回到前面呈现在我们面前的那幅平庸的画作。我们如何才能依其本己的现象性来描述它呢？在现象学上，我们究竟从中看到了什么呢？在说了一连串的"不是…"之后，马里翁终于给出了一个积极的回答："既非镶了布的画框，又非田园风光，也非色彩与形式的构成——我在绘画中毫不迟疑地看到的，乃是斜着射入的赭石色的落日余晖，浸润着整个画面。与其说是这种光度本身而非色彩冲击到我，不如说它只是引起了我的某种

<hr>

① Jean-Luc Marion, *Étant donné*, p. 74, note1.
② Jean-Luc Marion, *Étant donné*, p. 75, note1.

激情，而不是作为一种色彩的现实性打动了我。用康定斯基的话来描述，这种镀了金的赭石色——落日的最后一道光辉在我的灵魂中诱发了某种激情——被拯救和保护的世界的安宁。为了不至于与任何其他东西相混淆，看到这幅画就意味着看到它已经还原之后的效果。"① 是"安宁的效果"（l'effet de sérénité），而不是任何存在者性，限定了这幅画的终极可见性——它的已经还原了的现象性。

此外，马里翁还设想了画家对这种效果最初的通达。每当一幅画被完成（或近乎完成）时，画家都会寻找这种现象性，他们会自问："它所给予的是什么呢？"（ce que cela donne?）这无非在问，它会显现出什么样的效果呢？但这种效果并非以对象的模式被建构或重构：它自己给出自身。绘画作为一种自己给出的效果，被还原为它的终极现象性，在这个被如此给出的效果中，它作为既予者而显现。绘画的现象性（在灵魂中被诱发的激情，被拯救和保护的世界的安宁）是不可见的，它"使……可见"，它通过一种完全不可见的赠予行为使效果可见，使那给出自身者的进展（avancée）和涌现变得可见。效果所构成的就是并且仅仅是被还原为既予者的绘画。推而广之，一个现象要给出自身就必须被还原——或自行还原——为这种不可见的效果，只有它才能使它的现象性成为可见者。

绘画的不可见者即它的现象性，被还原为绘画的纯粹效果，这种效果是将这个现象中一切并非出自其纯粹现象性的东西——对象性和存在者性——置入括号的结果。这就证明既予性本身是还原了的，而只有还原才能使既予者得以可能。绘画本身，即它所显现的东西，保持着与显现的支撑者（事物、存在者）的差距，并且总是试图作为一种无支撑的（或者将支撑去掉的）纯粹表面而给出自身，自发地倾向于一种向既予者的还原（se prête spontanément à une telle réduction au donné）。在现象学中还有许多其他思想家提到了更为明显的完全无对象性的经由自身作为现象而给出自身，如"给予时间"（donner le temps），"给予生命"（donner la vie），"给予承诺"（donner sa parole）；或者无存在者性地给出自身，如

---

① Jean-Luc Marion, *Étant donné*, p. 76.

"给予死亡"（donner la mort），"给予和平"（donner la paix）。他们没有给出任何对象、任何存在者，却因此给得更多。①

第二节　首要的概念

通过对一幅画的分析，马里翁试图证明，任何一个现象，经由其本身就足以还原为既予性，因为它的现象性乃是它的不依赖于对象性和存在者性的效果，是作为纯粹的既予者的纯粹效果。问题在于，虽然马里翁极力选择了一个足够普通、足够典型的例子，但是这终究只是一个例子而已，人们还是可能提出各种反例，因此要真正建立这个论点，还必须做两个工作：一是对反例本身进行反驳，二是从论题所关涉的概念本身演绎出论点来。

仅仅凭借对一幅画的分析，马里翁的确无法避免以下的质疑。第一个质疑，是否可以设想这样的现象或准现象，比如死亡和无（le rien），它们也在普通现象的层级上显现，但是与其他现象相比，它们具有不同凡响的特征——它们绝对无法被还原为既予性，甚至可以被描述为非 - 既予性？这样一来，马里翁的证明就被打破了，它应该被修正为：并不是只有一种现象性，而是有两种，一种可以被还原为既予性，另一种则不可以。如果我们承认这个结论的话，那么既予性的现象学普遍性将无法维持。第二个质疑，如果说将现象最终还原为既予性的"第三还原"超出了将现象向对象性（objectité）的还原（胡塞尔）和向存在者性（étantité）的还原（海德格尔），那么，人们用什么来保证这第三还原本身的终极性？换言之，这第三还原本身会不会被别的还原超越呢？这两个问题都非常尖锐，似乎也十分难以回答。但是它们真正质疑的只有一个，那就是既予性本身的终极性和普遍性，即既予性凭借什么可以被认为是首要的、终极的或者说普遍的。

我们先从概念上来分析。既予性的优先性并非来自外部，也就是说不是来自人为的强加，而是源于内部，即来自它的概念本身。马里翁所谓现

---

① Jean-Luc Marion, *Étant donné*, p. 78.

象，就是那自己显现者，经由自身而给出自身者；而既予性所指的就是现象的自己给出自身的特征、给予行为以及所给予者。因此，不能最终被还原为既予性的，便不是现象。因此既予性的优先性乃是源于其本身的，是无条件的、绝对的。假如不首先向我们给出自身的话，任何存在者、确实性、表象、概念以及感觉（sensation）都无法通达我们，甚至"最明见的或最可感的直观也只能从既予性中取得其优先性，只有后者才是直接的、凭借自身而实现的，因为这种直接性要么属于既予性，要么就是虚幻的"。① 因为，凡是不给出自身的，就不能显现。

我们再来分析前面提到的反例，也就是死亡和无，看看它们是否能够摆脱第三还原。

马里翁讨论了无的四种形式：作为存在者之缺席的虚无（le néant）、作为确实性（l'effectivité）之对立面的可能性、作为呈现之衰减（la défaillance du paraître）的模糊以及作为感发之无力（l'impuissance à l'affecter）② 的空虚（le vide）。所有这些形式，如果要通达我们，与我们发生关联，都必须先以某种方式，哪怕是以缺乏或辜负的形式，给出自身。因此，尽管是消极的，它们仍然不失为一种真正的既予性，用马里翁的话来讲，就是"通过其既予者的缺失（absence）而实现的既予性"。③ 同时，他也自信满满地宣称，对它们的既予性之验证，与检验那些积极的既予者的给予方式没什么不同——它们一样可以被严格地描述为既予性。

首先，在海德格尔那里，作为存在者之缺席的虚无乃是通过畏（angst，angoissé，忧惧）而积极地被给予的。按照《存在与时间》的描述，"在畏中人觉得'茫然失其所在'。此在所缘现身于畏的东西所特有的不确定性在这话里当下表达出来了：无与无何有之乡"。④ 然而畏的功能不限于此，它还"将此在抛回此在所为而畏者处去，即抛回此在的本真的能在在世那儿去"。⑤ 这样，虚无通过畏而积极地被给予，而且通过

---

① Jean-Luc Marion, *Étant donné*, p. 79.
② 这个词还有奢望、追求，偏爱、爱慕以及事物之表现、具有形状的含义，这些意义在本段都有效。
③ Jean-Luc Marion, *Étant donné*, p. 80.
④ 〔德〕海德格尔：《存在与时间》（修订版），第218页。
⑤ 〔德〕海德格尔：《存在与时间》（修订版），第217页。

给出存在者之虚无，它就等于给出了存在本身，后者超越了存在者。这是一种典型而明确的既予性，因为"有所畏源始地、直接地把世界作为世界开启出来"。①

其次，关于作为确实性之对立面的可能性的分析，马里翁求助于莱布尼茨，后者将可能性规定为"作为那依据其概念而不自相矛盾者而给出自身者"，② 而不是仅仅将可能性看作确实性之对立面或者不完整或尚未完整的实存（existence），这样它就可以摆脱形而上学含义，而具有一种积极意义。

再次，关于作为呈现之衰减的模糊，马里翁区分了三种情况。第一种情况，并不是现象没有向我们充分显现，而是我们无法充分地接受它的显现。这种模糊不是因为现象本身，乃是因为主体不能够把握它。在笛卡尔那里，这种现象作为不可把握者，给出的是无限者之积极过剩（léxcès positif de l'infini）。第二种情况，依据其独一无二的相即（adequat）的展现（康德、胡塞尔），由于直观的缺乏，现象在现实中几乎没有所指，但它们还是给出"理性的简单观念甚至仅仅是理性观念的理想"，③ 虽然贫乏，我们依然可以有关于数学公式的观念。第三种情况是否定（le negatif），依据黑格尔，它可以被理解为辩证既予性的开端，它将概念置于运动之中，直至在现实性中产生它。

最后，作为感发之无力的空虚（le vide）则是由于知觉中预见的落空或情感甚至欲望中期待的辜负而被给出的。④ 比如，一个人可能会因为自己虚度了一天而感到失落和空虚，这里所谓空虚是一种与"充实"或"满足/满意"相对立的状态，它实际上并不是没有任何情绪，它本身就是一种情绪，是"有"而不是无。

综上所述，任何否定、消极、虚无乃至逻辑上的矛盾现象都是以某种形式的既予性为前提的。简言之，它们都在某种意义上具有其本己的既予者。它们并不因为既予性模式的复杂与悖谬而被排除在既予性之外，不如

---

① 〔德〕海德格尔：《存在与时间》（修订版），第217页。
② Jean-Luc Marion, *Étant donné*, p. 81.
③ Jean-Luc Marion, *Étant donné*, p. 81.
④ Jean-Luc Marion, *Étant donné*, p. 81.

说正是这些极端的例子标志着既予性可能延伸的范围。其实，在对虚无观念进行批判时，柏格森已经否认了纯粹消极的虚无的存在："……我曾经做了。我总是感知到某物，或是内部的，或是外部的。"① 因此，马里翁得出结论说："既予性开辟了一般的既予者无法逾越的空间。因此面对任何是者/存在者（或任何不存在者），困难之处都不在于知道如何断定它是不是一个既予性，而只是最终断定它的既予性模式。"② 也就是说，没有什么现象可以逃脱既予性，它最多只是具有某种与众不同的既予性模式而已。

我们前面强调过，假如不首先向我们给出自身的话，任何存在者、确实性、表象、概念以及感觉都无法通达我们。有人也许会抓住这一句说，这难道不是意味着既予性预设了一个接受者吗？不管将这个接受者称为自我（ego）、意识（conscience）、主体（sujet）、此在（Dasein）抑或是生命（vie），似乎只要没有这些接受者，既予性就无法存在；同时，这个接受者是否存在又不是既予性所能够控制的——在它们被取消，也就是死亡的情况下，既予性也就被取消了。这样一来，死亡不就可以悬搁既予性，从而成为既予性的界限了吗？若果真如此，我们还能够称既予性为终极的范畴吗？

对此，可以有两个反驳。第一个反驳最为根本，这就是既予性的发生不仅可以悬搁给予者、被给予之物，而且可以悬搁它的接受者，因此接受者的死亡不会构成真正的困难。对此，我们会在后面的章节中详细展开论述。退一步讲，即使我们直接面对接受者死亡的问题，那么它与既予性的关系也不是像上面质疑的那么简单。这就构成我们的第二个反驳：死亡对于既予性的接受者而言，并不意味着完全消极的东西，死亡本身很可能就是一个从属于既予性的"礼物"。关于这一点，我们可以求助于海德格尔。

在海德格尔那里，死亡是一种生命现象，而不是处于生命之外的另一种现象，也就是说它并非生命的对立面。③ 尤其应该注意的是他对死亡的

---

① Jean-Luc Marion, *Étant donné*, p. 81.
② Jean-Luc Marion, *Étant donné*, pp. 83 – 84.
③ 〔德〕海德格尔：《存在与时间》（修订版），第 283 页。

生存论规定："死是此在的最本己的可能性。向这种可能性存在，就为此在展出它的最本己的能在……能够先行着总是脱离常人的。"① 因此，死亡并非完全消极的终结，它还是一种至为主要的可能性。事实上，它是此在脱离日常状态而进入本真状态的契机：因为生存上的此在的本真能在即先行的决心，而这种决心就是一种面向死亡的决心，它乃是本真状态的最高级的显现方式，它"把本真的向死存在隐含在本身之中作为其本己本真性在生存上的可能样式"。② 因此，马里翁说："至少在被领会为这种可能性之时，死亡被给予了此在，终其一生地给予——作为它的生命本身，因为后者也只能作为纯粹可能性而被给予。远远不是消除了它向其给出自身的此在，死亡给了此在以终极的规定性：向死的存在者。除了这样一种可能性，（死亡的）既予性从来都没有呈现得如此可见。"③ 这就是说，死亡本身不仅不是消极的，而且是一种礼物：它使接受者感受到它的优先性，它"给予了一种对有限性的体验"。而且，马里翁引用拉封丹的寓言证明，在哲人的眼中，死亡作为一种纯粹可能性的自由游戏不仅是一种生命的自然完成，而且是一种具有优先性的现象：他是"美好的"，"幸福而有益的"。④

总而言之，一方面，虽然任何此在都无法避免死亡，但是死亡本身却因为它给出自身而无法逃脱既予性，也就是说，它终究没能打破既予性的终极性。另一方面，并不是每个人都认为死亡是消极的、应当逃避的，相反，它甚至被当作一个"礼物"而获得赞美。

存在、现象、概念或直观都不是既予性的依据，相反，它们来自既予性。虚无、死亡也不构成既予性的例外，它们恰恰从反面证明了这样的事实：否认既予性既不可思议又不可完成，因为如同我们在上面所见的，否认本身就意味着它本己的既予性。因为只有既予者——既予性之所给予者，作为既予性的褶子的一翼——才能否认（denier）既予性，而它在否认的同时马上又确认了既予性。

---

① 〔德〕海德格尔：《存在与时间》（修订版），第 302 页。
② 〔德〕海德格尔：《存在与时间》（修订版），第 348～349 页。
③ Jean-Luc Marion, *Étant donné*, p. 86.
④ Jean-Luc Marion, *Étant donné*, p. 87.

熟悉哲学史的人一定会想到，在笛卡尔证明自我的首要性的时候，似乎也曾经看到十分相似的过程。不仅周围世界的一切，而且一切知识和经验都成为可怀疑的，而"我"的存在却是无可置疑的，因为"只要我想到我是一个什么东西，他就总不会使我什么都不是"① ——只要他（那个非常强大、狡猾的骗子）还在骗我这个事实就证明有一个我了，如果没有一个我，他又在骗什么、骗谁呢？

马里翁作为一个笛卡尔专家，在此采取了类似的推论策略：不管给予的是什么，即使给予的是不存在甚至是否定任何既予者的东西，总是要有一个给予活动发生，或者说既予性总是要首先给出自身，因为我们已经说过，发生和给出自身可以用一个词，即 se donner 来表达。在这个意义上，既予性获得了与自我（l'ego）相同的绝对无可置疑的优先性② ：没有人能够怀疑既予性总是已经为了自身并出于自身而被给予了，并且在不断地给出，就像任何自我（l'ego）都知道，只有作为思想者它才存在，并且它在不断地思考着。

但是，既予性毕竟不是自我，虽然二者都是无可置疑的，但是其无可置疑性的模式有着根本的差异。自我的无可置疑性等同于自身确定性（certitude de soi），也就是说，从它自身所具有的东西获得这种无可置疑性。这种自身确定性就等于占有（possession），甚至就等于出于自身并经由自身的产物（la production）——一种对自身的思维（une cogitation sui）。

既予性则绝对不可能以这样的方式获得其无可置疑性——因为我们前面已经说过，作为现象的终极现象性，它并不是一个持续存在者，而是给出自身者，一个不持存的给出自身的机构是无法保留任何东西的，更不必说什么自身确定性了。"既予性……完全不是通过它所占有的东西，而是通过它所抛弃的东西，以及它对自身的抛弃来证实自身的，它既不保留什么，也不保留自身，作为那经由并为了被给予（者）而摆脱自身者而实

---

① 〔法〕笛卡尔：《第一哲学沉思集》，第 23 页。

② 自我（L'ego）是比我思（cogitatio）更为优先的首要者。参见 Jean-Luc Marion, *Sur le prisme métaphysique de Descartes：Constitution et limites de l'onto-théo-logie dans la pensée cartesianne*, p. 75。

现自身的完善；它通过抛弃自身，通过产生一个不同于自身的既予者——在其中，它自己消失了——而凭借自身得到确认。"① 这就意味着既予性乃是一个退隐者，一直待在幕后，只有它所给出的既予者才向我们显现——一如我们所描绘的那赭石色的安宁。因此，它从来都不可能作为一个存在者、一个持存物或一个主体而显现。

既予性不具有作为一个存在者的自身确定性，它所具有的乃是一个普遍活动（un acte universel）的无可置疑性。一个普遍的活动——这是什么意思？活动也可以声称是普遍性的吗？乍一看的确匪夷所思。因为我们提出理解的普遍性总是针对那些存在者而言的，比如一个概念对许多具体的存在者的统摄。一个活动是绝对无法做此理解的。让我们看看马里翁自己是如何解释的。他说："这里的活动乃是指一切存在者和非 - 存在者、一切现象和未显现者（inapparent）、一切情感和情感的落空等的给予。"②然而，随着这个解释的出现，一个问题随之而来：既然所有这些现象都因为这个给予活动才得以可能，那么这个给予活动是不是可以被看作一条关于可能性的先验的（transcendantal）原则呢？回答是否定的。因为所谓先验原则，必须先于经验而提出，而既予性却是仅仅在那同一个既予者中被表明。我们无法在看到绘画之前断言它的既予者，从而也无从知晓既予性——因为它本来就是不可预知的，不仅如此，它还是无法保持的，一旦既予者完成了它的显现，它就消失了。因此，与其说既予性是先天的（a prioi），还不如说它是后天的（a posteriori）。

最后，既予性也不应该被设想为一个实体。因为我们已经通过对画的分析表明，既予性使既予者显现并展现了现象，在此过程中，它已经排除了对象性和存在者性（也就排除了存在），人们无法通过对象性或存在者性来把握它，同时它也不具有这样的性质。因此，只能将既予性领会为一个活动："它发生了、完成了；来了又去了，前来又退隐，涌现又消失（耗尽，s'engloutit）。它不持存，也不永存，既不展示自身，也不能被看见。它做，但是在制造事件的时候并不将自身也制造为事件……"③

---

① Jean-Luc Marion, *Étant donné*, p. 89.
② Jean-Luc Marion, *Étant donné*, p. 89.
③ Jean-Luc Marion, *Étant donné*, p. 90.

　　总之，既予性是一个不同凡响的全新术语，只有精确地保持住这个概念的特异性，我们才能毫不含糊地承认它的优先性；否则，就会像以往的诸多思想家那样与它失之交臂。而一旦错失这个独特的概念，关于现象学的最终原则的第四个表述也就失去了依凭。

第四章

界限与逾越

第一节　神学的转向？

也许，从列维纳斯不断引用犹太教经典开始，就已经具有一种双重的效果。一方面，这带来一种新鲜感甚至希望，意味着哲学开始向一个"新"的领域敞开，似乎给在"终结"的旋涡中挣扎的这门古老学问带来了某种新的可能；另一方面，人们产生了一种疑虑，这种疑虑在他公然谈论"来到观念中的上帝"的时候就变得更加明显起来。哲学家可以大量地谈论神，或者专门地讨论宗教经典或宗教经验吗？这是不是向神学的"倒退"，或者用中性的词语来说"转向"？在面临这个问题的时候，我们最初感到的或许是惊讶，然后是困惑和左右为难。惊讶是因为没有想到这个问题会突然出现，困惑是因为似乎这的确构成一个问题，左右为难是因为无法在是与否之间做出明确的抉择，因为对它可能的两个回答都会面临强烈的质疑。这个突如其来的问题似乎还具有某种紧迫性。它本来潜藏于近代以来的哲学河流的水面之下，但是当某个哲学家的思想被指责为"神学"的时候，它就浮出了水面，变得清晰而明确起来，使我们不得不直面它的拷问，同时又不知所措。

在无法做出正面回答的时候，我们改变策略，以攻为守。我们向那个提问者反问：难道哲学家不可以谈论神或者宗教经验（不限于上帝或基督教）吗？面对这个问题时，他可能和我们一样处于进退维谷的境地。他必须自问，巴门尼德没有他的神吗？柏拉图没有吗？亚里士多德呢？还需要提到晚期希腊（包括罗马）的那些伦理哲学家吗？至于中世纪，哲学家和神学家往往是一身二任，那时的哲学家谈论宗教经验会构成问题吗？

尽管上面列举的所有这些问题的答案都明显是否定的，但我们似乎无法坦然地说前面的第一个问题是在无理取闹。也就是说，在哲学史上似乎的确存在某种断裂，它构成一个隐约的、不成文的界限，在这个界限的一侧，哲学家可以谈论神，而在另一侧，哲学家谈论宗教经验的合法性就成为问题了。但是，我们套用福柯的话，这种"间断性的地位……是不容易确立的，对思想史而言就更加困难。我们也许想划一个界限，然而我们所划出的任何界限都不过是在一个持续运动的整体中做一个武断的区分而已"。① 也就是说当我们要给这个断裂定位，标出它的时空坐标的时候，我们会感到十分茫然。这里的茫然不是空白一片，而是有一些东西，但是它们的轮廓不清晰，甚至不断地变换形状。的确，我们承认，自笛卡尔以来的哲学存在这样的趋势，上帝不是一下子消失了，而是逐步淡出了哲学家的文本，以至于后来人们对它讳莫如深。这是一种在潜移默化中形成的不言明的禁忌，以至于我们的确感到某种界限的存在，但是要清楚地说出它的形状和位置又十分困难。我们要把这个界限定在 17 世纪的法国吗？笛卡尔的许多突破是在荷兰做出的，② 而他使用的语言主要是拉丁文，况且使用了大量的经院哲学术语，最要命的是，他也谈论神或宗教体验——不管是《方法谈》还是《第一哲学沉思集》，更不必说《论灵魂的激情》了。那么，我们可以将这个界限设定在 18 世纪后期的德意志吗？康德倒是使用德语写作了（虽然那还是形成中的语言），而且他很少游历，原因是他不必四处寻找适合思想的地方，他甚至为此盛赞他英明的君主给他思想的自由。可惜历史和我们开了个玩笑，这个玩笑使得我们今天要拜访康德故乡所要去的不是德意志，而是波兰，哲学家自己不动地方，这个地方却自己挪动了自己。更为关键的是，难道康德就没有他的"神"吗？的确，他认为对上帝的存在的证明——不管是本体论的、设计论的，还是宇

---

① Foucault Michel, *The Order of Things*, Vintage, 1973, pp. 50 - 51.
② 笛卡尔于 1628 年移居学术研究较自由的荷兰，一直住了 20 年（据说其间还搬家 14次），许多重要著作都是在那里，在与当时欧洲各国学者交流中完成的。参见〔法〕笛卡尔《探求真理的指导原则》，第 162 ~ 178 页。

宙论的，都是不可能的；但是这一切都是"对一切从理性的思辨原则而来的神学的批判"，是对人类理性的限制，而不是对上帝本身的限制，也不意味着上帝只是神学家的领地，哲学家不得擅入，因为"伦理学神学"——他甚至没有考虑要变换一下说法——依然大摇大摆地出现在批判哲学的殿堂中，构成他的哲学的一个重要部分。最后，也许有人会说，有一个例外，也是一个德国哲学家，他不仅使用已经成熟的德语，而且创造了一堆新词——几乎是为自己创造了一整套哲学词汇①，还把一切意识之外的、所谓超越性的东西，当然也包括上帝在内的存在判定都悬搁了起来，这个人就是胡塞尔。但是，和康德一样，他所悬搁的不是上帝的存在，而是理性对它的判定，而且，在马里翁看来这个悬搁判定的权力甚至管不到上帝——因为马里翁的上帝是"没有存在"（sans l'être）的。

我们从笛卡尔开始，已经一路下降到了20世纪，如果继续这个思路，下面就该轮到海德格尔、列维纳斯了。但是他们的情况大家都很清楚，他们对宗教经验的谈论是很明显的，根本不用我们再劳神提醒其存在。对此，下文中还将有所涉及，这里就不赘述了。这样，本来我们是要确定断裂的界限，思想史的实际状况却如同上面显示的那样，轻而易举地消除了断裂本身。我们尽可以这么说，虽然哲学史上的（无论是异教的还是基督教的）"神"一度式微，但是它从来没有真正消失过，而是像幽灵一样时隐时现，挥之不去。当然，我们也应该承认，它的存在并没有将哲学变成神学，不如说，"神"本来就是哲学探讨的基本问题之一。尽管自17世纪以来，哲学开始了一个漫长而曲折的"祛魅"过程，但是这个过程一直未能完成，这恰恰证明了所要祛除的对象的顽固性，不仅如此，今天居然有人又开始惊呼它的复兴了。其实，任何哲学都是特定文化处境中产生的"具体"的哲学，它不可能完全脱离其文化母体而成为空中楼阁，无论是柏拉图、康德、胡塞尔还是列维纳斯，他们的哲学总是脱

① 就是沿用旧的术语，胡塞尔也要重新阐释一番，甚至还造一个同根词来表达他想要说的新意义，以至于它们之间的差异很少有人能够弄清楚。胡塞尔追求表达的严格性，但是他的麻烦也在这里：他会在某一场合区分一组近义词的不同含义，但是很难将这样的区分贯彻到底（也许他没有想过要贯彻到底而只是就事论事），因为他本人也会在别的地方忽略这些区分。结果是对文本可读性的牺牲——当然，也可以反过来说是可读性的增殖，大家按照自己的理解读出自己的胡塞尔。

离不了他们身在其中的生活世界，而宗教经验从来都是"生活世界"的基本组成部分，是悬搁不了的，更何况悬搁本身不过是一种谈论而已。倘若它从未在意识中被给予，又何必悬搁它在意识之外的存在判定呢？

在做了这一番简短的历史考察之后，我们再回到本书的开头。那个最初质疑列维纳斯的人是谁呢？他是法国颇有名望的哲学教授多米尼克·雅尼考。当然，他所质疑的不只是列维纳斯一人，而是从列维纳斯（甚至前溯至海德格尔）到马里翁的一系列现象学家。他认为这些人的哲学活动造成了"现象学的神学转向"，并且专门为此写了一篇长文《法国现象学中的神学转向》。① 在这篇文章中，雅尼考总结了海德格尔之后（20 世纪 60 年代到 90 年代前后的 30 余年）现象学运动在法国发展的总体线索。这篇文章后来作为一本小书出版。我们从该书的章节安排可以推断，在那些被批评的人当中，列维纳斯并不是雅尼考重点关注的对象，他批评的焦点是马里翁。该书分为五章，其中为马里翁单列了一章，处于列维纳斯之后，米歇尔·昂利之前。各章的标题更能够体现这一点来：第一章题为"蜿蜒曲折的转向"，概述了他眼中现象学逐步转向神学的线索；第二章的标题是"偏离航向"（l'embarde），主要谈论列维纳斯，认为他开始偏离现象学的正轨；第三章就是关于马里翁的，题为"转向"（virages）②；给予昂利的第四章标题已经不再用象征性的语言，而是直接涉及其思想内容——"内在性的惊异"；第五章的标题又继续使用象征性语言——"重新定向"（réorientation）。很显然，马里翁被放置在"神学转向"的转折点上，用语虽然还算"优雅"，但是一点也不客气。

下面我们就来看看该书的具体内容，然后再结合马里翁的文本来阐明在他那里现象学与哲学以及神学三者之间是什么样的关系。一开始，雅尼考提出了一连串的问题："是否有一个线索可以决定性地将近 30 多年法国现象学的发展与它对胡塞尔和海德格尔的最初接受区别开来？这个线索是不是一种与内在的现象性的断裂（une rupture avec la phenomenalité

---

① Dominique Janicaud, *Le tournant théologique de la phénoménologie française*.
② 直译的话，就是"拐弯"，与全书总标题中的 tournant 是同义词。各章标题除第四章外都是用交通方面的用语隐喻现象学的走向。

immanente）?① 向可见者、他人（l'autre）、一种纯粹的既予性或者一种'原－启示'开放?"② 其中，后面两个问题显然是分别针对梅洛－庞蒂、列维纳斯、马里翁和昂利的。当然，雅尼考自己对这两个相互关联的问题的回答是完全肯定的，而他的第一章的任务是为上面的肯定回答提供证据和理由［attendues，（判决的）理由］——其实，我们可以说，他整本书都是这个结论的展开。

不过，在展开他的中心论题之前，雅尼考也没有忘记对现象学运动的历史做一番梳理，以作为其论证的预备工作，在这项工作中他试图突出法国现象学③的特性与局限。他先提到了萨特的论文《胡塞尔现象学的基本观念：意向性》，这是萨特在 1939 年 1 月发表的，它在当时的作用是"展示一种新的'现象学存在论'，是要与当时的反观念论者们（anti-idealistes）——拉朗德（Lalande）、布伦茨维格（Brunschvig）和梅耶尔松（Meyerson）——论战"。在这场论战当中，意向性提供了某种新的近乎"神奇"的出路："经由一种在先的关系，对观念论/实在论之间的抉择被超越了，主观－客观的二元对立也同样被超越了。这种关系乃是一直先于我思的意向性关联：'任何意识都是关于某个事物的意识'，这就宣告了我思（le cogitatio）的伪纯洁性。"④ 然后，雅尼考批判了萨特对待胡塞尔哲学的态度，认为他不够严谨："今天重读这个文本，令人印象深刻的是，这个方法的重要性和萨特式的随意性之间的反差。"他还指出，萨特的这种作风一直延续到《自我的超越性》，这一次他使用的词不是"随意性"而是"鲁莽"，因为萨特"将自我变成了'世界存在'（être du monde）并且依据'悬搁'（l'epokhè）概念，认为胡塞尔从《逻辑研究》的直观的彻底性回归了《观念》的新观念论（néo-idéalisme）"。⑤

雅尼考然后提到了梅洛－庞蒂。他是这样总结梅洛－庞蒂与胡塞尔现

---

① 我们下文将就马里翁的"donation"概念来专门分析这个问题。

② Dominique Janicaud, *Le tournant théologique de la phénoménologie française*, p. 8.

③ 关于法国现象学这个说法，也是马里翁所不喜欢的，他更喜欢"现象学的法国时刻"这样的表达，意在表明现象学并没有国别之分，或者说并不专属于某一民族（语言），而只是一种四处播撒的思想运动。

④ Dominique Janicaud, *Le tournant théologique de la phénoménologie française*, p. 9.

⑤ Dominique Janicaud, *Le tournant théologique de la phénoménologie française*, p. 10.

象学的关系的：梅洛－庞蒂认为现象学向事物本身的回归是绝对明确地向意识的观念论的回归。在他的《知觉现象学》当中，现象学方法被用来展开他本人的生存论计划（projet existentiel）。雅尼考认为这是不合法的占用，《知觉现象学》不过是用现象学描述的厚度"来弥补方法论合法性方面的单薄的不足"。①

我们看到，与通常从列维纳斯开始讲法国现象学不同，② 雅尼考认为萨特和梅洛－庞蒂构成了法国哲学对胡塞尔的最初接受，他大概更多地考虑了影响力因素，的确，列维纳斯受到广泛关注是相当晚近的事情。但是他对萨特和梅洛－庞蒂二人的研究颇有微词，认为他们对胡塞尔提出的现象学原则不够尊重："总之，在接受之初，人们对'大师'（le Maître，雅尼考常常以这个词称呼胡塞尔）就是一种含混的态度：既崇敬（修辞上的），又拒斥（理论上的）。"③ 应该承认，抛开其具体的结论，雅尼考所提出的问题的确十分尖锐，而且其批判也绝不是无的放矢。我们必须承认，不仅萨特和梅洛－庞蒂，而且后来的现象学家，没有一个是真正"忠实"于"大师"的。不过，这种"背叛"可以说从海德格尔那里就已经开始了。也许，就以上提到的大多数哲学家而言，他们并不是没有忠实的文本研究，只是这样的研究或多或少地构成他们思想的一个部分或一个环节而非全部。反过来想一想，如果他们完全和胡塞尔的立场一致，那不是更令人不安吗？对大师有所偏移、有所批判，这没有问题，关键在于，他们有没有真正违反内在性原则，并因此重新回归超越性，④ 甚至是形而上和"神学"——如果真是那样的话，那么再自称为现象学的就会遭遇"合法性"的问题，这就是雅尼考要追究的东西。因为雅尼考本人也承认，在亚里士多德的思想中就已经内在地包含一个褶子，作为关于存在的科学，它既涉及一般的存在，又涉及最高的存在——对神圣者的理性感悟。他要指责的，是自列维纳斯以来的法国现象学实际上没有摆脱特殊

① Dominique Janicaud, *Le tournant théologique de la phénoménologie française*, p. 10.
② 关于现象学进入法国的具体细节参见杨大春《二十世纪法国哲学的现象学之旅》，《哲学动态》2005 年第 6 期。
③ Dominique Janicaud, *Le tournant théologique de la phénoménologie française*, p. 11.
④ 我们将会在下面专门讨论这个问题在马里翁那里的解决，即他的既予性概念依然可以被证实是严格内在的。

的形而上学，也就是存在神论："存在神论的主题是如此原初地渗入形而上学的历史之中，那么，很明显，我们也可以合法地以此来考察当代哲学书写，它们虽然号称'后－形而上学'的，但是往往言过其实。在列维纳斯的思想中就已经有一种错综复杂的关系和同时是悖谬性和策略性的模糊。在将他人的超越性置于现象学的中心之后，现象学就不再是现象学了。列维纳斯的目的在于将一种中立性的哲学观照驱除出哲学，并将哲学置于'神的观念'之上。"①

在总结战后十余年间现象学特征的时候，雅尼考再次采取了隐喻性的标题——"缏带饰"（l'entrelacs）② 和"放纵"（l'aplomb）。所谓"缏带饰"指的是胡塞尔的"视域"（l'horizon）概念的"法国形象"——它从界限变成了交织。他提到的依据是梅洛－庞蒂的《可见者和不可见者》，它"溢出了我的视觉在可见者当中所实施的任何限制（delimititation），并且通过一种作为事物之肉的潜在性（latence）包容一切可见者……向两种溢出发出信号通过世界之肉而溢出可见者，通过身体性（la corporéité）而溢出我的视觉"。③ 通过将视域的功能从限制性的边界转换为可以溢出的缏带饰，其结果是我的身体因此从一开始就与他人的身体相交织，"我的身体性（corporéité）从一开始就是交互主体性的。这就是为什么交互主体性的四肢与世界的织物并不是相互分离的"。④

所谓"放纵"，主要针对的是一种高扬他人/他者概念的哲学立场："他人的放纵主要不是心理状态上的，而是哲学上的一种相反的态度——它为整体与无限中的高度（hauteur）所证实，在哲学上的意义就是对无限观念之首要性的绝对确认。"⑤如果说交织的缏带饰只是对视域的弱化和变形之后的"暗渡陈仓"的话，那么对他者之绝对他性的高扬则是一

---

① Dominique Janicaud, *Le tournant théologique de la phénoménologie française*, p. 39.
② 也有艺术词典译作"交错线条花纹"，指一种交织的线与曲线组成的线形花纹，常见于新艺术风格设计中。在这里，这个词显然是一种隐喻性的用法，表示可见者与不可见者之间的相互交融，因此杨大春先生直接将它译作"交织"，参见〔法〕梅洛－庞蒂《眼与心》，杨大春译，商务印书馆，第 35 页。
③ Dominique Janicaud, *Le tournant théologique de la phénoménologie française*, p. 13.
④ Dominique Janicaud, *Le tournant théologique de la phénoménologie française*, p. 14.
⑤ Dominique Janicaud, *Le tournant théologique de la phénoménologie française*, p. 14.

种更加明目张胆的逾越动作，但在雅尼考看来这完全是异曲同工，而且流毒后世："列维纳斯逾越（dépasse）视域概念的纯粹意向意义的用词与梅洛-庞蒂的用语十分相近；二者的目的都在于溢出意向的视域。技法也相似——滥觞于海德格尔的'不透明的现象学'的主体直到德里达和昂利那里依然被模仿和再造（réinvente）。"① 雅尼考认为正是从列维纳斯开始，现象学偏离了正确的航向，走向一种有实无名的神学，而且手段还不够光明正大："它提出了一种先于哲学书写的形而上学-神学混合物（montage de metaphysico-theologique）——牌被做了手脚，选择已经被做出，信仰已经在后台（l'arriere-plan）被庄严地建立起来了。"② 而后来的昂利、马里翁都是在这个航向上继续前进的。

当然，作为海德格尔专家，雅尼考最终将海德格尔的"不透明的现象学"看作这一切所以发生的"第一推动力"。这种不透明的现象学最初是由海德格尔在1972年提出。为什么要把它作为罪魁祸首呢？因为正是这种"不透明的现象学"在现象学和神学之间搭起了不恰当的桥梁，因为这种现象学"并不是一种回溯式的（régressif）而是一种应许式的（prometteur）阐释，所以哪怕是最鲁莽的探测活动都是允许的。这将导致对既予性的提升（remontée），就像对时间性的最原初的维度一样，直至抵达并连接到（relier）神圣的事物以及最神圣的上帝（le sacré et 'Dieu plus devin'）……"。③

该书的重点显然是第三章，作者称之为关于法国"不透明的现象学"的明星弟子们的批评性研究。虽然用了复数，但是全章主要谈论马里翁，中间只是稍微提了一下克雷迪昂（Jean-Louis Chrétien）的《赤裸的声音：许诺的现象学》。在这一章里，雅尼考的批评主要针对《还原与既予性》④，同时宣称他的质疑并不针对神学本身，而是针对一些神学的阐释或者说它对现象学领域的侵蚀。⑤

---

① Dominique Janicaud, *Le tournant théologique de la phénoménologie française*, pp. 14 – 15.
② Dominique Janicaud, *Le tournant théologique de la phénoménologie française*, p. 15.
③ Dominique Janicaud, *Le tournant théologique de la phénoménologie française*, p. 19.
④ 这是马里翁的第一部现象学大部头著作，初版于1989年，颇有影响，饱受争议。
⑤ Dominique Janicaud, *Le tournant théologique de la phénoménologie française*, p. 40.

那么雅尼考所认为的侵蚀究竟是指什么呢？主要是指马里翁对纯粹呼唤和接受这个呼唤的"惊愕者"（l'interloqué）的描述，而这两者正是马里翁所说的第三还原所涉及的两个机构："第三还原……实施这一还原的呼唤已经不再产生于存在的视域（也不产生于对象性的视域），而是产生于呼唤的纯形式……通过将一切自我（Je）或此在引回到纯粹而简单的听者的形象——它是由一个［本身］不被决定而更加绝对的呼唤所先导和设立的……［被］惊愕者。"① 的确，我们可以看到，在马里翁那里，这个呼唤被描述为绝对的、无条件的，既不是产生于胡塞尔的对象性视域，也不受制于海德格尔的存在视域，而是源于它本身的"纯粹形式"。换言之，它是一个无条件的、自身被给予的现象，是既予性的最完善的形象。这个接受者则是由它所先导、设立的"惊愕者"，它在完全无法把握这个"现象"的情形下接受它的召唤。② 雅尼考认为，这两个描述当中的"神学转向简直太明显了"，尤其是在马里翁引用《旧约·申命记》③ 来描述它们的时候，更是"一眼就能够看穿"（cousues d'un fil immacule，本义为用白线缝的针脚）了。

这里，雅尼考的逻辑是，这个以呼唤的形象出现的既予性既然是自己给出自身，那么它就是非内在的、超越的，从而是与现象学还原相对立的，而它的绝对性及其接受者在无知状况下对它的被动接受更使之具有神学的特征。

那么，马里翁是如何回应雅尼考的批评的呢？在马里翁看来，问题的关键不是有没有引用圣经的描述，也不是这个形象是否具有类似于上帝或其化身的特征，而在于：第一，如此被描述的呼唤是不是一个纯粹既予性；第二，既予性是不是可以被认为等同于超越性，是不是与还原相对立。

在《还原与既予性》当中，这个呼唤并不被当作启示神学中的启示

---

① Jean-Luc Marion, *Réduction et donation*, p. 305.

② Jean-Luc Marion, *Réduction et donation*, pp. 296 sq.

③ 《旧约·申命记》第 6 章第 4 节："以色列啊！你听着，耶和华，我们的神，只有耶和华。"转引自 Dominique Janicaud, *Le tournant théologique de la phénoménologie française*, p. 49；又见 Jean-Luc Marion, *Réduction et donation*, p. 295。

者的呼声，而是作为一个纯粹的现象来描述的，它并不是信仰的对象，所以赋予这个"体验"以优先性乃是因为它具有"充溢现象"的特征，因此它不仅是现象，而且是最符合"出于自身、为了自身、给出自身"的定义，也就是如同我们已经说过的，完全的既予性。然后，如果说既予性等同于超越性，那么首先应该受到指责的恰恰是胡塞尔的"原则之原则"和海德格尔的 Ereignis/Es gibt，前者赋予既予性以终极现象性的地位，后者就是一种既予性。① 难道说现象学在它的出发点就开始进行"神学转向"了吗？就像我们在前文已经强调过的，既予性，至少经过马里翁重新阐释过的既予性，是完全内在的。作为终极术语的既予性的意义乃是一个既予性－既予者的褶子，前者并非一个外在于既予者的超越机构，应该说既予者乃是既予性的完成，在完成的那一刻，既予性本身就自行消失了，或者说它是一个完全内在于既予者的机构，而且不具有持存性。既予性之内在性并不是就给予者（je）或接受者（moi）而言，乃是就那纯粹的"给予"以及既予者自身（soi）而言，它已经不再依赖于给予者－给予物－接受者的三元结构。我们在下一小节会通过"礼物"（le don）的分析详细地证实这一点。

其实，雅尼考之所以与马里翁有这么大的分歧，就在于他依然处于"祛魅"的传统中，延续着将一切宗教经验驱除出哲学领域的努力，而马里翁明显处于"返魅"的阵营。这种返魅的趋势在梅洛－庞蒂那里已经很明显，要追溯它的源头，似乎就要回到海德格尔甚至更远了，这已经不是本节所能够容纳的。但不管是祛魅还是返魅，都是哲学内部主题的嬗变，并没有改变这门学问的性质。具体到中世纪以来的欧洲，这就涉及"基督教哲学"是否合法的问题。

在现代欧洲哲学发展进程中，人们就对基督教哲学持完全不同的观点。一种是像艾米尔·布雷耶（Émile Bréhier）那样，认为尽管基督教总是利用哲学，但是从来不创造或吸收任何哲学，因为二者之间是"不相容"的，或者至少是处于某种彻底的"分离状态"：人类理性是清晰、分

① 参见本书第二章第一节，又参见 Jean-Luc Marion, *Étant donné*, pp. 105 – 108。

明的，而上帝是神秘的。① 我们看到，雅尼考很可能就赞同这一种观点。另一种是主张基督教与哲学相互兼容，承认"基督教哲学"的合法性。比如，埃蒂安·吉尔松（Étienne Gilson）就认为："在严格区分两种秩序的同时，我称基督教哲学为完全的哲学，［因为］基督教的启示乃是理性必不可少的辅助。"② 在他看来，对于那些理性无法解决或只能怀疑的问题，基督教哲学或许能够起到拓宽理性的使用范围，同时又不会取代理性本身的作用。

马里翁表面上对吉尔松的观点表示"赞同"，但是做了一个重要的修正。这一修正实际上将神学的必要性取消了，因为在哲学中，涉及的将只是神学文本中所描述的某些现象的可能性。尽管作为阐释的"基督教哲学"传统源远流长，从新柏拉图主义一直延伸到利科，但是哲学论题的基督教神学阐释对于纯粹哲学概念的"辅助"作用虽然是可能的，却不是必然的。原因有三：这首先意味着在哲学层面上拒斥启示观念，其次意味着给启示神学贴上武断的标签，最后意味着将信仰锁闭在它的导论（preambula）之中——因为形而上学不过是神学的准备阶段。③

马里翁认为，基督教的启示集中表现于基督本身，他展现了"上帝即爱"（《约翰福音》4：18）。这一开启确定了神学的领域乃是圣爱（charity）："圣爱在基督的角色中直接展开自身，基督的角色在三位一体中肉体地、间接地显现……圣父的圣子将悦纳圣灵的人类存在收纳为自己的兄弟姐妹。这些都是严格意义上的启示的东西，完全是神学的，即使自称为'基督教的'哲学亦无须讨论。"④

但是，哲学应该打破自我封闭，保持其应有的开放性，因此这种由启示所给予的东西未必不可以成为哲学研究的内容。借助于帕斯卡尔的三重

---

① Jean-Luc Marion, "Christian Philosophy: Hermeneutic or Heuristic?" in Francis J. Ambrosio, ed., *The Question of Christian Theology Today*, Fordham University Press, 1999, p. 248.

② Jean-Luc Marion, "Christian Philosophy: Hermeneutic or Heuristic?" in Francis J. Ambrosio, ed., *The Question of Christian Theology Today*, p. 249.

③ Jean-Luc Marion, "Christian Philosophy: Hermeneutic or Heuristic?" in Francis J. Ambrosio, ed., *The Question of Christian Theology Today*, pp. 250 – 254.

④ Jean-Luc Marion, "Christian Philosophy: Hermeneutic or Heuristic?" in Francis J. Ambrosio, ed., *The Question of Christian Theology Today*, p. 255.

秩序的区分，马里翁认为基督教的"圣爱"可以在其神学的用法之外拥有一种哲学的用法："除了它的神学用法，圣爱对于理性领域也有其纯粹理论上的影响。它开启了一个有待探索的理论新大陆，帕斯卡尔称之为'爱的秩序'——与广延的肉体的秩序 [一切身体的（有形体的）、政治的、经济的、想象的等等] 以及精神的秩序（科学、艺术等等）对举。圣爱涉及爱（love）的所有方面（facets）……圣爱，最高的秩序，对于肉体、精神、力量和科学保持为不可见的。结果是圣爱开辟了一个有待知晓的新的现象领域，但是这个领域对于单纯的自然理性依然是不可见的。这就是为什么为了获得一个通达它的路径，哲学需要一个'必不可少的辅助'——启示。因为它是启示，作为对圣爱的启示，它提供了对于哲学而言完全合理的现象，尽管它们是属于圣爱的并且同时也是全新的现象。"[1] 这样，在马里翁这里，基督教为哲学不仅提供辅助，而且提供新的现象领域，甚至是最高的现象领域。但是，现象就是现象，它依然是理论描述的内容，而不是信仰的对象，它们在自然的经验中经由"圣爱的秩序"或者说启示而被给予，但又不同于一般的自然经验。为了说明这一点，马里翁暗中求助于列维纳斯："最具有说服力的例子还不是上帝或世界，而是人自身的脸。人的脸可以客体化自身、隐藏自身而不显现……当它使得一个人显现时，脸才真正成为人类现象。"[2] 由此我们可以知道，马里翁所谓基督教哲学作为哲学，绝不是以一种神学的方法主张一种关于圣爱的哲学，而是将"爱的现象"看作事物的从而也是理性的一种秩序、一个领域，或者一个增补的层次，同时又是更高的层次："世界可以被读解为广延（物质等等）、精神（本质、科学、逻辑等等），也可以被读解为圣爱（爱、慷慨以及它们的否定相关项）。"[3]

那么这种基督教哲学与原先作为形而上学的哲学以及作为现象学的哲学之间是什么样的关系呢？对于这个由他自己提出的问题，马里翁认为，

① Jean-Luc Marion, "Christian Philosophy: Hermeneutic or Heuristic?" in Francis J. Ambrosio, ed. , *The Question of Christian Theology Today*, pp. 256 –257.

② Jean-Luc Marion, "Christian Philosophy: Hermeneutic or Heuristic?" in Francis J. Ambrosio, ed. , *The Question of Christian Theology Today*, p. 257.

③ Jean-Luc Marion, "Christian Philosophy: Hermeneutic or Heuristic?" in Francis J. Ambrosio, ed. , *The Question of Christian Theology Today*, p. 262.

基督教哲学显然不可能被完全划归到它们当中。但是这种不可还原性并不意味着它的弱点或者说它偏离了正道，而正是它的积极意义所在："既然形而上学已经开始由于遭遇'形而上学'的终结而意识到自己的界限，同时现象学也企图以各种方式从别处展现'异于存在者'（the other than being），超越存在，优先将圣爱考虑为许多最具决定性现象展示自身的最后场所，不仅可以被归入许多当代哲学的革新当中，也将有助于这样的趋势：超越形而上学的终结并且如其所是地展开现象学。"① 最终，他还是回到了现象学。

我们这里不妨简单介绍一下马里翁的哲学观。马里翁认为哲学不仅可以被理解为爱－智慧，也可以被阐释为爱之智慧。从他纪念列维纳斯的论文《从他人到个人》中可以看到，这是对后者的《异于存在或超越本质》一书中所表达的观念的继承和发扬。同时，在面对他的哲学是不是一种"神学"的质疑时，他断然否认，因为他试图对"神学"（严格地讲，是启示神学）与可以被称为爱之智慧的基督教哲学进行严格的区分。后者可能会在宗教经验领域当中运作，也会使用相关的概念和描述，但并不是真正意义上的神学："在描述充溢的或者悖论的现象时，我们毫不迟疑地推进到天启现象，并且提到基督。这是不是一种明显的完全不适当的神学转向呢？……在这里我们并没有将神学意义上的天启变成真理——既然只有信仰才敢那么做。我们只是将天启勾画成一种可能性——实际上是一种极端的可能性，悖论的悖论，这样，现象性就能在一种可能的充溢现象中得以实现。"② 在一篇探讨"基督教哲学"的地位与命运的论文③中，我们可以看到他对这种基督教哲学的基本看法："基督教哲学"是介于神学（超－自然的）和哲学（自然的）之间的一种混合的学问，它在自然的光亮下讨论由超自然的光亮所解释的事实。基督教哲学折中了哲学和神学，因为它的概念本身就是一个矛盾。马里翁的"基督教哲学"既不是启示

① Jean-Luc Marion, "Christian Philosophy: Hermeneutic or Heuristic?" in Francis J. Ambrosio, ed., *The Question of Christian Theology Today*, p. 262.
② Jean-Luc Marion, *Étant donné*, p. 10. 又参见徐晟《l'adonné: 取主体而代之? ——马里翁哲学管窥》,《哲学动态》2007 年第 2 期。
③ Jean-Luc Marion, "Christian Philosophy: Hermeneutic or Heuristic?" in Francis J. Ambrosio, ed., *The Question of Christian Theology Today*, pp. 247 – 264.

神学，也不是存在论或存在－神－学（特殊的形而上学），而是将启示所给予的东西视为"现象"的现象学，这将有助于将现象学延展至其最大的可能性，从而最终"完成"它。此外，他认为既然"从苏格拉底到扎姆布利科斯（Jamblichus）"都保持着"救世的雄心"，力求达到"至善、至美（beautitude）乃至神的不朽"，一种作为爱之智慧的哲学当然也不应该放弃这样的雄心。①

最后再回到雅尼考关于"神学转向"的论断，我们可以借助"上帝"这个词直接出现在其标题中的一本著作来正面回答这个问题。这本书就是《没有存在的上帝》②。在这本书中，马里翁的确大量提到上帝这个词，可以说是上面提到的"基督教哲学"的一种实践，但它肯定不是神学。为什么这么说呢？因为这本书的宗旨是要说哲学作为人类的思想其实是无法思考上帝的，人只可能在可见性当中以两种方式来"把握"上帝的形象（并不是上帝本身）。一种渊源于希腊传统的"偶像"模式，表现为形而上学和存在－神－学。依据这种模式，上帝的形象不过是人自己制造出来的，因此上帝是"必须存在"的自因（causa sui）者。而真正的上帝是那个神圣者，是人们可以因敬畏向他下跪、向他祈祷的上帝，与前述的偶像完全是两回事情。这种"存在的上帝"说到底不过是人类理性之光的自我投射，它不仅没有使人接近上帝，反而构成间隔在人与上帝之间的一面反光镜，人并不能够由此超越自身，而只是看见自己的影子。另一种是渊源于希伯来－新约传统的圣像模式。圣像的功能在于使不可见者变得可见，因此它所代表的是那不可见的上帝。我们不能够注视圣像，而是为圣像所注视，它的过量的光亮表明上帝不可能是我们的意向对象。这的确是一种对形而上学和存在神学的反转，但是，这充其量是在哲学领域内对传统哲学的批判，因为它自身依然是一种人的概念活动，它不是神学。因为所谓神学并不是人在说关于上帝的话，而是人被上帝的话语言说。③

① Jean-Luc Marion, "Christian Philosophy: Hermeneutic or Heuristic?" in Francis J. Ambrosio, ed., *The Question of Christian Theology Today*, p. 264. 其中，扎姆布利科斯（Jamblichus, ?-330），叙利亚的哲学家，新柏拉图主义者，认为人可以与神相通并预知未来，著作中含有神秘的甚至魔术的成分。斜体的 *beautitude* 怀疑是至福（beatitude）的笔误。

② Jean-Luc Marion, *Dieu sans l'être*, Paris: Presses Universitaires de France, 1991.

③ Jean-Luc Marion, *Dieu sans l'être*, pp. 202-203.

第二节　可能的礼物

在《既予》一书中，马里翁虽然反驳了雅尼考对既予性的形而上学解读，但是这种解读使他更加意识到明确地从正面对既予性做现象学描述的必要性和迫切性："似乎'se donner'就只是意味着一种回归自身原因的方式：'自己产生自己本身，满足于自身'。这样，我们在此就完全缺乏一个……现象的纯粹显现。……使得开启关于既予性本身的含义问题变得更加必要——依据其本己的褶子而非不合情理地参照动力因。"[1] 他于是自问，如何既能够在现象学上使用既予性这个术语并思考它的概念，而不会重新落入关于生产、动力与原因的形而上学方式之中。他认为出路就在于，合法地建立一种新的关于既予性的确定性：它确定了现象学的全部原初行为，当然首先就是还原。具体的操作就是通过对"礼物"的现象学分析来重建"礼物现象学与Gegebenheit之间的连续性"。他认为这个工作对于分析主体间性而言，既"令人着迷又不可避免"。其实，莫斯在研究中，就已经指出了这个问题："迄今为止，尚未有人对从德语'geben（给予）'和'gaben（礼物）'派生出来的丰富词汇作过深入的研究。……要注意那些关于使'Angebinde（礼物）'成为义务纽带的力量的细致讨论，正是交换、提供、对这种提供的接受和回报的义务构成了'Angebinde'。"[2] 当然他的视角与结论都与马里翁有很大的差异，甚至可以说视角完全不同，结论恰好相反，因为莫斯通过事实的分析，最终将"礼物"视为一种义务性联系的载体。它是交换的标的，而这种交换既是区分不同团体或等级的标志，又是联系它们的纽带，总之是系统的一个元素，它承担着特定的功能。而马里翁所要做的乃是一种现象学的描述，这种描述可以借助某个经验域中的"实事"，却未必需要大量的田野调查和技术统计，他甚至更侧重那些仅仅在意识中"可能"的东西，因此他的礼物实际上是一种绝对的"给予物"。这就意味着给予是纯粹的、无条件

---

[1] Jean-Luc Marion, *Étant donné*, p. 108.

[2] 〔法〕马塞尔·莫斯：《礼物》，汲喆译，陈瑞华校，上海人民出版社，2002，第156页。

的，是为了丧失、不求回报乃至不知道已经给予而且无法回报的给予，如果不具备这样的特性，所谓礼物是不能够成立的。马里翁之所以能够明确地做出这样的描述，最初是为了克服一个障碍，即对礼物的形而上学解读的障碍——这个障碍在德里达那里得到了明确的阐述，然后障碍本身成了前进的阶梯——马里翁以此为参照完成了对礼物的现象学描述。

因此，在介绍马里翁的工作之前，我们先来描述一下这个障碍。这个障碍来自德里达的著作《给予时间》。他声称，如果按照我们的传统和通行语言的含义来理解，礼物现象实际上是不可能的。"……在所有这些情形中，礼物自然还能够保持其现象性——它作为礼物的表象，但就是这个表象也会取消它作为礼物：只要那个接受者保留（garder）它的现象性，也就是给予者要给予它的意向，就足以取消那被给予物作为礼物的性质，通过将所显现者转变为幽灵，将［赠礼］的操作变成假动作（simulacre）。"①

德里达何以得出这样的结论呢？我们来简单介绍一下他的理由。首先，他说设想一个单纯的给予的意向（l'intention-de-donner）是不可能的，或者说这会伴随着一系列很"复杂的关系"。这就将礼物与一系列的关系联系了起来，或者可以说将礼物放置到了关系系统之中。而德里达实现这个放置所借助的依然是他十分擅长的语言分析。他的理由是人们通常的语言（language）或通常的逻辑会觉得单纯的"给予某物"的意向不够完整，不仅如此，通常的逻辑还会自动地将它补充为：某人 A 具有将某物 B（可能不是通常的事物，而是某个象征性的客体）给予另一个某人 C 的意向。他认为这是人们意识中的一种约定俗成，它虽然不成文却是有效力的："这是我们之间形成的契约（contrat），虽然没有签署/不成文（non signé），却是有效而且必不可少的（indispensable）。"②德里达进一步将这个契约的结构当作礼物的实现的可能性条件，认为如果没有这个结构，所谓"给予"就是空话；最关键的一点在于，这也是礼物的不可能性条件："礼物的这些可能性条件（les conditions de possibilité du don）……同时又指示着礼物的不可能性的条件（les conditions de

---

① J. Derrida, *Donner le temps I*: *La fausse monnaie*, p. 27.

② J. Derrida, *Donner le temps I*: *La fausse monnaie*, p. 23.

impossibilité du don）。"①

为什么这些可能性条件又是不可能性的条件呢？德里达还是从语词分析入手。依据人们的日常语言的含义，所谓"礼物"自然不是商品，而且也不应该是交易的对象，那么它应该是无偿的、不归还的、无相互性的。但是，"人类学和形而上学都强调'还礼'，将礼物和债务当成一个整体来思考"，② 于是，麻烦就这样出现了：如果接受者将礼物作为礼物接受下来，也就是承认了礼物，他就进入了前面不成文的契约，一旦他进入了契约，就等于承认了还礼的义务，这个时候礼物就已经不再是礼物，而是"交换物"了，这是对礼物的事实上的取消。而为了不进入这个循环，接受者就不能将礼物作为礼物承认并接受下来——这又是一种态度、"意义给予"意义上的取消。而且，不承认礼物也不意味着在事实上就确保了礼物作为礼物的现象性，因为"如果要有礼物，那就必须打破习惯的传统，打破形而上学的因果律，不能进入返还礼物这个'回复的循环'，接受者不能承认礼物。必须（devoir）不承认返还的义务，同时给予者必须不能预期还礼。这里的'必须'就已经是'义务'（devoir）、使二者处于义务之中了：如果将礼物作为礼物承认，礼物如其所是地显现在他面前，礼品（present）作为礼品（present）而在场（present），单是这种承认本身就足以取消礼物了。不管是对给予者还是接受者，礼物都不可以如其所是地显现、在场"。③ 因此在德里达看来，莫斯在《礼物》中谈到了经济学（economie）、交换、约定、竞价（la surenchère）、牺牲、礼物与回礼/反礼物（don *et* contre-don，这里的黑体"与"强调它所连接的两项必须成对出现）等，可就是没有谈到礼物。④ 就这样，德里达得出了他的结论，无论如何，礼物都是不可能的。"礼物的真实性（La verité du don）（它的存在或如此的显现，它作为起意向的意义给予作用或欲-说［le voul oir-dire］的如其所是）就足以取消礼物。礼物的真实性就等于非-礼物或礼物的非-真实性。……一方面，如果没有这种联系、约

---

① J. Derrida, *Donner le temps I: La fausse monnaie*, p. 24.

② J. Derrida, *Donner le temps I: La fausse monnaie*, p. 25.

③ J. Derrida, *Donner le temps I: La fausse monnaie*, pp. 25–26.

④ J. Derrida, *Donner le temps I: La fausse monnaie*, p. 39.

束、纽带①，没有义务或约束（ligature），就没有礼物；另一方面，假如礼物不能够解除（délier）这种义务、债务和契约，摆脱交换，也就是这种约束，它也不成其为礼物。"②

在此，我们看到德里达的分析技巧。他似乎并不是自己"认为"什么，而只是分析"人们"赋予一个词语的意义的两个不同侧面（一个赠礼活动所必需的三元结构和礼物应该是无偿的），将它们从日常生活的半隐半显的状态中凸显出来，从幕后移到前台，然后并置在一起，自然得到一个"人们"中的任何一个都无法理解、无法接受的结论：礼物的可能性条件同时也是它的不可能性条件。然而，德里达的分析得以成立的关键问题在于，赠礼活动的三元结构本身（正是这种结构的还礼的义务破坏了礼物的纯粹性和无偿性）是否坚不可摧。这是一个值得关注的问题。

在马里翁看来，德里达的解释不过是对马塞尔·莫斯观点的一种不精确的重复，尽管德里达自己可能不会承认这一点。一方面，莫斯的确强调了与礼物紧密相关的交换及其系统，而这也正是德里达所要强调的；另一方面，我们必须看到，莫斯的研究是通过对几个亚文化群体的考察而总结出的一个理论模型，这个模型并不是普适的，因此他本人也没有非常明确地强调其普遍必然性，从而没有消除其他可能性。③ 因此对于莫斯的研究完全可以做另一种解读，比如纯粹礼物可能性的存在，这种解读不是将他的观点的否定的一面推向极致，而是从这种否定的现实出发，反过来追问，如果要达到一种积极的结果需要什么样的转变。此外，莫斯的分析系统也并不必然是形而上学的，这是马里翁与德里达又一个歧异的地方。在德里达看来，一旦使用莫斯的系统来分析礼物，即将礼物置于给予者和接受者这两个端点之间，作为交换物（质料因），那么"不仅就两端的每一个而言都与他本身相矛盾，而且从礼物中驱除了所有既予性并使它的现象消失"，也就是说所谓赠礼活动成为经济和政治活动，从而取消了礼物本

---

① 原文为 bond，当是英文"联结、契约"，而非法文"蹦跳"。

② J. Derrida, *Donner le temps I：La fausse monnaie*, p. 42.

③ 关于这一点，可以参考〔法〕古德利尔（Maurice Godelier）著《礼物之谜》（王毅译，上海人民出版社，2007），作者认为传统的礼物理论缺陷在于只考虑那些交换性的物件，而他本人在神圣之和与神圣之物相联系的权威授予的领域中来解释礼物赠予，对当代和传统的礼物赠予理论都提出了挑战。

身。而马里翁对德里达的四个理由做了逐一反驳。

如前所述，德里达的第一个理由是：为了拥有礼物，就必须没有相互性。然而，在莫斯的系统中，这一点已经是自明的，礼物与交换并不矛盾，他的论文标题本身就是这样的情形："礼物研究——原始社会交换的形式与理性。"这篇论文的导论的标题也同样说明问题："关于礼物，尤其是送礼的义务。"① 这就意味着经济学征服了既予性，它就用算计、利益、有用性乃至等价性来取代给予活动，在此并无任何道德力量的介入，因此德里达将这一点作为礼物不可能的一个理由。但是，马里翁虽然没有正面否定德里达的分析，因为这个分析过程本身是成立的，但是他没有像德里达那样悲观地止步于这个分析的结果，他向前迈出了关键的一步，不是满足于说礼物的不可能，而是要问，如果要有礼物，要设想一种可能的礼物，应该怎么做。这样，马里翁区分了现实中被交换的礼物和现象学上可能的纯粹礼物："从中引出两种现象的严格的差异。假如有给予的话，它就意味着对交换的悬搁，它必须与充足理由律以及同一律决裂，同样也要与四因律决裂"② ——这个决裂的意义并非完全否定的，只有这种态度才能使寻找一种非形而上学的出路成为可能。

德里达的第二个理由与第一个紧密相关："为了礼物之存在，接受者必须不归还，不偿付，不清偿，不付款，不进入契约，也永远不承担这个债务。"③ 就此，马里翁认为，这种对"归还"的拒斥不应该被理解为一种简单的主观辜负，因为辜负只会在一种交换或相互性已经建立起来的经济中才会出现。但是，如果引入一个无意识的接受者，问题就会变得完全不同——可以将接受者置入括号。我们将在下一章中详细介绍这一论点。

德里达的第三个理由，就是给予者对既予性的妨碍。要么给予者随接受者一起消失，从而破坏作为礼物可能性条件的三元结构，要么他持续在场而重新回归形而上学的主体性，就如同笛卡尔在《灵魂的激情》当中所表现出的"自恋式回归"。慷慨作为适合其自由意志的正当使用的自我尊重，不仅引起了"自我满足"的第一个激情，而且在伦理学秩序中得

① Jean-Luc Marion, *Étant donné*, p. 110, note3.
② Jean-Luc Marion, *Étant donné*, p. 110.
③ Jean-Luc Marion, *Étant donné*, p. 111, note1.

以重复，首先是在形而上学秩序中通过思维着的自我获得自我确信。对此，马里翁的步骤与上面类似：得出一个结论，只有走出主体形而上学才能使既予性成为可能，因此必须将这个自我悬搁起来。

德里达的第四个理由得出一个最终的结论："……我们甚至可以这么说，一个这样的主体既不能给予也从来都不能接受一个礼物……在有主体和客体的地方，礼物将被排斥……一旦它作为礼物而显现或作为礼物而被意指（se signifie），它就会在经济学的奥德赛中被取消……"① 这样，通过将礼物视为一种完全直接可见的客体、交换的对象，又揭示出它与人们在日常语言中所赋予给它的意义的矛盾，德里达最终得出了礼物在经济学的奥德赛中消失的结论。

严格说来，德里达（有的地方莫斯也是如此，尽管他最终希望一种古代的"慷慨"风尚能够复兴）是在构造一种关于既予性的经济学。通过一种整体的结构性的分析，礼物变成了持存的礼品、交换的客体，还被赋予了（使用的或交换的）价值与目的性——有用性、声望、权威等，而这些声望和权威最终可以为自己或家族、部落带来好处。这样一来，一切赠礼活动就都成了可以算计、生产和毁坏的对象，成了一个普通的存在者。

马里翁把这种对既予性的因果性阐释和对礼物的经济学阐释统称为标准模式，并且认为这种模式完全符合形而上学的四因论模式。这是一种很有趣的批评："在这种标准模式的框架内，既予性关系的双方——给予者和接受者、单个的或多个的，它们在一个已经被依据形而上学概念阐释的因果关系中交易。作为动力因的给予者产生礼物，礼物本身被实施并且是有效的，接受者作为其目的因而接受礼物，最后礼物作为一个被给定的产品需要一个形式因和质料因以构成它本身。既然动力因主导着四因，因而也支配着整个交换因果关系，比如无偿性仅仅会在动力因和相互性缺失的情况下出现，不计利益的租借或责备其缺乏盈利则无关紧要。总之，既予性被局限为普通存在者的动力因。然而同时，动力因的经济学也确认了礼物的客体地位：为了能够被交换并增值，礼物应该完全保持均等地被计量，它因此必须获得客体性的构成，即它的可见性、永久性和可支配性。

---

① J. Derrida, *Donner le temps I: La fausse monnaie*, p. 39.

简单地说，使之可以通达任何潜在经济交易方的在场。……关于礼物的标准模式的阐释，实际上取消了礼物，至少是礼物在根本上丧失了，以至于这表明了一种循环的断裂和一种对礼物之归还、回报的悬搁；假如礼物的真实性就在于对它的回报，它就被降格为一种借贷，退回到贸易之中，礼物已经被剥夺了它的贫乏性，它用一种价格替换了无偿性。"①

因此，如果我们依然停留在形而上学的框架内，也就是说以形而上学的因果理论来分析礼物的话，我们必然会得出与德里达相同的结论。不过，如果我们认为马里翁所批评的这个四因论模式、这种冷冰冰的经济学阐释就是德里达所期许的结果，那么这对德里达是不公平的，可以说这没有领会德里达的韵外之旨，因为德里达本来最擅长的就是"以子之矛，攻子之盾"，从而使形而上学陷入自相矛盾。正是德里达的精妙分析所得出的消极结论揭示了形而上学思维方式的界限，这种礼物可能的"极少"正是马里翁达到其"极多"结论的必要准备工作。只不过德里达相对于马里翁而言更为谨慎：一方面，他的解构工作消解了形而上学的樊篱，暗示着对"礼物"的向往；另一方面，作为怀疑的一代的最后代表，他对于这种礼物究竟是否已经降临持有深刻的怀疑②。

当然，马里翁不会满足于仅仅在哲学的边缘游走，更不满意于德里达得出的"礼物是不可能的"这一悲观结论。他希望找到一块新的大陆，而经由礼物分析通达既予性的大地就是他的必由之路，他绝不会轻言放弃，他把德里达的质疑变成一种启发，即从德里达的悲观结论中找到一个积极的思考方向。他的分析至少可以告诉我们，在在场形而上学的框架内描述礼物是不可能的，如果问题的答案毕竟可得，那么就需要一种思路的转换：不是依据因果论来思考礼物的经济学"在场"、对象式的"持存"，而是依据礼物自身的既予性来思考和描述它。在马里翁看来，如果要回到礼物的既予性，也就是让礼物如其所是地给出自身，那么就要摆脱这种持存性。依据他的分析，既予者并不是由原来的拥有者让渡给另一个接受者的这样一个整体的、不可分割的三元结构，而是在整个礼物现象中（我

① Jean-Luc Marion, *Étant donné*, pp. 113 – 114.

② 参见 *Philosophie*, Revue trimestrelle, Numero 78 – 1, Paris: Les Editions de Minuit, 2003. pp. 50 – 51。

们把它设想为一个历时的过程）始终都就礼物本身来讨论它。礼物本身作为礼品被赠予时，就给予者而言，它的持存性的确消失了，但是礼物作为礼物并没有丧失自身，或者说借这种丧失它使自己成为纯粹的既予者而实现了自身："它只是丧失了存在的方式——持存、交换、经济——这些方式反对它如其所是地给出自身的可能性。由于失去在场，礼物并未丧失自身，而是失去了那些不适合也不属于它的东西，从而回归它自身。"①马里翁还进一步澄清了礼品（le présent）这个词的含混之处。礼品这个词虽然与在场（la présence）是同根词，但是并不意味着实现一个赠予行为就一定要有一个客体在场。纯粹的礼物正是那不在（n'est pas）的东西，作为不在场的礼品（le présent sans la présence），它完全可以不依赖在场。而关于这种礼物的一些基本情形——给予时间（donner le temps）、给予生命（donner la vie）、给予死亡（donner la mort）等，德里达已经有所分析，我们还可以回溯到海德格尔那里。"在'它给予（Es gibt, cela donne）存在'、'它给予时间'中，那个给出的它（Es, cela）就显现为本有。这种陈述是正确的，又是不真的，也即它对我们遮蔽了事情；因为当我们试图思作为在场状态本身时，我们已经不知不觉地把它描述为在场者了。"② 这里海德格尔也在竭力摆脱在场的束缚，然而与海德格尔将进一步关切的重点放在"什么是本有（作为 Es 之阐释的 Ereignis）"上不同，马里翁关切的是"给予"（gibt, donne）。

　　问题在于，这种新的阐释是如何实现的呢？用马里翁自己的话来说，就是如果礼物不在经济之中，那它在哪里呢？如何才能抵达那里呢？就像前面已经暗示过的，问题的解决之道就隐藏在德里达对纯粹礼物的否定批评之中。如果正是那给予者－给予物－接受者的三元结构构成了纯粹礼物的"不可能性的条件"，那么，想要通达一种纯粹的礼物现象，我们就必须将这三者分别置入括号之中；如果这种悬搁活动是可能的，那么礼物现象自然也就是可能的了。通过这样的操作，礼物将可以被还原为纯粹的既予者。这就是我们下一章讨论的内容。

----

① Jean-Luc Marion, *Étant donné*, pp. 115 – 116.
② 〔德〕海德格尔：《面向思的事情》，第 23 页。

第五章

超越与内在

第一节　给予的两端

　　前面得出的结论是，如果要礼物作为一个纯粹的现象显现自身，就必须将自然态度附加于其上的三元结构悬搁起来。但是如果没有接受者、给予者和一个被给予的客体，礼物还是可能的吗？它难道不会随着悬搁而被取消吗？这就是我们下面要解决的问题。首先要探讨的是，是否能够在不取消礼物本身的情况下将接受者还原掉。① 这又分为两个步骤：一是要进一步展示悬搁的必要性，也就是揭示接受者的存在究竟是如何妨碍礼物显现的；二是探讨在没有接受者的情况下礼物依然能够给出自身的可能性。

　　对于第一个问题，马里翁与德里达在思路上没有什么原则上的区别，但是两人的结论却恰恰相反。我们也可以认为马里翁的观点就是对德里达的观点的 "反其道而用之"，即不是用于否定礼物的可能性，而是用作探讨一种 "没有在场" 的礼物如何可能的思想起点。形象地讲，德里达的观点在这里变成了马里翁开始其旅程的助跑器。这样，马里翁巧妙地改变了自己与德里达的关系，从论战对垒的双方变成了接力赛跑中的交接 "礼物" 这根小棒的两个选手。所不同的是，当时年事已高的德里达，这位曾经经历过战争、深受怀疑大师（3M）思想影响的、来自阿尔及利亚

---

　　① 后面还会依次探讨对给予者（第一节后半部分）礼物本身之客体性的指引（本章第二节），参见 Jean-Luc Marion, *Étant donné*, pp. 115 – 147。

的、在法国哲学圈曾经长期不得志的、讲法语的犹太人很难相信这个"礼物"能够从彼岸被送达此岸；而思想上更多受益于列维纳斯的马里翁，作为战后出生（1946）的一代、典型的巴黎中产阶级天主教徒、巴黎高师和巴黎大学（索邦）的宠儿，他相信礼物的最终显现是"可能的"。

回到我们的行文思路，具体说来，一个持续存在的接受者的在场有两个妨碍作用。第一个妨碍作用在于，接受者声称自己是两个行为人之一，这就意味着礼物不是自己给出自身，而是由一个外在的机构推动的。一方面它可以被认为是礼物的动力因，是引起赠礼活动的请求者或赠礼威胁的发出者；另一方面它可以被认为是礼物的目的因，这时礼物成为与接受者的困境（需求）或劳作（作为工价）相符合的东西。不管作为哪一方，其实接受者都是强加于礼物的——这种强加使得礼物成为一种因果关系的简单产物，礼物因此被重新纳入形而上学秩序当中，从而取消了礼物的现象学特征。

第二个妨碍作用在于，这个接受者的持续存在是对礼物无偿性特征的破坏。因为在礼物赠送完成之后，如果接受者继续出现在给予者面前，要想避免归还赠礼几乎是不可想象的。为什么这么说呢？因为接受者总是会表达自己的谢意——哪怕只是一个充满感激的表情。就是这个"充满感激的表情"也可能承担一种作为回报而付出的代价的功能，往往比它应该支付的货币更为沉重。我们可以设想并自问，当我们在路边施舍给一个行乞的老人之后，我们会久久地注视这个老人，看他浑浊的眼睛变得湿润吗？当然不会，我们必定会转身离去。因此，我们完全可以认为马里翁看似"不近人情"的分析恰恰接近了礼物的真谛，因为只有及时地转身离去，才能避免将礼物降格为交换物。同时，一个真正出于慈善之心的捐赠者往往保持匿名的状态，也是为了避免感激或回报的可能性——至少是就给予者本人而言。而礼物的接受者如果依然可见并且是可通达的，就会取消既予性的全部特征：赠礼活动由于回报的可能性甚至立即蜕变为一种简单的经济学交换。因此，马里翁说："由于接受者的谦卑的或感动的目光，给予者在一种简单的利益替代中、一种对欠款的预先支付中，看到了礼物的消失。他（给予者）赢得了一种承认——但这是一种债务——给予者已经由于接受者对债务的承认而被支付了代价，礼物从来都不曾发生。"①

由于接受者必定会对礼物的显现产生这两个妨碍作用，我们必须将他悬搁起来。只有实现了这一悬搁，礼物才有可能更好地实现。而要实现这一悬搁，就要证明这样一种情形是可以设想的，也就是说，至少在可能性方面是没有问题的。将礼物给予一个人，这样作为接受者，他原则上永远都不能归还；同时，被给予的礼物才真正能够实现自身而不是因此被取消。马里翁就此提到了三个思想模型，它们之间呈现依次递进的关系，并在最终表明，这种悬搁不仅是可能的，而且礼物正是由于这种悬搁才能够真正自己给出自身。

第一个模型是现代慈善行为。② 这种行为中的捐赠者，也就是给予者，是将礼物捐献给特定的慈善机构的人，此时，慈善机构就成为名义上的接受者。但是慈善机构本身不是真正最终"接收并享受"捐赠的人，而是将礼物转赠给那些需要的人。作为真正的接受者，这些人对于最初的给予者完全是匿名的。在这一情形当中，从给予者的视角来看，作为接受者的慈善机构只是接受，而不回报，实际上的接受者没有出场，但是礼物的确完成了。这样，至少从给予者的角度来看，礼物成功地避免了经济学特征：他只是给予，不求回报。这是为了给予而给予（礼物自己显现）。而且，那个作为接受者的慈善机构也无法回报，因为它是非营利的并且永远只是消耗各种财物和资源而不会有任何"产出"。这样，礼物纯粹是为了丧失而被给予，不必由一个超越性的他者通过他裸露的面孔来下达伦理学命令，关于礼物的分析因此完全没有必要诉诸伦理学。显然，这是对列维纳斯思想的一种偏离。

也许有人会反驳说，慈善机构有时候也会借助一些宣传照片来募捐，正是那些非洲难民嶙峋的瘦骨或某个山区儿童渴求知识的眼神导致了捐赠行为。对于这样的质疑，我们也可以正面做出反驳。首先，那些触动捐赠者心灵的人可能实际上并不存在。或者照片选自那些事实上本不属于相关人群的人，如一张呼吁捐助失学儿童的宣传照片中的人很可能正在读书，

---

① Jean-Luc Marion, *Étant donné*, p. 125.
② 此外，马里翁还给出了另外几个模型：仇敌（l'ennemi）、忘恩负义者（l'ingrat），等。详见下文。

也就是说，她没有失学；或者照片中的面孔在捐赠行为发生时已经不再存在，如某个非洲难民，在捐赠行为发生时，他可能已经饿死了。因此，即使照片中的"面孔"发出了伦理学命令，可他们不会成为礼物的无论是名义上的还是实际上的接受者，这样他们就不必也不可能回报给予者了。其次，由于文化和地理上的距离，给予者会很快遗忘接受者或对那些接受者完全无知，因此对给予者而言，他们也就处于括号之中。结论是："……接受者因此真正被置入括号，严格说来，我不知道我给了谁，尽管我知道谁占有了我所给予之物。这是一种自然而琐屑的对超越的接受者的还原。"①

但是，这个结论还必须面对另外一个质疑，这就是由一个中立的、对给予者而言只是接受而无回报的机构来保证实际接受者的无名状态，这种办法可能还是无法杜绝接受者做出某种回报的可能性。那些礼物的实际接受者总是可能在某一时刻释放心中的感恩情结，即使不知道具体的给予者，他们也有可能在未来的某一时刻去"回报社会"，此时的回报行为就可能惠及当初的给予者，即使不是直接的，而只是间接的，甚至只是某种心态上的惠及。他们的回报社会的举动让当初的给予者"感到欣慰"——这虽然不能说是一种经济学的交换，但依然具有某种程度的相互性。

相对于前面那个关于他人之脸的质疑，后面这个关于可能的相互性的质疑似乎更为有力。如果依然停留在这个模型所提供的情境当中，这种"相互性"似乎难以消除。因此，为了排除这种相互性来阻止礼物自己显现，就必须再描述一种没有任何回报可能的接受者形象，它可以在原则上将任何"相互性"都排除掉。这种"无能于相互性的接受者"有多个，其中最直观的一个被称为"仇敌"（l'ennemi）。马里翁对于这个形象的设想来自福音书的启发："你们倒要爱仇敌，也要善待他们，并要借给他们不指望偿还……"② 对这个现象的描述的第一步是要与这样一种自然态度做斗争：如果说爱你的爱人可以归因于他是可爱的，爱你的邻人可以被认为是出于一种互助性团契关系，从而是容易被人们接受的，那么爱异乡人，爱陌生人，爱无名者就变得难以理解了。至于爱仇敌，这是可能

---

① Jean-Luc Marion, *Étant donné*, p. 127.

② 《路加福音》6：35。

的吗？对此，马里翁说，从现象学描述的角度来说，这种事实上的困难无关紧要，因为在现象学上，可能性比事实性更重要，更何况它已然在福音书中得到了描述，因此，作为一个可能的现象，它在某种意义上就是已经被给予了的。仇敌的确挑战了一般意识所能够达到的极限，但正是这种对日常概念边界的突破才成就了礼物，使之作为纯粹礼物来显现：如果给予者限定了特定的给予对象，那么无论是爱人、邻人还是无名者，都无法避免回报，这就意味着礼物并没有真正丧失，从而没有被给出。只有仇敌不会爱你，更不会返还你的赠予，因为他根本不会相信你给他的东西是礼物：要么认为这是他已经占了上风而得到的战利品；要么怀疑你是不怀好意。这样，即使你真的"爱你的仇敌"，他也不可能反过来爱你，如果你对他的爱就是你的礼物的话，那么这种礼物注定是得不到回报也不可能得到回报的。那么给予仇敌就是一种纯粹为了丧失的，无理由、无条件的给予。

为了保证本书的连贯性，为了尽量同情地理解、如实地传达一种具有信仰背景的异域哲学思想，我们一直避免过于急切地对自己的研究对象做一些批评或赞同的表态——因为那是一个更深入的工作，而本书是一项相当基础的预备性的工作。尽管如此，我们在这里还是要稍微插入一段与马里翁的行文逻辑保持距离的评论。在基督教文本的"爱你的仇敌"命令中以及在基督教哲学家家对它的阐释中，给予仇敌的礼物似乎都不能够作为一个纯粹的礼物来看待。首先我们来看《路加福音》关于这个问题的表述：

> 你们若善待那善待你们的人，有什么可酬谢的呢？就是罪人也是这样行……你们倒要爱仇敌，也要善待他们，并要借给他们不指望偿还，你们的赏赐就必大了，你们也必作那至高者的儿子，因为他恩待那忘恩和作恶的。①

这里的给予者并非得不到回报，他们从"至高者"那里得到赏赐——这个赏赐难道不可以被看作回报吗？如果一个人对你说，你必须对

---

① 《路加福音》6：33~6：36。

你的敌人好，但是不要他的回报，这样就能够得到上帝的赏赐——那么，在这里你并非仅仅为了丧失、不求回报的给予，上帝代替接受者回报了你。因此虽然从接受者的角度说，没有回报，但是从给予者的角度来讲，却可能不是纯粹地"为了丧失而给予"。

更为不利的是，马里翁还引用了奥古斯丁对于爱仇敌的阐释。在奥古斯丁看来，仇敌之爱构成爱的最完善形态，问题在于后面的话："爱我们的仇敌以使之成为我们的兄弟……以期他们与你一道被召唤进入团契之中。"① 这意味着什么呢？意味着仇敌之爱不是没有目的的，它希望被爱者成为"兄弟"，甚至进入团契，也就是说，给予者并非无目的地给予。而且，如果仇敌真的被"感化"——这种化敌为友的立场转变算不算一种回报呢？这实际上可以被看作一种隐蔽的三元结构：义人将爱仇敌（恶人，被感化为他的"兄弟"，也就是上帝的子民）作为礼物，然后从上帝那里获得赏赐——这几乎就是一个交易，并且将本来处于总体之外的"异"归化到"同"当中，这是多么危险和不可接受啊！

由此可以引出两个结论。第一，给予者的超越性存在必须被悬搁，否则它总会在某一时刻取消礼物的自身既予性。第二，爱仇敌的现象依然不能彻底地悬搁接受者：如果他将礼物作为礼物而接受，就意味着接受给予者的立场——这其实是一种回报；如果他因为仇恨而不将它作为被给予的礼物，而视为自己夺得、占有的东西，这又会取消礼物。但马里翁并不是那么容易被驳倒的，他在仇敌之后，推出了一种更加彻底的、更为惊世骇俗的使礼物成为可能的情境，在这一情境当中，一个被拒绝的礼物依然是完全意义上的礼物。

这个新的形象被称为忘恩负义者（l'ingrat）：忘恩负义者与仇敌的区别在于，他不是收了礼物却不承认（dénier）那就是礼物，而说那是战利品，他只是依据"我不亏欠任何人"的原则而拒斥（refuser）礼物。那么，在礼物被拒绝时，还剩下什么呢？所剩下的是礼物不可能被回报，因为拒绝的态度杜绝了一切"反－礼物"（contre-don）的机会。它先是被给予者抛弃，然后被（非）接受者抛弃，尽管如此，它还是作为完全的

---

① Jean-Luc Marion, *Étant donné*, p. 129, note1.

既予者显现了，因为即使在没有承认、没有接受的情况下，给予者依然义无反顾地给出。既予者作为被遗弃者（l'abandonné）而被给出并没有消除其既予性特征，而是反过来确认了这种特征，因为它消除了一切相互性，甚至还有对它的单纯承认。这个忘恩负义者的形象终于摆脱了前面两个形象的漏洞：它不会像慈善活动那样导致交换，也不会像仇敌的接受那样将礼物转变为可以占有的物品，而只是由于不肯进入给予者－礼物①－接受者的三元结构而无法承担接受者的功能——这样才能真正地将接受者悬搁起来："忘恩负义实际上首先不是由其否定意志或对知恩图报的无能，而是由它对简单地接受的无能、不耐烦和愤怒来限定的。它不仅拒斥偿还它的债务，这依然处于交换之中，而且拒绝缔结债务关系，拒绝看到对捐赠的提议。"② 表面看来，忘恩负义者错过了礼物，因为他不愿意承认礼物的这种出现，但是毕竟礼物自身已经出现了，并且经由这种出现，礼物决定无回报地给出自身，因此打破了自身对自身的同一性，这使得礼物在完全没有接受者承认的情况下完美地完成。忘恩负义者因而保证了礼物的纯粹内在性。③

这里我们看到了马里翁与德里达立场的不同：在德里达那里，如果接受者不承认礼物是礼物，那么礼物是不能被视为礼物的；而马里翁认为礼物之为礼物仅仅在于它的既予性特征，而不在于主体对它的承认。如果事实果真如此的话，我们就很难评说谁对谁错，只能说二者从不同的视角得出了不同的理论主张：一个从日常语言的一般理解入手，揭示礼物的三元结构，通过细致的逻辑分析来揭示这种结构实际上无法实现；另一个则先规定了礼物的纯粹既予性，然后探讨它在现象学上的可能性。

可以说，不管是慈善行为中的作为匿名他者的实际接受者，还是否认礼物的仇敌，抑或拒斥礼物的忘恩负义者，马里翁描绘他们的目的都是悬搁礼物的接受者。但是，马里翁对他们的描述都只是从给予者角度做出的心理学的经验描述，直观生动，比较容易被接受，却不能替代严格意义上

---

① l'edon 译作"礼物"时其含义更为丰富，包含"客体"的和"既予性"的（现象的）两个层面，译作"礼品"时，仅侧重其中的客体性（持存、有用）等含义。

② Jean-Luc Marion, *Étant donné*, p. 130.

③ Jean-Luc Marion, *Étant donné*, p. 130.

的现象学还原，也就是说并没有在现象学上将接受者还原为先验意识的体验（vecus dans la conscience transcendantale），从而实现对它的现象学还原。这个工作马里翁是分两个步骤来完成的。其中第一步就是对末世寓言的现象学阐释。循着马里翁的思路，我们先来看《马太福音》中对所谓末世寓言的描述。这个寓言大概是说，在人们无法预知的未来某一时刻——非但人不知道，连天使和圣子也不知道，唯有父知道——会有一场空前绝后的大灾难（虽然如此，福音书借用挪亚方舟的"故事"来说明它，参见《马太福音》24：36~39），然后基督同天使重新降临，按照世人的作为拣选子民，这也就是所谓最后审判，相关内容引述如下：

> 25：31 当人子在他荣耀里、同着众天使降临的时候，要坐在他荣耀的宝座上。
>
> 25：32 万民都要聚集在他面前。他要把他们分别出来，好像牧羊的分别绵羊山羊一般。
>
> 25：33 把绵羊安置在右边，山羊在左边。
>
> 25：34 于是王要向那右边的说："你们这蒙我父赐福的，可来承受那创世以来为你们所预备的国。"
>
> 25：35 因为我饿了，你们给我吃；渴了，你们给我喝；我作客旅，你们留我住。
>
> 25：36 我赤身露体，你们给我穿；我病了，你们看顾我；我在监里，你们来看我。
>
> 25：37 义人就回答说："主啊，我们什么时候见你饿了，给你吃，渴了，给你喝？"
>
> 25：38 什么时候见你作客旅，留你住，或是赤身露体，给你穿？
>
> 25：39 又什么时候见你病了，或是在监里，来看你呢？
>
> 25：40 王要回答说："我实在告诉你们，这些事你们既做在我这弟兄中一个最小的身上，就是做在我身上了。"①

---

① 这里，所谓最小的，当是最卑微、最弱小的意思，也就是指那些饥饿、贫穷、衣不蔽体的人。

这些便是通常大家都熟悉的关于末世寓言的描述。从《马太福音》25章31节到36节来看，似乎其中的关系很明确，依然可以被归结为给予者（义人）－给予物（衣食等）－接受者（人子）。然而在经文中引起马里翁注意的则是下面的情节：那些义人说，他们从来都没有见过他。这样，原先的三元结构就转变为给予者－给予物的二元结构了。显然，这句话并不是在否定他们曾经给予的行为，而只是说，他们对于给予了谁一无所知，耶稣是那个接受者，但是他没有出场。就是依据这一点，马里翁对这段经文做出了他的"现象学阐释"。他说，在末世寓言中，作为接受者的耶稣预先并确然地将自己置入括号之中了。因此，他说："这种不可见性不是妨碍或消除礼物，而是通过将其普遍化而加强了接受者：恰恰由于接受者可以是不可见的，任何人都可能变成他的面孔……末世学的延迟将他缺失的脸指定为一个普遍的屏幕，礼物可以在其中运作（接受，拒绝，无声地转移）。"[①]

应该承认，马里翁对末世寓言的这个现象学阐释已经避免了我们在分析仇敌情境时对他的反驳，因为末世寓言所涉及的是义人与上帝之间的关系，而义行的受益人只不过是中间环节，而在义人与上帝的关系中，上帝就是事先被悬搁了的，那么就没有一个真正的接受者在场，从而使得回报在逻辑上是不可能的。因此，可以认定，马里翁对接受者的悬搁是彻底的，可以接受的。

本来，在马里翁自己看来，这个现象学阐释已经足以消除接受者的超越性——从给予者的角度来看，但是，由于这个阐释有其神学渊源，所以他认为有必要再依据某种世俗的情形来完成这种悬搁。这样的情形其实并不少见，马里翁具体列举了两种：对共同体的牺牲和传统。在第一种情形中，给予者所给予的乃是一种自身的赠礼（le don de soi），他所给予的乃是时间、生命、活力，它们都是无法归还的。尽管如此，礼物还是被确认地完成并被接受了——被一个不在场的，已经置入括号的接受者接受了。说接受者不在场的理由是，当礼物向共同体发生之时，没有任何个人可以

---

① Jean-Luc Marion, *Étant donné*, p. 133.

将自身建立为普遍的接受者。① 在第二种情形中，传统的建立者显然并不是将礼物给予那些与他们同时在场的人，因此他们的接受者有两个特征：首先，他们必然是"未来"的接受者，不是当下的，也就是当下不在场的；其次，他们不知道谁会承接这个礼物，有时候甚至没有人会承接它——这样，它的接受者就是不可预见的。这样，延迟和不可预测就构成了接受者的双重不在场。

在以上两种情形当中，所有的接受者都失去其超越性的在场，而被还原为给予者的内在体验（比如牺牲者在为共同体牺牲时所想到的同胞的面庞），从而完成了对他们的现象学悬搁。由于接受者一开始就不在场，因此礼物就不可能被转移到经济交换之中。同时，接受者由于不在场，达到普遍化的礼物于是通达其完善的形象：它完全给出自身而不必使任何人接受自己，与接受者的毁誉无关，也可以完全忽略偶然的相互性。②

在悬搁接受者之后，下一个任务就是要将给予者置入括号，也就是将给予者还原为接受者的纯粹内在的意识体验。就像在悬搁接受者时将给予者设定为建构者一样，这一次接受者将承担建构者的功能。由于前面已经再现了德里达对自然态度中礼物之可能性的解构，同时也介绍了马里翁对接受者的悬搁，因此我们可以这样理解马里翁与德里达之间的关系。德里达通过对自然态度对礼物这个词的设定之分析来揭示在自然态度中礼物的不可能性——它的可能性条件又是它的不可能性条件；马里翁则是以德里达的工作成果为基础，证明自然态度中的三元结构中的任何一元都是可以被还原的，从而实现了对这个不可能性条件本身的解构，是对德里达解构工作的再解构。因此，马里翁的工作并不是要同时悬搁给予者、礼物和接受者，而是要证实，在现象学上，其中的任何一元都是可以还原的。因为很简单，只有在它们同时保持持存性时，礼物才可能被归为经济学的交换或在形而上学充足理由律中处于次要、派生地位。

回到原先的思路，我们来看对给予者的悬搁是如何进行的。给予者可以被置入括号的第一种情形是"继承"（l'héritage）。马里翁认为，在"继承"

---

① Jean-Luc Marion, *Étant donné*, p. 134.
② Jean-Luc Marion, *Étant donné*, p. 135.

过程中，给予者是自行引退的，而作为接受者的我（moi）如果说有所付出的话，那也是给了公证人和国家（法律服务方面的费用以及税收），但是绝对不可能再归还给给予者——他已经去世，从而我不可能成为交换的一方，也与一切有用性无关，而且我的归还对于给予者来说，正是他极力要避免的情况。可能有人会反驳，说如果当初给予者在给予时曾经与接受者有所约定，如让他继承自己的遗志去完成某件事情，而接受者为了完成这件事情可能要付出自己的时间、精力甚至生命，那么这是否构成一种交换呢？笔者认为这可以分两步来反驳。第一，给予者与接受者可能订约，但依然有可能是无条件给予——这种情形是大量存在的；而且即使有约定，接受者不遵守约定的情形也是大量存在的，而马里翁所需要的只是无须归还的可能性——因此作为可能性并没有因为这样的质疑消失。第二，退一步说，即使在给予者与接受者有约定并且接受者完全守约的情况下，接受者也不是归还给那个有"存在"的给予者了，而是给予自己关于那个"给予者"的记忆、想象，这完全属于他的内在体验，依然符合给予者被置入括号的要求。

第二种情形是给予者对自己的给予行为没有意识。这样的情形经常发生在运动员、艺术家和情人身上。正在球场上奔跑、射门的明星球员很可能完全忽略了观众的存在，但是所有的观众都可能被他的表现所倾倒；艺术家作画很可能只是要宣泄自己内心的感受，至于观赏者是否会因此激动流泪完全不是他要考虑问题；有时候情人会不理解自己的伴侣为什么突然拥抱自己，而对方也无法回答，他/她或许完全没有意识到自己的存在本身就足以使对方心潮澎湃。这些人都给了异于自己的他人以愉悦，但是他们可能对自己给予的礼物毫无察觉："这些给予者都不知道自己将那些最本己的和最难得的礼物给了他者……实际上，是他自己从自己给出的礼物中引退了，从而反过来证明礼物可以在完全不需要他对其效果的意识的情况下自己展开。"① 相对而言，这是一种更为完美的既予性，因为这是给予者对自己的悬搁，他的给予不仅不是为了回报，而且不是为了让对方知道，因为连他自己都不知道。

---

① Jean-Luc Marion, *Étant donné*, p. 140.

　　给予者可能被悬搁的第三种情形是，在给予者无法通达的情况下，礼物被接受者确认为无法归还的债务。其实我们认为完全可以从接受者的角度把这种情形看作悬搁给予者的现象学操作所引起的效果：由被给予的礼物所引发的债务（债的意识）完全延迟于那将其意识置于欠债状态的既予性。就像前面所说的，一个遵守与给予者约定的继承人由于无法直接归还礼物，就只能一直归还给自己意识中的对他的体验：这是一种对债务的承认，而"任何对这种债务的承认也就是对这一不在场的债主的承认，都是确认而非消除延异。但是，这样一种延异，假如它随着一种债务而展开，就将最终使既予性本身得到展现"。①

　　综上所述，礼物在没有超越的给予者条件下显现是完全可能的，换言之，对于给予者的现象学悬搁是完全可能的，因为我们已经看到，在上述三种情形中，从接受者的角度来看，礼物的给予者完全从属于内在性而非超越性——其自然的给予者已经被还原了。而现象学的目标不过是要求描述一个与既予性相一致的礼物而已，礼物自此以后将是纯粹的，因为已经解除了一切超越的给予者。

第二节　纯粹的礼物

　　当一个人许下承诺（donner sa parole②）时，他（或她）给出了什么呢？再具体一点，当一个人向所爱者许诺自己的爱情时，他究竟给予了什么呢？一枚戒指？一所住宅？或者别的什么客体吗？显然，这个许诺是一个礼物，因为它首先是一种无偿的、不求回报的纯粹给予，但是它无法对应于任何具体的客体或存在者。那么它是不是虚无缥缈的，说给了，其实什么也没给呢？当然不是，它给予了信任，因为它"废止了谎言，消除了对我们操行的诚信方面的疑虑"，是一种"可以验证的（constatable）、可以感受到的（tangible）、产生影响的（affectant）"礼物。③ 这种礼物的特殊性就在于，一方面它区别于一切有形的礼物，无法用一个特定的客体

---

①　Jean-Luc Marion, *Étant donné*, p. 143.

②　同时，parole 这个词也可以指誓言。

③　Jean-Luc Marion, *Étant donné*, p. 151.

来限定它，而且，这种礼物与其说是对当下在场的东西起作用，不如说其影响可以遍及所有在它兑现的过程中可能出现的事物，因为这个礼物所涉及的不是客体的内容，而是它们的情态；① 另一方面，它还意味着与一种自然的理论态度的对立，因为兑现一个许诺就意味着要让所有的"事物"——包括物品、决断和行为——与诺言相一致，而理论态度要求对事物给出恰当的描述，也就是让命题去适应事物。这样，二者的方向恰好相反，追求的价值也完全不同：一个是以事物来符合诺言的实践的正当性（véracité pratique），另一个是让命题符合事实的理论的真理性（vérité theorétique）。此外，由于许诺所给予的东西只能在事后逐步兑现，这就造成一种实践上的延宕，这种延宕也强化了它的非 - 现实性的特征，从而强化了它的可能性的特征："许诺当然意味着要信守它，但是我并不持有（tenir）它，尽管有可能我直到约定被完成的那一刻还信守（tenir）着它：这种延宕有可能是有限的（在经济、政治等约定中），但是，在许下承诺的严格意义上，这种延宕会一直延伸到生命的尽头：若非尽其一生，爱人是不可能给出其爱的承诺的。"②

当然，所谓爱的承诺只是一个例子，在其他情形中自然也可能会有必须被终生践行的承诺。因此，在爱的承诺实现的那一刻之前，它必定始终保持其未完成的状态，从而始终是非现实化的（irréalisée）。一方面，它不停地被实现着；另一方面，这种实现又总是不完全的，在某一时刻的偶然的客体，比如珠宝、住宅或别的什么都无法提前实现它。因此，一旦给予了爱的承诺这样的礼物，就只能一直忠实于它。总之，像承诺这样的礼物不仅意味着一种涉及未来事态的给予，而且只能在未来实现，这实际上构成一种严格的可能性的状态，既不能够也不应该在一个客体或存在者中被实现。从现象学上讲，这反而构成一种更为纯粹的礼物，因为它不依赖于超越性的客体或存在者，而是作为一种给出自身的礼物，用马里翁的话来说，是"栖居于主体间性关系之中的承诺的正当性——它支配着客体和存在者"。③

---

① Jean-Luc Marion, *Étant donné*, p. 151.

② Jean-Luc Marion, *Étant donné*, p. 151.

③ Jean-Luc Marion, *Étant donné*, p. 151.

　　看到上面那一句引语的时候，我们要花那么多的篇幅来谈论诺言的动机就显露出来了，我们并非要谈论什么"爱的絮语"，而是要谈论其中所蕴含的现象学意义。说白了，就是要表明，一种真正的、现象学意义上的礼物是不依赖于一般的客体的。那么，如果说礼物并不对应于某个或某些特定的客体或存在者，而指向某种主体间的关系，这种关系不是依赖于而是支配着那些客体或存在者，这就意味着，礼物关系中起关键作用的不是客体，客体不过是对这种关系的证实（faire foi）。① 虽然那些被支配的客体是偶然进入关系之中的，但它们是如何被确认为是礼物的客体的呢？用马里翁的话来说，一个客体如何才能被称为一个礼物的客体，它是如何被判定的呢？回答是，对于给予者，是依据一种可给予性（donabilité）来确认，对于接受者，则是依据一种可接受性（acceptibilité）来确认。当然，这样说还是过于简略了，还需要详细地解说。

　　马里翁首先是从这样一个显然的事实出发的：礼物并不是在给予者将一个可能的客体转交或转移给接受者时才实现的。当一个客体被判定为礼物时，起作用的并非任何理性、任何条件以及任何情感，这些并非必然地引起礼物，而是取消礼物，因为这会使礼物从属于充足理由律。而要从充足理由律中解脱出来，就意味着对礼物的判定仅仅遵循既予性的逻辑，依据其无回报的无偿性。这种判定是如何实现的呢？马里翁求助于托马斯·阿奎那。"重新发现阿奎那的精彩表述：'其实，礼物表明的并不是它被实际地给予的事实，而仅仅是其所具有的能够被［或自］给予的资质（aptitude）……以礼物为名，涉及的是给人们提供的东西的资质。"② 这就是说，并不是主体性，即给予者的主体性，使得客体成为礼物，而是这个礼物本身具有的应该被［自］给予的"资质"——可给予性——决定了它成为礼物。一个客体是可给予的，就意味着它不必附加任何可能性条件就是礼物。

　　马里翁在这里同样承认了莫斯的启发："依据马塞尔·莫斯，'那使

---

① Jean-Luc Marion, *Étant donné*, p. 152.

② Jean-Luc Marion, *Étant donné*, p. 153, note1.

某人高兴的东西'是应该被给予的，这与那'交换的被动而单纯的客体'相对立，我们确切地将后者称为经济交换的客体。礼物完全是指（上手的）用具，而非（在手的）持存物，而且有时候（实际上是通常）达到了完全不考虑其实在的存有性的程度。"① 这样，给予者与客体的关系就明确了：不是给予者决定客体成为礼物，而是已经处于主体间关系中的给予者在面对客体时，体验到必须将它赠送给某个或某些接受者，将它体验为"应该－被－给予者"（devant-être-donné）。回归我们的生活体验来理解这段话，当我们看到一幅好画时，有时候会不假思索地，甚至急切地把它介绍给朋友，因为它使我们认为这会让她/他感到兴奋和愉悦，就像传说中的公爵要将鲜艳的番茄献给自己心中美丽的情人一样，虽然它在别人眼中不过是一颗"狼桃"②。狼桃之所以变成"爱情果"并不是因为它美丽的客观存在，因为这种美丽也可能被认为是"危险"的信号，真正使之成为爱之赠礼的乃是公爵与女王的爱恋关系，这种关系使它具有了"可给予性"。总之，我们是通过礼物本身的可给予性将日常礼物的客体性还原了，礼物从此成为给予者的意识体验："当其潜在的给予者体验到可给予性的重负之时，礼物以其纯粹内在性而无客体超越性地自己发生/给出自身。"③

类似地，首先，就接受者而言，接受一个礼物也不意味着对一个客体的据为己有，而是意味着对该礼物的"可接受性"的一种体验，甚至可以说得更彻底一点，意味着他受到礼物本身的"可接受性"的影响。因为如果是简单地据为己有的话，还可以通过交换甚至暴力、欺诈来获得，我们又凭什么称之为礼物呢？同时，在这样的情况下取得的"礼物"将不是自己给出自身，而蜕变为某种原因的简单结果——自称为一种关于礼

---

① Jean-Luc Marion, *Étant donné*, p. 153, note1.
② 据说番茄原是秘鲁的一种野生植物，虽然它成熟时鲜红欲滴，美丽诱人，但正如担心色泽鲜艳的蘑菇会有剧毒一样，人们也担心它有毒，对它敬而远之，称之为"狼桃"。直到16世纪，英国有位名叫俄罗达拉的公爵（一说是海盗德雷克，不过在当时，英国公爵完全可能是海盗，或许二者原是一人）去南美洲旅游，他很喜欢这种观赏植物，如获至宝一般将之带回英国，作为爱情的礼物献给了情人伊丽莎白女王以表达爱意，从此"狼桃"成了"爱情果"。
③ Jean-Luc Marion, *Étant donné*, p. 155.

物的现象学是不会青睐这样的东西的。其次，我们说礼物并不涉及一般的客体，因为在许多情况下，礼物的确不与真实性之中的客体有关，比如接受他者的时间、生命、爱等。这在本书已经是老生常谈了，但是为了论述的完整性，我们还是不得不做一些必要的重复。总之，一个对礼物的接收行为得以实现的关键并不在于客体的所有权的转移，而在于接收的动作本身，质言之，在于可接受性本身，在于对这个可接受性的体验。这样，我们就悬搁了礼物的超越性，而将它还原为接受者的纯粹内在体验。关于这样的悬搁的具体情形，马里翁提供了两种类型——被忽视的礼物和被拒斥的礼物，并且分别举例说明，都从反面证明，如果没有接受者对礼物的接收，或者说礼物本身如果缺乏可接受性，那么即使客体具备了通常意义上的礼物的一切现实性条件，它依然不能够被称为"礼物"。我们这里仅仅简要分析两个例子。

第一个是关于被忽视的礼物的例子，它来自克雷迪昂的《佩瑟华尔，或圣杯故事》①。在这个未完成的骑士故事当中，佩瑟华尔看到了圣杯，但是他克制自己不去得到它。就佩瑟华尔而言，将圣杯视为一个完全的或者说可接受的礼物究竟还欠缺些什么呢？就其事实性的方面而言，圣杯作为礼物已经无所欠缺了。但是圣杯作为礼物必须有一个非－现实性方面的规定性——对它的接受，或者更准确地讲，佩瑟华尔——这个对仪式毫不热心的旁观者——必须做出决断，为了将圣杯作为基督的礼物接受下来，必须将圣杯这个偶然的客体设想成为了给出自身而展示自身者。但是，他没有感受到这个礼物的"可接受性"，因为他觉得此时接收圣杯，得到的不过是一件普通的战利品，因此，虽然他完全可以接受它，却无法将它作为"礼物"接受下来。因此，作为一个骑士，他只能对这个唾手可得的圣杯"视而不见"。② 当然，佩瑟华尔并不是真的一无所获，他最终因为得见圣杯之真旨而从蒙昧的状态中解脱了出来，或者说只是在此时，他才

---

① 特华耶的克雷迪昂（Chrétien de Troyes）创作了五个与亚瑟王有关的传奇故事，其中就有《佩瑟华尔，或圣杯故事》（Perceval, ou Le Conte du Graal）。故事的主人公佩瑟华尔是亚瑟王的骑士，在故事中，他的使命就是要找到并取得圣杯，但是在圣杯唾手可得之时，他却没有接受。

② Jean-Luc Marion, *Étant donné*, p. 156.

成为一个真正的骑士，不是因为盔甲和刀剑，而是因为精神。

第二个是关于被拒斥的礼物的例子，这就是"特洛伊木马"。如果仅仅从客体的现象性方面考察，特洛伊木马具备了一切被称为礼物的条件："希腊人的确［向特洛伊人］送了礼物，它的物质性（木头的，高大的）和有用性（空的，可移动的）都无可争议。"① 不仅如此，一部分特洛伊人甚至还很喜欢它，将它拉进了特洛伊城——这几乎已经构成了"承认"和"接受"了。但是，拉奥孔怀疑它，因此他没有做出"接受的决断"，在拉奥孔这个潜在的接受者这里，这个客体缺乏"可接受性"，因此，它被拒绝了，没能成为礼物。当然，后来的历史事实也证明了，这个所谓"礼物"不过是一个阴谋的产物，是一个原因的"结果"，是一个目的的"手段"，而不是一个真正的"礼物"。总之，如果礼物不是真正为了给出自身而展示自身，就不具有可接受性；就潜在的接受者而言，所谓礼物，不在于它的客体性或存在者性，而在于它的"可接受性"。

这两个例子都只是从反面说明接受者不会接受什么，或者说他所接受的不是什么。从正面来讲，如果接受者依据"可接受性"接受了"礼物"，那么这一礼物具有什么样的特质呢？大体而言有如下两种。

首先，与前述的可给予性一样，真正决定礼物的可接受性的，实际上是一种主体间性的关系，最终承载这种关系的客体是偶然的，因此礼物具有不确定性、不可预见性。因此，接受一个礼物也就意味着"同时接受那并不期待的东西，暴露给不可预见的事件的偶然性。后者自主地发生。接受一个处于显现状态的礼物，意味着我们看到一个关于它的不可预见的现象性"。② 因此，礼物可能是积极的，也可能是消极的，用马里翁的话来说，"满面愁容"（La peau de chagrin）也可以成为礼物，接受一个礼物便意味着向这种纯粹的偶然性、不可预见性以及不可支配性敞开。在这里，礼物似乎更像我们通常所谈论的"命运"——那是生活给人的礼物，或者，如果你相信的话，是"上帝的礼物"。

其次，接收者所接受的实际上不是一个客体或存在者，而是一种亏欠

---

① Jean-Luc Marion, *Étant donné*, pp. 157 – 158.

② Jean-Luc Marion, *Étant donné*, p. 159.

他人的关系。真正的对礼物的接受意味着不是对实体的占有，而是对占有欲的克服。不仅如此，做出接受的决断还必须拒绝经济上的自足，因为自足依赖于"我不亏欠任何人的原则"，而我们在前面已经证明，可给予性（作为已经还原的礼物的体验）要求悬搁这个自身同一的原则，而进入一种主体间性的关系。接受一个礼物，就意味着亏欠某物于某人。至于亏欠谁，这其实是不确定的，有时候是亏欠给予者；有时候则不是，甚至是完全未知的。简单地说，这不重要，因为给予者是可以被悬搁的；但有一点是确定的，那就是永远亏欠既予性。这个既予性就是指那礼物自身所具有的同时影响着给予者和接受者的特征：就前者而言，它是一种可给予性；就后者而言，它显现为可接受性。因此，所谓进入主体间性的关系，就接受者而言，就是在接受礼物的同时，接受并承认对于债的意识。礼物的无偿性由这个承认来偿还——对礼物以及对礼物的无偿性的承认——这样的承认保留而非取消礼物的无偿性，不会重新退化为交换。决定接受礼物就等于决定变成一种［接受］礼物的义务，或者说礼物本身具有了强迫性，在潜在的接受者与礼物之间的决定不是前者加于后者而是相反。由于礼物之现象性的本己的吸引力和声望，礼物决定了接受者必须接受自己，也就是说接受者为了接受它而牺牲自己的自足性。因此礼物自身作为其可接受性的最后机构决定它自身的接受者，礼物为了给出自身并给予那接受者而展示自身。

总结我们对礼物的客体性和存在者性的悬搁，那就是礼物并不是在两个各自独立的主体之间的客体或存在者的流转。礼物引起自身的既予性意味着一种主体间性的关系：这种既予性就给予者而言是一种可给予性，给予者依据这种性质，或者说由于这种可给予性的重负而做出给予的决断;① 就接受者而言是一种可接受性，接受者依据可接受性而做出接受的决断，并因此承担一种债的意识，从而摆脱自我同一性。

在本书的开头，我们从既予性本身出发，将它定义为一个由现象的给出自身（自己发生）以及既予者所构成的褶子。然后，从第四章开始，

① 在这个意义上，是礼物的现象首先向给予者显现自身，然后再通过给予者的决断实现自身，因此现象学地看，所谓给予者也首先是一个接受者，他和接受者一样都亏欠既予性，并且也都因此摆脱了唯我论的孤独状态。

我们又以礼物现象为范例，证明了作为礼物的礼物就是那给出自身者，就是现象，并且通过对德里达的精彩分析的利用和超越，证明出于自身而给出自身的纯粹礼物是完全可能的。这样，现象就是既予者，而既予者就是为了给出自身而给出自身者。现象，用马里翁的话来说，"被给予的现象"其实是同义迭用（pléonasme），"任何企图反对这一点的人都必须指出一个不给出自身的现象或一个不显现的给予物（don，礼物），这并不涉及观点、愿望、选择或教条，只涉及一种理论上的限制，或者不如说，涉及一种既予者"。①

---

① Jean-Luc Marion, *Étant donné*, p. 169.

第六章

实体与偶性

第一节　自主的现象

　　1553 年，画家小汉斯·荷尔拜因[1]创作了著名的《出访英国宫廷的法国大使》[2]，在这一巨幅作品（207×209.5cm）中，两个"主要"人物都有真人大小，左边是法国当年派驻英国的大使让·德·丹特维尔（Jean de Dinteville），右边是特意前来看望他的朋友，身兼外交官、主教两职的乔治·德·塞勒维（Georges de Selve）。表面看来，画作就是对他们二人此次会见的纪念，就如同今天的报纸上登出来的外交官会面的照片一样。画面上不仅有衣着华贵的人物，而且有绿色的幕布作为背景，人物中间还有一张双层的台子，上面摆满了各种各样那个时代常见的天文仪器之类的东西。还有什么呢？有着漂亮的几何装饰的地面，似乎再没有别的什么可说的了。我们说没有什么可说的意思就是，的确还有一些东西，但是我们没有办法告诉你那是什么，没有办法对它进行描述和归类，就像前面所说的人物、仪器或台子一样。不过，我们的确是遗漏了一个很明显的东西，而且它的确显眼地出现在画面的下方中间的位置，为什么画家要在这里留

---

[1] 小汉斯·荷尔拜因（Hans Holbein, the Younger, 1497 - 1543）是一位以冷静而优雅的风格著称于世的画家，曾经担任亨利八世的宫廷画师，也为出入皇室的贵族们画像，从而开创了一种颇为后世所敬仰的肖像画传统。

[2] 这是荷尔拜因在英国期间的代表作品，也是画史上第一幅双人全身肖像，现藏于伦敦国立画廊。

下这么大的一片"瑕疵"呢，而且，作为瑕疵，它也显得过分惹眼了吧？或者它不是什么"瑕疵"，而是有意为之？于是，那些一眼就能够看到的东西现在变得无关紧要了，我们的目光现在聚焦于这个"瑕疵"，不断地变换自己的位置和视角，一会儿接近，一会儿远离，一会儿向左，一会儿又向右地看，突然，当我们终于在画面右侧矮着身子往上看的时候，奇迹出现了，从这个特定的视点看去，所看到的不再是什么令人费解的东西，当然更不是什么瑕疵，而是一个可以接受的形式——一个骷髅。这个骷髅的出现让我们感到某种惊愕和不安，而正是这种惊愕和不安的感情使得我们从原先漫不经心的状态中挣脱出来，开始重新审视整个画面，以求得到作品真正所要给予我们的更多的信息。于是我们发现骷髅并不是唯一的，在大使帽子的徽章上同样有一个隐晦的骷髅，而在架子上乐器的弦是断的，这似乎更加重了不安的情绪，最后，随着我们的目光在这种逐步加重的情绪的推动下寻寻觅觅，在作为背景的绿色幕布上，有一个受难的耶稣圣像脱离了背景，显现在我们眼前。这幅画究竟要向我们说什么呢？荣华富贵？死亡？救赎？抑或永生？

不过，对于一个现象学家而言，这些问题并不重要，他更加关切的是这个接受过程所蕴含的现象学意义。我们可以更加仔细地回顾对那幅画的接受过程。不管是扭曲的骷髅还是隐晦的耶稣，显然都已经向我们显现了，但是，这种显现不是直接的，在它们达到其可见性时，必须穿越一段距离，这个距离不是通常的空间距离——就像那画面中的两个人物向我们显现时，只要保持必要的空间距离（在视域之内，但是又不能过于逼近）它们就足以恰当地显现，穿越这种距离所得到的只是普通的存在者（马里翁称为第一层次的形式）；而接受现象所需"穿越"的"距离"是一种现象学的距离，它内在于那依据自身内在的准则而给出自身的现象（第二层次的形式）之中，或者可以这么说，所谓"穿越"现象学的"距离"就是指主体接近和适应这一内在准则的过程。因此，我们可以总结说，一方面，现象的确是在克服一段"距离"之后才向我们给出自身的，它的确来自"别处"（ailleurs）；① 另一方面，这种既予性又是依据它自身内在

---

① Jean-Luc Marion, *Étant donné*, p. 176.

规则才显现的——简单说，不是作为观画者的我赋予它形式，而是我按照它自身的要求移动和观看才能接受它的形式——我必须找到那唯一精确的视点，并且置身于斯。

纯粹从美术学的角度讲，画家在这里使用了所谓错觉表现法，法文的表达是 Anamorphose①，我们参考其在词典中的释义将它译作"变形"。②主体在接受变形时与绘画之间的关系可以类比为主体在最初接受现象时与现象之间所形成的关系：对现象的接受不是现象适应人，而是人适应现象的要求——然后现象才能依据其自身而给出自身，这就意味着主体与现象关系的倒转。因此，马里翁将这个术语移用到他的学说中，借以说明现象的既予性乃是其内在的规定性，而非暂时地、外在地被附加的属性。变形这一特征尤其意味着，现象不是一个现成地摆在那里，让我们可以一眼看到，然后对它进行归类、指称的东西；恰恰相反，它要求人的观看必须符合现象本身的内在规则，而不是一下子就由人来对自己做出鉴赏和判断。

现象通过类似变形过程而在我眼前完成发生，这是毫无疑义的。不过，尽管它事实上已经发生于我，但是我还只能认为这不过是一种偶然的事实，因为依据胡塞尔在《观念 I》中的规定，"普遍而言，每一个个别存在都是'偶然的'"。③ 问题在于，这里的"偶然"意味着什么？依据马里翁的理解，不应该一看到"偶然"就立即将它限定为"必然的对立面"，而应该从这个词语本身的意义出发来理解，"在说它是必然性的简单对立之前，偶然性首先应该是那触及我（me touche）、感染我（m'atteint）也因此抵达/发生于我（m'arrive）的东西（依据拉丁文）或那些'如此发生的'（tomber comme ca，依据德文）并因此'降临到我身上'（me tombe dessus）的"。④ 应该指出，这里回归词语在日常生活中的

---

① Anamorphose 是指一种变形或不可辨认的绘画或素描，只有从特定的角度或通过矫正镜（correcting mirror or lens）才能看到绘画本身所要传达的内容，同时也指创作此类作品的技法，该技法有时候可以和普通技法结合使用，使得从普通角度看起来循规蹈矩的画面从特定的视点上看去成为完全不同的东西，或显现出原先看不到的东西。参见《美术术语与技法词典》（〔美〕拉尔夫·迈耶著，邵宏、罗永进、樊林等译，江苏教育出版社，2005）中的 Anamorphosis 词条。
② Jean-Luc Marion, *Étant donné*, p. 175.
③ 〔德〕胡塞尔：《纯粹现象学通论》，导论第 2 页。
④ Jean-Luc Marion, *Étant donné*, p. 177.

含义并不是为了偏离理论态度，而是说它的确恰适于正在讨论的论题，因为至少就我们刚刚描述的对绘画的接受过程而言，它乃是一种非理论态度的意识之体验。它不必借助于理论也能够得到得体的描述，进而言之，它实际上只有抛开理论态度才能得到它应有的、独特的作为一个"偶然"的描述。因为不存在中立的、总是已经在那里的、非触犯性的（inoffensif）的、驯服的（soumis）的现象，现象是在它前来推进到我，延伸到我这里的时候，才影响到我（m'effecter），如果它未曾向我发生，或未曾作为事件而使我有所感受并改变了我的视野（champ de vision）、认识和生活等，任何现象都不会显现。这样的偶然情形可以不同的形象出现，马里翁将之分为三种。

第一种是那作为认识者（en tant que connaissant）而来到我面前（ce qu'il m'arriver）以便我能够认识它的现象。为什么要说得这么佶屈聱牙，而不直接说"我们的那些认识对象"呢？因为这样说的目的就是摆脱将现象作为"对象"的自然态度。这里的现象不是一个依然在那里等待"我"去比较、判断、分类的驯服的客体，而是在我的这些活动发生之前，已经影响了我，改变了我的意识内容的东西，"一种完全内在地被意识体验到的东西"，也就是说，在认识活动之前，必须先接受现象对我们意识的影响。

当然，此时我们还是可以随时停止认识活动，但是对于第二种现象，那些向我偶然发生的事件（m'advient），情况就完全不同了，因为偶然发生的事件是作为实践者（pratiquant）让我进行实践的（pour m'pratique），这种现象的发生是与我的实践紧密相关的，虽然也是现象向我发生，但是如果没有我的要求（implication）和复杂的实践，现象本身就不会展现，也不能如其所是地发生。如果说第一种现象是处于在手状态的话，那么，这第二种就应该是上手状态的现象：合用的现象（les phenomenes ustensiles）。① 虽然马里翁为了保持他论证的连贯性而表达得十分玄乎，但是我们可以用很直白的话来阐述。举例来说，如果你不是十分熟悉一个工具——就比如电脑吧，你就无法使之"上手"，也就是说，你必须首先

---

① Jean-Luc Marion, *Étant donné*, p. 182.

接受电脑本身的规则和特性，并且在使用过程中不断和它"磨合"，而绝对不可以随心所欲，或者说你可以随心所欲，但是必须做到"不逾矩"，而这个"矩"不是主体制定的规范，而是内在于现象本身的规则，它在你使用的过程中不断地"发生"在你身上——不是你实践它，而是它实践你！

偶然性现象的第三种形象超出前两者的范畴，它们是强加于我（m'en impose）的现象所具有的形象。比如路上突然冲来的车，光怪陆离的大都市——我既不想知道，也不会利用它，但是被它们发配到另一个世界，将我卷入它们的世界当中。[①] 对于这第三种形象的最好注解是马里翁对现代都市"消遣"（distraire）的分析。我们可以选择他提到的事例来阐明他的观点。比如说作为当代"休闲工具"的各种"屏幕"——它们无处不在，不仅出现在客厅、影院，还出现在机场、车站、街道两侧甚至大楼的外墙面上，总之，只要你生活在都市中，你就无法回避它们；它们不仅无处不在，而且其不断跳转的画面也是五花八门，毫无秩序感可言：非洲的难民营和地中海的沙滩，美洲的印第安遗址和华尔街的证券交易市场，竖着中指的饶舌歌手和虔诚礼拜的本笃十六世……我是从中得到了消遣，还是被"消"解于其中，被"遣"送到了与我的生活毫无关系的异国他乡呢？因此马里翁认为，所谓消遣或休闲（divertissement）不过是一种déplacer：调遣、移送。[②] 那些屏幕虽然不过是一些平面，却如此内在地影响到我们，我们无法摆脱，而只能习惯和适应它们，因为在原则上，我们不是外在于而是内在于它们。

所有这几种现象的形象所具有的特征标志着现象的第一重规定性：现象显现为经由自身而既予者（il apparît donné par soi）。这里应该附带说明一点，我们在第五章第一节曾经谈到对礼物的给予者的悬搁：这里，现象依据其自身的变形而给出自身，或者作为偶然事件发生于我，又或者是强加于我，都可以被认为是从现象给出自身的角度再次证实了外在于现象（礼物）本身的给予者乃是可以被悬搁的。从而也证明了现象之给出自身

---

① Jean-Luc Marion, *Étant donné*, p. 183.
② Jean-Luc Marion, *Étant donné*, p. 183.

与展示自身之间的等价性。①

可能还是有人会质疑，就这样拆散偶然－必然的对子，并且赋予偶然本身以新的阐释是不是太过草率了。对此马里翁提出反问：偶然作为必然之对立面的含义本身就是自明和终极的吗？或许我们应该回到形而上学的源头去重新考察整个问题。在《解释篇》中，亚里士多德曾经以"明天是否会发生一场海战"为例子分析偶然与必然的关系问题。② 他认为明天会发生一场海战是偶然的；明天不会发生一场海战也是偶然的；但是要么会要么不会发生一场海战则是必然的。对于第三种所谓"必然"的情况，亚里士多德并没有做充分讨论，但是他的表述已经承认，他所谓"必然"依然是依赖于一个时间性条件——明天，这是一种未来的时间条件。或者说，说它有赖于未来的某一事件，因此它是在事后才显得必然——这就是说它依赖于一种更高的偶然性，它包含着最初或取的两个备选项。亚里士多德本人也承认，这两项中的必然性依赖于一种更为原初的偶然性的来临：因为任何一种可能性成为现实性都必须在"时间已成熟的时候发生"。③ 难道这里的时间成熟只是指空洞的纯形式的时间？难道不涉及在这段时间中酝酿、发展的一些其他事件吗？换言之，难道所谓"时间成熟"不应该是指"时机"吗？也就是说不管明天海战发生还是不发生，都依赖于明天的其他可能的事件——比如是否有大风浪、是否有内讧以及交战各方的补给状况等。而如果仅仅将偶然性理解成必然性的对立，就会掩盖作为现象本质特征的偶然性——现象是偶然发生并触动我的。现象的偶然性并不能被归结为非－必然、不可预见；而应该被归结为一种抵达或者说"发生"（arriver）④，这里的 arriver 应该被字面地理解：不是持续、统一地传递真实可预见的东

---

① 我们下面还会谈到现象作为事件（événement）的规定性，这正对应于前文对接受者的悬搁，而现象作为偶然事件（incident）则完全悬搁了现象（礼物）自身的对象性和存在者性。又参见 *Étant donné*, pp. 244sq。

② 〔古希腊〕亚里士多德：《范畴篇 解释篇》，方书春译，商务印书馆，2005，第 65 页；又参见 *Étant donné*, p. 185, note1。

③ 〔古希腊〕亚里士多德：《范畴篇 解释篇》，第 65 页。

④ Arriver 在这里就是发生（avoir lieu）的意思。对这个动词的翻译也令我们感到十分困扰，因为马里翁使用了太多有发生尤其是偶然发生意味的词语，比如 advenir、surgir 等，如果笼统地都翻译为发生，似乎也不可以，因为有时候它们的确细微的差异，而且被并置使用，因此有时候为了区分和句子通顺，我们也译为"抵达"。

西；而是不连续、不可预见并总是每次各不相同地抵达（arrivée），与其说是抵达，还不如说是来临（l'arrivage），后者与前者的区别在于后者是依据一种不连贯的节奏、断断续续地、不时爆发地、有时候是令人意外地降临于接受者的，它们在使人看到之前，就已经是令人期待、使人渴望的了。在这种逐步获得的可见性中，我们不再判定现象的可见性，我们的主动性仅仅限于对待接受其变形的冲击，忍受其来临的打击（coup）。也就是说，并不是我们主动要放弃综合或建构，而是这两个行为本来就是在接受了现象本身的来临之后才有可能进行，因此，严格地讲，所谓综合不过是一种再发现，而建构则是一种重构，这两个行为本身并没有创设（instituer）任何东西。① 即使是一只杯子、一张讲台这样一般说来不过是持存之物的东西，在最初向我们显现时也是依据其自身的偶然性而来临的，这是一种仅仅依据自身并从自身出发而给出自身的内在属性。由于同样的偶然性，现象的另一个内在属性也随之而来，那就是它的可接受性——依据自身而被接受的能力。在这里，我们再一次见证了现象作为给出自身者（ce qui se donner）与展示自身者（ce qui se montrer）之间的一致性。

然而，就是从一种既予性的现象学看来，如此被重新定义的偶然性还是要面对一个更具根本性的质疑。这种质疑认为，前面提到的偶然性是一种外在于现象自身的属性。因为这种偶然性一直都是在它与那个接受它的主体的关系中得到描述和规定的。因此这种偶然性虽然是比一般的偶然－必然的对子具有更高层次的偶然性，但是它依然无法摆脱那个作为接受者的我（Je）。

这一质疑看上去十分有力，但是并非坚不可摧；而且，如果是现象学地而非理论态度地看待，它甚至缺乏一个支撑它的土壤。首先，这个质疑重新回到了必然－偶然对立的立场上来考察已经被论证为更高层次的偶然性，并且对这个立场变化本身未做任何合法化的说明：为什么主要谈论偶然性就一定要将它与必然性这个概念相互联系呢？是谁、凭借什么样的合法性规定它们就一定要成对出现的呢？其次，这种质疑将偶然与必然的差异同化于有限知识与无限知识的差异，而未做深入讨论。最后，即使是在

---

① Jean-Luc Marion, *Étant donné*, p. 187.

斯宾诺莎那里，将偶然与必然归结为有限知识与无限知识之差异并以此消除偶然性的做法也只是纲领性的，而在莱布尼茨那里，这样的归结就是成问题的了。退一步讲，就算这种归结本身是有效的，但是任何作为接受者的主体都必定是有限的——这已经在笛卡尔、康德以及海德格尔那里无一例外地得到确认。也就是说，这种归化活动无论成功与否，都与展示的实际进行过程毫不相关，接受者本身永远是有限的。因此，就我们而言，不管是不是外在的属性，现象的偶然性都是它的内在特征。此外，这种将偶然性指责为外在特征的观点是有前提的，这个前提就是将偶然性阐释为像意向行为一样独断的情况才能够取消它，简单地说，就是预设偶然性与知识的相关性，然而这种预设本身就是不成立的，因为即使在认识论领域，就像我们前面已经提到的，那些最为普通的现象（比如一张讲台的显现）都是依据其来临而向我（Je）发生的，因此任何现象，那依据自身而给出自身者都是超出理论态度的。

因此，现象经由其来临（l'arrivage）创设了一种更高层次的偶然性样式，因为它是严格现象学的，现象总是经由它的发生（surgissement）抵达于我（m'arrive）、突然发生于我（m'advient）乃至强加于我（m'en impose），它依据自身的变形而将我安置于它内在的轴线之上，这就确认了主动权归属于现象，从而使它得以更好、更有力地显现。由于在它的来临中现象之发生被证实为不可避免、不可预见、不可或缺并且是绝对主动的，因此现象的来临实际上展开了既予性——因为既予性正是凭借它依据自身而给出自身的内在特征而确立其首要性的。

形而上学的因果决定论认为，任何事实都由一定原因产生，事实本身不过是某个原因、理由的结果，只要找到这个原因，我们就能够认识它，把握它，甚至左右它的变化发展。这种亚里士多德主义的框架如果要成立，就必须有一个无可置疑的基础——那个最初的无可置疑的推论起点。在本体论上，这个起点是第一因，也就是"神"或"上帝"；在近代认识论上，这个最初可自身确定的起点就是"我思自我"。① 从一个确定的我

①　后者正是各种笛卡尔主义和反﹣笛卡尔主义对笛卡尔的工作正统解读。当然，最迟从列维纳斯开始，情况已经有了变化，马里翁将一种专注于认识如何可能的态度看作一种"准现象学的态度"。

思出发，一种关于对象的"确实性"（effectivité）和"确定性"
（certitude）的知识大厦就建立起来了。但是就像马里翁在《既予》的导
论中所指出的，与形而上学不同，现象学中首要的不是确实性，而是可能
性。① 尤其应该考虑的是，以现象学的态度考察——不是从我出发来分析
和整理现成摆在那里的对象（所谓客观事实——其实难道不是一种主观
事实吗？），而是追问这个所谓"对象"从何而来。回答是现象必须首先
向我显现、首先抵达我、向我发生，我在接受了现象之后才能运用理性来
将它处理为"对象"。而现象本身的发生则是完全偶然的，我在得到传统
认识论的主观事实之前，必须接受那些偶然发生于我的"既成事实"：在
这个过程中，我是一个接受者，而不是一个"生产（pro-duire）者"、预
见（prevoir）者，我对知识的生产、对作为因果论之结果的"预见"都
只是接受现象之后的事情。要言之，形而上学的因果性乃是建立在现象之
偶然发生的事实性（facticité）基础上的。

　　其实，马里翁并不是将偶然性阐释为事实性的第一人，他自己承认，
最早将偶然性的现象学阐释与事实性联系在一起的人是胡塞尔。《纯粹现
象学通论》中已经有这样的话：

　　　　普遍而言，每一个个别存在都是"偶然的"。它如是存在着，就
　　其本质而言，它可以不如是存在。即使存在某些自然法则，按照该
　　法则某种实在状况事实上存在，那么某种确定的结果事实上也必定
　　存在：这些法则只是表现了事实性规则，这些规则本身完全可能是
　　另一个样子，而且它们已假定，按照从一开始就属于可能经验的对
　　象本质，由这些所支配的可能经验的对象，就其本身而言仍然是偶
　　然的。……这种被称作事实性的偶然性的意义是有限制的，因为它
　　与必然性相关……②

---

① Jean-Luc Marion, *Étant donné*, p. 10.
② 〔德〕胡塞尔：《纯粹现象学通论》，第 2 ~ 3 页。关于胡塞尔依然将被阐释为事实性的
　偶然性与必然性相联系，并认为其"意义是有限制"的相关论述，参见 Jean-Luc
　Marion, *Étant donné*, pp. 202 sq.

　　从引文可以看到，胡塞尔很明显已经将偶然性阐释为它已然确定在此的事实性，并且强调了它相对于"某些自然法则"的优先性。但是，马里翁并没有止步于赞同这个观点，他的任务是证明现象之来临的偶然特征与事实性之间的必然联系。这就要求真正彻底地观察一种现象学的态度：那就是不要从主体的认知或建构出发，而是从现象自身的显现出发。现象当然要向我显现，但是这一显现必须以它的确已经发生为前提，而这种发生，我们前面已经证明过，是不可预测、无法由我产生的。因此，它是一个独立的、自己发生的事实，这种事实性取消了它作为任何原则或原因的结果（effet）的可能性。因为，就其严格的意义而言，所谓结果必须是以一个在先的原因（cause）或理由（raison）为前提，并使人们对它的预见成为可能。而现象之来临的事实性则意味着，不管它有什么理由，它现在已经在此发生，并且是向我发生的，我已经接受了它的冲击，它的"过去"——也就是在先的原因已经不重要了。就像我们前面举过的突然向我们冲过来的汽车的例子，至少在它发生之时我们不知道其原因何在，更无法提前知晓，即使事后有所推测也无法挽回它已然发生的事实。即使这时候对它的原因的追查是可能的，那也是从已经发生的事实出发——现场的痕迹，发生事故时当事人的状况等，是从当下的事实推测"原因"，因此事实先于原因。不仅如此，现象之来临的事实性还使这个事件的"未来"也变得不重要，或者说，确保现象摆脱它的未来。和对它的过去的追溯一样，这个已经发生的事实无论如何发展甚至被消灭，都无法改变它曾经发生的事实，一个现象的事实性就意味着它是不可挽回、无法撤销的。

　　解除了现象的"过去"和"未来"，事实性使现象成为非时间性的东西，这也就彻底地从因果性中摆脱了出来，因为所谓因果性，总是以时间中的先后次序，或者说，以某种时间性为前提的。在这个意义上，事实性也不是依据因果决定而被确认的事实的"确实性"（effectivité）的替代品，不如说，它正是与之相对立的品性。

　　我们说了这么多关于现象的事实性，而且所列举的现象也都是一些简单可感的事件。那么，这是否意味着所谓事实性仅仅涉及这些经验性的现象呢？当然不是，因为在《纯粹理性批判》中我们完全可以找到证据来证明马里翁称作事实性的东西也适用于纯粹而普遍的陈述。①

我们知道康德提出了一个著名纯粹实践理性的基本法则："要这样行动，使得你的意志的指责任何时候都能同时被看作一个普遍立法的原则。"② 但是这个法则本身并没有任何支撑它的原因或理由。它既"独立于经验性条件"，也不是"一个使被欲求的效果借此而可能的行动应当据以发生的规范"，而只能被看作"理性的一个事实"，作为事实，它并不是从先行的理性资料中推想出来，而只是"作为一个先天综合命题而强加于我们……这个命题不是建立在任何直观、不论是纯粹直观还是经验性直观之上……为了把这一法则准确无误地看作被给予的，就必须十分注意一点：它不是任何经验性的事实，而是纯粹理性的唯一事实，纯粹理性借此而宣布自己是原始地立法的（sic volo, sic jubeo）"。③ 当然，这里康德并不是在现象学语境中阐述其观点的，但是我们完全可以用现象学的态度来解读他的思想。很明显，作为纯粹实践理性的普遍规则不过是一个缺乏直观充实（remplissement intuitif）的普遍观念，这当然会造成它在感性动机方面的无力，而只有将它作为一个绝对事实接受下来才能避免人们再追问"为什么要遵守"时的尴尬。至于 sic volo, sic jubeo, 马里翁则将它理解为自己立法（s'anonce），自己设立（s'impose）而抵达于我（m'arrive）的。④

第二节　优先的结果

在亚里士多德的形而上学体系中，有一个实体及其属性的对子。其中实体又分为第一实体和第二实体，只有第一实体是"最得当地被称为实体"，因为"它们乃是其他一切东西的基础，而其他一切东西或者是被用来述说它们，或者是存在于它们里面"。⑤ 而属性又分为本质属性和偶然

---

① Jean-Luc Marion, *Étant donné*, p. 200.

② 〔德〕康德：《实践理性批判》，第 39 页。

③ 〔德〕康德：《实践理性批判》，第 40～41 页。

④ Jean-Luc Marion, *Étant donné*, pp. 201－202.

⑤ 〔古希腊〕亚里士多德：《范畴篇 解释篇》，第 12～13 页。

属性。而在这两者当中，又以偶然属性距离第一实体最远，因此它在这个等级体系中只能敬陪末座。关于这个偶然属性①亚里士多德在《形而上学》中有很具体生动的描述，他说一个人为植树而挖土，却得到了窖藏的金子，"寻得窖金"对于这个挖土的人就是一个"属性（偶然）"。很明显，在他的描述中，这个词不只是单纯用来表述某一实体的东西，更多地像我们日常理解的"偶然事件"，它意外地发生在这个特定个人的身上，因此马里翁将这个词译作"偶然事件"（incident），后者在法语词典中的意义就是一个偶然发生的小事件（un-petit-événèment qui survient），它作为形容词还有附带的、意外的含义。那么，至少依据亚里士多德所描述的例子，马里翁的这个翻译是非常确切的。马里翁关心这个词，是因为他认为现象就可以完全合法地被称为"偶然事件"。因为它的发生完全符合亚里士多德所描述的关于偶然事件的特征：首先，偶然事件是无法预见的，也无法用归纳或演绎等这些理性根据来说明，它只是在作为既成事实发生之时才向我们显现；其次，它的来临是没有先兆也没有在先项的——因为它的发生"没有确定的原因，而只有偶然的原因"，甚至是否显现也是不确定的——因为金子既可能出现，也可能不出现。②而正是这种偶然性和不确定性让马里翁感兴趣：虽然在形而上学中它们被消极地描述为"原因的缺乏"，但是现象学却完全可以积极地描述这些特征，而且它们恰恰就是那为了给出自身（自己发生）而展示自身的现象本己的规定性。就像我们在上一节已经证实了的，现象的"事实性"使之摆脱了因果决定论，同时，由于现象的不确定性——它既可能发生于我，也可能不发生于我，我们就无法预先准备，而只能接受它随时可能到来也可能不来的现实——因为它没有哪怕是最低限度的规律性。③

笛卡尔也谈论实体与属性的问题。我们知道，笛卡尔将实体规定为能自己存在而其存在并不需要别的事物的一种事物。依据这个规定，他还得

① 〔古希腊〕亚里士多德：《形而上学》，吴寿彭译，商务印书馆，1991，第116页。依据吴寿彭先生的注释，乃是希腊文"行"的过去分词，引申为"从属"、偶然等义，英译作 attribute 或 accident。

② 〔古希腊〕亚里士多德：《形而上学》，第117页。

③ Jean-Luc Marion, *Étant donné*, p.217.

出以下三种实体：有广延的形体（le corps，兼指物体和人体），即物质实体；思维的实体，即心灵或者说灵魂；以及唯一独立的真正实体，也就是上帝。严格说来，前两者都属于被造的实体，不是真正"不需要别的事物的"。笛卡尔关心的问题是我们如何才能对这些实体具有明白而清晰的观念，换言之，如何才能认识实体。对此，他的解答是，任何实体都有一定的属性，比如物质实体的长、宽、高以及色彩、硬度等。通过感知这些属性我们可以获得关于实体的观念，甚至通过注意其内心中那些绝对完美的"造物者"的本己特性，也能够获得关于上帝的明白而清晰的观念。

就是从笛卡尔的上述思想出发，马里翁认为，即使在形而上学体系中，属性也不应该仅仅作为实体的派生物而居于从属地位。因为，就算我们承认笛卡尔的本体论规定，属性是依附于实体的东西；但是一旦问题转变为我们如何认识实体时，情形就大不一样了：实体本身并不直接可知，我们总是首先感知到它们的属性，而建构出关于实体的观念则是后来的事情。因此马里翁将这样的情形称为"准现象学的"。笛卡尔自己的话也足以作为佐证：

> 当问题是知道这些实体中的某一个是否真正存在（exister）时，也就是说它们是否在世界中呈现（est à présent），仅仅是它存在于那里并使我们感知到还是不够的；因为这当中我们看不到任何可以在我们的思想中引起某些关于它们的专门认识的东西。必须有超出这些的东西，那些我们能够辨认的某些属性。①

现象学的视角就是更加关注现象自身的显现，而实体在现象学上的最大劣势是它本身无法显现。不过笛卡尔并没有因此断绝我们通达实体的道路，那绝不符合他的思想意图。显现的只是属性（incident），也就是那些能够感发我们的东西（Ce qui nous affecte）。而这个属性本身具有偶然性：比如一个东西的色彩、形状都是有可能变化，它是否向我们显现又是偶然

---

① Jean-Luc Marion, *Étant donné*, pp. 221 – 222, note1. 必须指出，这里的引文是马里翁对拉丁文的重译，也就是说，他没有采用 Picot 的译文，因此也可能采取更符合他自己观点的译法，不管是有意还是无意的。

的，这样，最终，一个实体能否向我们展示自身只能是"偶然事件的偶然事件"，是双重偶然！因此，在现象学中，最优先的东西不再是形式、原因或本质，而就是以各种形象出现的偶然事件。①

就这样，马里翁通过改换视角，以及对亚里士多德和笛卡尔的文本进行重新阐释与分析，得出了与他们迥然不同的结论。所谓改换视角，是说他的出发点与他们不一样，从一开始，它就不是从一个独立的理性的自我出发，而是从那向我显现的现象出发。他发现，显现的现象乃是一种为了给出自身而显现自身的事件。现象不是现成地摆在那里的客体，而是通过变形而经由自身达到可见性，在其不期而至的来临中达到个别化，并作为一个既成事实（事实性）而不可挽回地强加于我，因此我无法预见它的到来，也无法改变它已然发生的事实，只能被动地接受它所带来的冲击——这样一来，它的过去也变得无关紧要，更何况无论过去还是未来，都必须从这个现在出发来追寻——如果你非要追寻的话。总之一句话，在显现的过程中主动性属于现象而非我。因此现象的给出自身也好，展示自身也好，都根本不同于"客体或事物的自在"（l'en soi de l'objet ou de la chose）。② 因为这两个"自在"都不过是自我（Je）建构出来的东西，是可以作为对象而造就（faire）、作为产物而产生（pro-duire）或作为效果而引起（provoquer）的东西。但是现象的自身就是它的自己发生的动态过程，乃是一个事件，我们可以期待（尽管它经常令人惊异）、可以回忆（或遗忘）；却不能造就、产生或预见，简单说，它具有不可支配性（indisponabilité）——因为主体没有支配它的权能。主体所能够支配的，乃是他已经掌握了其原因或理由的东西——所谓知识就是力量（le pouvoir，权力），而现象恰恰已经从因果律和理由律中解放出来，或者不如说，现象学地看，它们本来就是非因果性的。

但是在形而上学中，原因所执行的并不是普通概念的功能，它乃是统摄一切存在者的普遍范畴。苏亚雷斯③说"没有任何存在者不是结果或原

---

① Jean-Luc Marion, *Étant donné*, pp. 222 – 223.

② Jean-Luc Marion, *Étant donné*, p. 226.

③ 苏亚雷斯（Francisco Suarez, 1548 – 1617），西班牙神学家、哲学家，耶稣会士，被称为"最后一位大经院哲学家"，著有《形而上学的争论》（*Disputationes metaphysicae*）。

因"；帕斯卡尔说"一切事物都是被引起的或引起［其他事物的］（causée ou causant）"；康德则说"凡发生者皆有其原因"。[①] 总之，在形而上学家看来，不管是存在者、事物还是事件都处于一张巨大的原因与结果的网络之中。马里翁对这一论点的批评在入手处有点接近经验论者。他是这样质疑的，所有这些命题都涉及普遍的对象，那么要想证实它们，就需要在漫长的历史终结之后才是可能的（还不是必然的），因此，它们不是可以经验地确认的（constatation empirique），最多只能算是先验原则（un principe transcendantal）罢了。

更为关键的是，如果我们不是被教科书为哲学家所贴的各种标签所蒙蔽，而是细心地阅读他们的文本的话，往往会发现他们的观点其实很难做到"一以贯之"，你总是能够找到一些断裂或者松动的地方。许多当代哲学家就是要找到这样的地方，撒下自己思想的种子，长出完全不同的树木，自然也就会结出不一样的果实。为了描述一种新的因果关系，马里翁也采取了这个做法，他回溯到近代思想的源头，重新考察了笛卡尔对因果关系的最初引入，并且找到了可以松动这个因果关系网络的表述，最终证明结果并不是完全处于原因之中或来自原因，反过来倒应该承认结果的优先性。下面，我们先引述笛卡尔的相关表述，然后再来看马里翁是如何做到这一点的。

理性（la raison）完全没有对我们宣布（dicte，规定、授意、颁布）说凡是我们所见到或所想象者为真。但是它的确向我们授意我们所有的观念（idées）或概念（notions）都应该具有某种真理（vérité，事实）为其基础。[②]

没有任何实存的事物是不可以追问其存在的原因的。因为我们甚至可以就此追问上帝。[③]

的确，自然之光向我们宣布（dicte）说，对于任何实存的事物追问其为什么存在或探究其存在的动力因（cause efficiente）都是合

---

① 三处引文皆转引自 Jean-Luc Marion, *Étant donné*, pp. 227 – 228。
② Rene Descartes, *Discourse de la methode*, AT IX, p. 40.
③ Jean-Luc Marion, *Étant donné*, p. 228.

法的，或者如果它的确什么因由都没有，［那么］追问它为什么不需
要任何因由［也是合法的］。①

　　这三段话当中，第一段话颁布了理性的普遍有效性，任何事物都必须
有其存在的因由，有其真实性的依据。但是第二段话开始出现松动：当上
述法则涉及上帝时，笛卡尔适用了"甚至"（même），似乎通常状态下是
不须如此的。第三段话看上去和第一段话没有什么差异，其实不然：按照
我们的理解，相比之下，它其实有两个层次，第一个层次的意义没有变
化：依然确认了理性追问原因和理由的普遍权利，但是，在第二层次上，
它开始涉及特定的存在者，而且就是这一涉及，改变了这一规则在事实上
的适用范围，它承认了理性规律的例外：可能有某种东西存在，但是不需
要任何因由。虽然，没有直接提及上帝，但是从其语境分析，在笛卡尔那
里，这种情况只能适合上帝，因为只有上帝是自因，故而无须原因；又因
为上帝是我们无法理解的无限和完满，故无法得知其内在的缘由。所以马
里翁说只有上帝才符合不需要因由的情况。② 当然，确认这一点也不是马
里翁的最终目标，他认为不仅上帝这个特例可以逃脱因果律，还要证明一
切作为给出自身者的现象全部都不必适用这个规律，这样的特征被称为
"事件性"（événementialité），下面的任务就是要描述这种事件性以证实他
的观点。

　　笛卡尔在《沉思集》中是这样说的："现在，这里有一个事物由于自
然之光（lumière naturelle）而展现，那么就在其动力因和全部理由中应该
至少有与其结果等量的现实性；因为如果不是从其原因当中，结果又是从
何处获得其现实性的呢？假如这原因本身不含有这些现实性它又如何能够
与其结果沟通（communiquer）呢？"③ 这里笛卡尔设定了原因中必定有多
于或等于结果的现实性，但是未做任何证明，而是作为一种不容置疑的、
既定的明见性。他其实是将原因对于结果的本体论优越性擅自延伸到认识
论之中：这显然是独断的。从现象学的观点看，这不仅不是自明的，而且

---

① Jean-Luc Marion, *Étant donné*, p. 228.
② Jean-Luc Marion, *Étant donné*, p. 229.
③ Jean-Luc Marion, *Étant donné*, p. 230.

可能得出相反的结论。马里翁用反讽的语气表达了这样的观点："'自然之光'告诉我们，结果总是包含与原因同样多（如果不是更多的话）的现实性。"① 他还给出了两个证明。第一个是依据古典形而上学自身的诸规定来揭示其内部的不自洽。我们知道，在亚里士多德那里，一个事物的原因其实有四种，而动力因仅仅是其中的一种。比如生产一辆汽车，仅仅有生产者是不够的，他作为动力因并不能单独构成（fait）而只是产生（pro-duit，预-断）全部结果；而汽车要真正被造出来，还需要形式因（技术性数据、生产计划、工业草图等）以及一个目的因（有用性，需求和市场定位）。从一开始，动力因就无法与结果拥有相等的现实性。在这一点上笛卡尔的论点就已经难以成立。退一步，就是从笛卡尔的表述中也提到的全部原因来讲，一个汽车被生产出来这个事件所包含的现实性还是要超出它的全部原因——因为这一事件的现实性中不仅包括人工、材料、对它的消费等因素，还有污染、能源消耗乃至交通堵塞等，这些都不是当初的原因所想要产生的，更不是动力因所能够解决的。简言之，结果总是包含等于或多于原因的现实性。

笛卡尔的第一个结论，原因中有多于或等于结果的现实性，这种因果关系对比建立在一种认识论的虚构之上：因与果两端都是静态的、同时在场的。但是，这在现象学上却是不合法的。甚至即使在自然态度中也无法静态地比较二者在存在或事实性数量上的多寡，因为结果总是在确认原因的同时又将它取消了。② 因为自然态度既然是遵循因果律的，结果产生时，原因已经中止存在——这种静态的对比是难以进行的：汽车的现实性究竟是应该与钢铁，还是与设计图或者是与二者的总和来对比呢？

从现象学的角度看，作为事件的结果在时间上是"先于"原因的。如果没有事件的出现并作为当下而给出自身，一切认知活动就没有可以开始的起点；如果没有作为结果的事件，那么对原因的追问就没有必要，也没有意义。因此，通常人们所说的在先的原因不过是人们依据结果所追加的罢了。一方面，依据可理解性，当然是原因让结果合理化；另一方面，

① Jean-Luc Marion, *Étant donné*, p. 230.
② Jean-Luc Marion, *Étant donné*, p. 231.

结果很可能在认识论上独立于其原因，尽管后者依然可以保持其本体论上的优先性。总之，原因只是事后为了确保对事件的评注尤其是为了减弱或否认事件本身的情形、它的被给予的现象的"自身"而产生的。因此，如果我们破除了这种理论态度对现象自己发生的遮蔽，就足以认定只有结果是重要的，结果决定它本身。① 在康德那里，虽然他否认因果律的普遍必然性是杜撰出来的，但是他也不得不承认事件实际上先于原因的事实。② 而现象学所关切的正是事件本身，而不在于所谓主观性在事后给它附加了什么理论体系。

反过来讲，事件之为事件，正是因为它具有摆脱因果性的诸特征。首先，由于它是自发产生、空前绝后的——这一点我在描述现象之变形、来临、既成事实等特征时已经多次强调过，因此它具有不可重复性：这种独一无二性杜绝了它处于"前后相继"的事件秩序的可能性。其次，事件之所以被称为事件而被我们注意到，正是因为它具有特殊性、突发性，也就是在它发生的那一刻，我们感到一种无法把握、不可理解的东西，也就是说超出"惯例"或"常理"的地方，简单说，事件所呈现的直观内容过剩于我们的惯常的概念，这就是事件的"过剩性"。用最经典的例子来说，法国大革命作为一个历史事件，在发生时，大家只是被卷入其中，没有人能够弄明白它的原因，在它发生之后，虽然历史学家的相关著作浩如烟海，甚至成了专门的学科，但是直到今天，它的"原因"还是依据当时的人们关于事件本身的种种"档案"被生产出来的，而且这些档案越是"原始"就越有说服力——所谓原始，正是指它单单涉及所发生的事实本身，而较少掺杂主观的设定。因此，马里翁认为，我们只有在它超出先例时，才会谈论某一事件，其过剩之处越是可观，事件就越容易得到承认。事件性的含量——如果可以这么讲的话，就是由现象对其在先事件的超出部分来衡量的。③ 在形而上学体系中，一个事件只有在理由充分的条件下才有可能发生，否则就是"不可思议的"，而不可思议正是事件之为事件的特征所在。对于一个事件，我们只能从既成事实出发，然后再探讨

---

① Jean-Luc Marion, *Étant donné*, pp. 233 sq.
② 〔德〕康德：《纯粹理性批判》，第 179～181 页。
③ Jean-Luc Marion, *Étant donné*, pp. 241－242.

它的"何以存在"或"如何可能",因为它所给予的总是比理性之光所预见的、所能够承受的要多。因此形而上学的所谓不可能正是事件得以成其为事件的可能性所在。

马里翁所接受的乃是对现象的如下规定:那仅仅在出于自身而给出自身时才展示自身者。我们在第五章以礼物为范例分析了现象作为给出自身(se donner)者的规定性——既予性(donation),确认既予性乃是现象完全内在的、彻底的本己属性:它不依赖于任何超越的机构,无论是给予者、接受者还是礼物的客体性或存在者性。在本章,我们又描述了现象作为展示自身(se montrer)者的现象性(phénoménalité)。只要对比一下这两组规定性,我们就会发现二者之间是严格对应的,并且是内在一致的,而这正是马里翁的用心良苦之处:他的目的就是要确认那展示自身者与给出自身者之间的尽可能严格的等价性。①

我们首先看到,礼物之纯粹既予性意味着它不依赖于一个外在于它本身的接受者而无回报地给出,从而可以将接受者置入括号而将礼物自身还原为给予者的内在体验。此时,礼物之发生并不依赖于特定的、已知的理由和原因,而是一种自己发生。而在我们刚刚提到的现象作为事件的规定性当中,现象的发生也是无原因的,而且我们完全可以从一个给予者的角度将它描述为主动地发生,这样,作为事件的规定性就在现象性的序列中重复了在既予性序列中将接受者置入括号的过程。其次,一种纯粹的既予性要求悬搁它的给予者,从而仅仅由于礼物本身的可接受性来接受这个礼物,或者说,对于接受者而言,礼物的显现也就是他自己向其可接受性敞开的过程。而在现象作为变形的规定性当中,现象是以这样的方式从一种不可见者转变为可见者的,它所依据的乃是内在于它自身的显现规则,而接受者只有在主动向它敞开、严格遵循它的要求时才能接收到它所给予者,而且这个过程中并没有一个外在于变形者的给予者(比如画家)。在艺术欣赏过程中(这正是所谓"接受美学"所关注的领域),人们只是接收了某种冲击,体验到某种情感,但是没有感受到艺术家的在场——艺术家如果依然在场的话,那也不是外在于绘画,他已经将自己的身体借给了

---

① Jean-Luc Marion, *Étant donné*, p. 244.

艺术品，成为礼物本身。最后，纯粹的既予性意味着礼物并不依赖于它的客体性和存在者性，而只是一种对给予者而言的可给予性和接收者所体验到的可接受性。被给予的现象作为偶然事件和既成事实的规定性也分别满足了这两个要求。作为偶然事件，现象将摆脱一切理论态度或强加于它的本质/实体，它就是它的纯粹表象（apparence pur），因此与客体或存在者无涉。作为既成事实的现象自己突然发生，却由我来直接面对、承受它所带来的结果和冲击，我只是在受这些冲击之后才能慢慢地"消化"它，如果我要给它增加一些理由或合理性的话，所谓合理性正是通往客观化道路的起点。

总之，被给予的现象的诸规定性完全可以被转换成被给予的礼物的诸特征，反之亦然。这种对应关系不仅分别强化了对被还原的礼物和被给予的现象的分析，而且以一种必真的方式确认了已然被分化的展示自身者与给出自身者之间的等价性。①

---

① Jean-Luc Marion, *Étant donné*, p. 246.

第七章

现象与他者

第一节　充溢的现象

我们在第五章第一节已经提到，德里达的事业是不断地探测形而上学的界限，但是对于能否越过这个界限，他的态度是有所保留的，因此一直游离于哲学或者不如说形而上学的边缘。而马里翁的工作则是不断地探求逾越这些界限的可能性。他企图使现象摆脱形而上学原则设定和我之视域的限制，从而得以如其所是地从其自身出发展示自身。如此被规定的现象不再是实体的附庸或某个原因的简单效果，也不是一个超越的自我所能建构的；相反，它是自己发生而将其影响强加于那些可能遭遇到它的人，因此，那些接受者倒有可能无法把握它的来临甚至无法承受它所带来的冲击。此时，现象不是依据先天概念所规定的可能性条件，而是依据其自身具有的既予性而被规定和划分的，那些原先在形而上学中被认为优先的现象因其既予性含量的贫乏而居于初级层次，而那些具备更多既予性的现象则被称为充溢现象（le phénomène saturé）① 并具有现象学上的优先性。充溢现象这个概念的得名所依据的乃是现象学的观念，而它的哲学史意义

---

① 最初，我们依据胡塞尔著作中的对应术语（Fülle，其形容词形式为 füllig）和法文（saturation，saturé）的字面意义，将这个概念译为"充实现象"。深入研读表明，在马里翁那里，saturé 已经不再是简单的"充实"，而是过剩，是充满之后溢出，不是简单地达到而是超出了相即性的状态；无论"饱和"、"充满"、"充盈"抑或"充实"都不能表示这一含义，也不能与"普通现象"相区别，故改译为"充溢现象"。

则在与形而上学的一些经典设定的对比中得到彰显。①

充溢现象的概念是针对贫乏现象（le phénomène pauvre）和普通现象（le phénomène commun）而提出的。所谓贫乏现象，用胡塞尔式的语言来表达，就是直观相对于其意向缺乏的现象。这一层级的现象仅仅需要一些纯粹形式的直观充实，比如数学公式或逻辑概念。它们的优势在于一种普遍确定性，这是一种认识论上的优先性。正因为如此，像"三角形的内角和等于两直角"这样的现象才会不仅在亚里士多德和笛卡尔那里，而且在追求严格科学理想的胡塞尔那里成为抢手货。但是从一种既予性的现象学的角度来看，它们却表象为一种极端的现象学上的不足，它们显然太过"普遍"、太过"确定"了，以至于缺乏"个性"，也就是说它们的每一次显现都是一种重复，并且对不同的接受者而言也不会有什么差异。总之，由于缺乏充分的直观内容，它们无法像一个事件那样自身个别化。②

普通现象所涉及的一般是物理－自然科学现象，对应于认识论中的有具体陈述内容的命题：比如"这朵花是红的"这一类。与贫乏现象根本不同，它们具有自己独特的直观内容，因此具有了一定程度上的个别性和独立性。在最理想的情况下，它们的直观充实可以达到胡塞尔所规定的"相即性"（adéquation）的第一种含义③的要求。但是即使在这种情况下，它们依然无法摆脱作为被建构的"意向对象"的地位，也就是说还是有可能被客观化，因为"思想所意指的东西都是充实的直观完整地作为隶属于思想之物而表象出来的东西"。④ 而如果要真正摆脱被客观化的境地，就必须突破相即性的界限，摆脱意向活动－意向相关项（noèse-noème/Noesis-Noeme）的对子。

与贫乏现象或普通现象不同，充溢现象是以直观对它的意向之过剩为特征的现象，它因此颠覆并且先于全部意向，溢出意向并且使之偏移。概

① 必须说明，本节内容将主要凸显马里翁与形而上学传统以及经典现象学的差异，但不是说这就是他与传统关系的全部。因为虽然充溢现象的概念及其优先性是自马里翁始，但是对于充溢现象的描述可以从胡塞尔经康德一直追溯到笛卡尔那里，甚至柏拉图在《理想国》中也为充溢现象提供了一个范例。思想史中既没有一贯的连续性，也不存在绝对的断裂，而是断断续续，似断实续，似续实断。

② Jean-Luc Marion, *Étant donné*, pp. 310 – 311.

③ 倪梁康：《胡塞尔现象学概念通释》，词条 adéquation，第 9 ~ 10 页。

④ 〔德〕胡塞尔：《逻辑研究》（第二卷 第二部分），第 126 页。

括而言，充溢现象具有以下四种鲜明的特征：从数量上讲是不可预测的，它通过放弃我（je）而放弃了自身（soi）的恒常性——确保自身恒常性的我让位于一种无限的解释学；从质上讲是无法承受的，它通过自己最初的可见性填满意向性而使之陷于停顿并被倒转；从关系上讲是作为一个自身感发者（une auto-affection）而展开，从而缝合了意向的绽出（extase）和我对客体的一切意指；从模态上讲是不可注视的（irregardable），它通过他人而将能注视的注视转变成被注视的注视。这四个特征使充溢现象明显不同于康德意义上的现象。在康德看来，"经验只有从知性在与统觉（的）相关中本源而自发地赋予想象力的综合的那种综合统一中，才能获得自己的统一性，诸现象作为可能知识的材料必定已经先天地与那种综合统一处于相关联、相符合中了"。① 这里，诸知性范畴事实上构成作为可能知识的材料之现象的现象性界限。依循马里翁的思路，下文将针对康德用以限定现象的四组知性范畴，具体展现充溢现象的四个特征，我们可以看到它们对传统现象概念的颠覆性意义。

至于这四个特征与胡塞尔意义上的现象的关系，马里翁认为要更复杂一些。他以"一切原则之原则"为依据，区分了两种情况。由胡塞尔提出的"一切原则之原则"将原初给予的直观设定为"认识的合法源泉"，因此也是一切理论真理性的来源。② 相对于这一原则，前两个特征不会带来任何麻烦，因为直观所给予的东西可以在质上和量上超出注视（regard）的范围。至于后两个特征，情形就不一样了。因为"一切原则之原则"将视域和建构之我（Je）看作两个自身免于任何一般地被建构成为现象者的质疑的预设。因为，首先，胡塞尔希望将一切"显现"（不仅仅是直观）从所有的超越性原则中解放出来；其次，他试图将直观局限于对意向性的充实，从而将"显现"限制在其中；最后，直观与现象性就对立起来了，因为它本身也要服从客体化（objectvisante）表象的理想。因此，他无法决定直观是应该仅仅将自己限定为对象的超越性和意向性的界限，还是能够展开为自我展示者的更为广泛的可能性。正是这一点

① 〔德〕康德：《纯粹理性批判》，第 129～127 页。
② 〔德〕胡塞尔：《纯粹现象学通论》，第 32 页。

导致一切原则之原则在还原之前介入从而没有应用"还原"。①然而，如果没有还原，任何认知程序都不得被称作"现象学的"。①胡塞尔朝向可能性的这一保留可能被证实为一种对现象学本身的抑制。换言之，对可能性的抑制阻碍了向无限可能性的开放。

充溢现象则不以建构之我和任何视域为条件，而是主张一种摆脱它们的自由，因而与一切原则之原则相对立。它所提供的乃是一种无保留的现象学范式，以之为指导线索，现象学将发现它最终的可能性：不仅超越确实（有效）性的可能性，而且超出可能性条件本身的可能性——无条件的可能性本身的可能性。②在马里翁看来，现象学只有在这样的情况下才能与形而上学决裂：不是将现象描述为对象或存在者，而是在其纯粹的既予性中通过最终还原来承认它们。因此对充溢现象进行描述的哲学史意义就在于它们事实上改变了现象这个范畴的含义，并且这一改变不是违背而是真正地贯彻了现象学精神，乃至将它推进到了可能的极限。

那么，充溢现象的诸特征究竟是如何体现这些突破的呢？

按照康德的观点，现象的数量因为各部分组成全体而减少，相继的综合使得依据对各部分的总量的表象重构对整体的表象成为可能；也就是说，由于一个定量（quantum）的大小具有这样的性质：它就等于诸量相加的总和，这就使一个可以量化的现象被预测为集合体，即预先被给予的各部分的总和；一个这样的现象总是可以被预测的，严格说是在亲自看到之前看到或者说通过第三者看到的。③然而，对于一个充溢现象而言，这些性质恰恰变得无法接受了。实际上，由于给予充溢现象的直观不是局限于而是溢出于它可能的概念，这样的溢出不能被分割，也不能依据一个与有限部分一致的有限大小而被恰当地重组，因此直观通过不断地加入而无限地超出部分的总和。充溢现象就不能依据各个"组成"部分来衡量，因而更应该被认为是无公度的、不可度量的、过度的——这里，过度的含义主要不是数量上的无限，而更经常地表现为一种对之实施简单的相继综

---

① Jean-Luc Marion, *Étant donné*, pp. 22 – 23.

② Jean-Luc Marion, *Étant donné*, p. 304.

③ 〔德〕康德：《纯粹理性批判》，第 158～160 页；又参见 Jean-Luc Marion, *Étant donné*, pp. 280 – 281。

合的不可能性；而正是这一综合才使得预测成为可能。

为了更为简明有力地阐述自己的观点，马里翁从笛卡尔那里找到了一个关于不可预测现象的典型描述：惊异（l'étonnement）。笛卡尔本人是在谈论崇拜（l'admiration）的定义和原因的语境下谈论惊异的。崇拜被定义为灵魂的突然的震惊（surprise，这个词的字面意义为：当场被意外地抓住）。而惊异不只有"惊"——事件的发生意外且有冲击力；还有"异"——由于对象的罕见并且不同寻常，它在大脑中引起的印象因而是非常值得深入考量的，同时也是无法承受和不可理解的。这一情感是在我们认识事物之前影响我们的，或者更准确地讲，我们只是部分地认识它：我们只是在对象呈现出其第一面时觉察到它，随后并不能得到关于它的专门认识。①这个"对象"仅仅向我们传递了一个"面"，用现象学的术语讲，也可以说仅仅一个射映（abschattung），而它却立刻有力地强加于我们，我们为它呈现的内容所淹没，甚至可能为之迷狂。显然，在这种情况下，相继的综合（une syhthèse successive）在一开始就不得不被悬搁。因为它无法被从容地分解为不同的部分，尤其是它们经常无法计算，所谓"各部分的总和"也就无从得出。马里翁因此主张用即时的综合（une syhthèse instantanée）代替相继的综合。在即时的综合中，表象将不是作为预测的结果，而是先于并且超出那些可能的组成部分。此类现象的典型是事件（l'événement），它超越任何单一视角、单一目的论而要求一种无目的（fin，终点）的解释学。就一个事件而言，一方面由于直观不断充实着它，它就无法与直观相分离，也无法统计出其有限部分的有限数目，这就取消了在现象亲自给出自身之前预测它的可能性；另一方面，因为它总是由于惊异而降临，但在惊异中恰恰存在其可能部分的不可清点性，所以预测其全部直观既予者也是不可能的。②

前面已经提到，充溢现象不仅在数量上是不可预测、不可意指的，而且在质量（intensité，密度、强度）上还是无法承受的：这一特征被马里翁总结为"眩目"（l'éblouissment）。所谓眩目不是不能看到，而是说已经感

---

① René Descartes, *La passion de l'âme*, Paris：Booking International, 1995, pp. 149 - 153.

② Jean-Luc Marion, *Étant donné*, pp. 282 - 284.

知到了，但是没有看清楚，也就是说无法把握，无法作为"对象"被保持在意识之中。这实际上涉及一种我们的目光无法承受的可见者，这种可见者的典型是偶像（l'idole）：在它临现之时，目光不再保有任何自由观看的剩余，这可见者蔓延到目光（regard，看，注视）所能够意指的所有角度从而实现了相即性（adäquation，adéquation）①——因为目光被填满了。事情还不止于此，因为可见者过于沉重，这里所施加的承受者已经无法称之为缺乏、不幸或者苦痛，而是成就、荣耀和喜悦。应该指出的是，这一切不是因为数量，而是因为强度。有些情形下甚至只有普通数量的（对光线的）直观，也会造成眩目。比如俄狄浦斯因见其不幸而眩目，以及柏拉图在洞穴比喻中提到的突然面对光线的囚徒——他无力直面光线。此外，这种眩目对于理智直观和感性直观同样有效。柏拉图的洞穴比喻最终指涉的乃是可知性的认识论障碍，善的观念不是作为缺乏，而是作为"难以看到"者——因为它显现为"最可见的"——甚至过分可见的存在。正是因为眼睛里充满了光线，那久居洞穴的囚徒才无法看到任何东西。②无论如何，不能被看到者都是因为光线（感性或者知性的）强度的过剩而不是贫乏。这种过剩由于在可见的视域中依据其不可能性而显现。眩目因此构成一切形式的此类现象的普遍特征，这类现象的直观强度超出了目光所能够承受的限度，当然这个程度随着每个目光的不同范围而变化，但是无论如何意指行为总是以这一范围被填满而告终。

然而，在康德看来这样的现象只是简单的显现，或者根本就不应该有这样的现象，而只是无对象的知觉、混乱的谬见。我们知道，某种对简明性和确实性的追求从笛卡尔一直延续到胡塞尔，康德也不例外，正是这个倾向促使马里翁从最简单的情形来分析异质性及其最初的程度划分。③ 这就是说，他通过优先考虑那些密度最稀薄的现象来通达质量（grandeur

---

① 〔德〕胡塞尔：《逻辑研究》（第二卷 第二部分），第 125～126 页。这里应该指出，康德使用的相应术语是 entsprechen，而且是在消极方向上使用这个词的。参见〔德〕康德《纯粹理性批判》，第 142 页。

② Plato, *Republic*, 515c - 518a, English translation by John Llewelyn Davies and David James Vaughan，外语教学与研究出版社，1998，pp. 228 - 229。又参见 Jean-Luc Marion, *Étant donné*, pp. 286 - 287。

③ Jean-Luc Marion, *Étant donné*, pp. 272 - 273.

intensive，对应于刚才提到的质）① ——这一行为恰恰奠基于质量的缺乏和否定：它仅仅被理解为一种统一性，而多样性在其中仅仅在与否定即相对于 0 的关系中才被表象。② 质量被从它的零度出发来定义：人们最多只能承认贫乏甚至虚无现象——比如逻辑范畴甚至数学公式——的范式的绝对无可置疑的主导性。至少在形而上学中，所有对现象性的规定都是在力图摆脱而不是坦然接受既予者。然而，由于充溢现象的直观已经达到了一个无限也没有共同尺度的强度，因而只能从过剩这样一个特殊的程度出发。因为被给予的直观已经超出了知觉概念的所有预测，面对这一过剩，知觉不仅不能再预测它即将接受的直观，而且尤其无法承受这些直观的最高程度。这些直观的强度如此之大，以至于目光无法承受一束使之感到晕眩和灼烧的光芒，也就无法预测这一现象的外延量。这样一来，依据贫乏现象或者普通现象而被认为是"盲目"的直观，在一种彻底的现象学中则被证实为"令人目眩的"；它不再被排除在现象性之外，而是被确认为现象性的一种新范式。

不仅从量上不可意指，从质上不可承受，从关系上讲，一个充溢现象还是绝对的，它摆脱了一切经验的类比。也就是说，它将突破康德的第三组范畴即关系范畴的约束。在康德看来，只有通过对诸知觉之间必然联系的表象，经验才是可能的。意识中的经验（也就是现象）作为通过知觉对对象的认识应该像它在时间中客观存在的那样被表象在经验中，然而由于时间本身不能被知觉到，时间中对象的存有的规定性就只能通过它们在时间一般中的联系被构成，这样，一切现象在时间中的关系都必须遵守三种类比的普遍原理才是可能的。经验的统一性将在时间的基地上展开。③ 这样康德不仅将时间设定为现象的最后视域，而且将这个普遍视域设定为这些现象的出现条件。类似地，胡塞尔不仅认为"每一作为时间性存在的体验都是其纯粹自我的体验"，还坚持一种伴随着每一体验的视域，尽

---

① 在法文中，grandeur 意为大小，数值，数量；intensive 意为密集的，紧张的；密度一词即为 intensité。这里中译本《纯粹理性批判》的对应概念译作"内包的量"，特此说明。
② 〔德〕康德：《纯粹理性批判》，第 159 ~ 160 页。又参见 Jean-Luc Marion, *Étant donné*, pp. 284 –285。
③ 〔德〕康德：《纯粹理性批判》，第 169 页以下。又参见 Jean-Luc Marion, *Étant donné*, pp. 289 sq。

管已经具有了内在和流动的特征，但是这种与时间性相关的流动的视域正是"把体验与体验结合在一起的一种必然形式"。① 问题在于：是否存在某些不依赖任何条件和视域的现象？马里翁的回答是，有。假如人们如其所是地承认充溢现象，接受直观对意向的过剩，从直观的极大值而不是最小值来规定现象，则不仅可以突破单一的视域，而且从一个视域（甚至多个视域的组合）向另一个视域（组合）的过渡也会变成解释学的一个合理性的任务，现象就可以绝对地被给出，充溢现象也就作为绝对给出自身而解除了一切已经被看到、被对象化并且被把握的经验的类比，因此可以被称为无条件的现象。最为典型的无视域、无条件的现象就是肉（la chair）：它是所触摸者和触摸行为发生场所的统一（亚里士多德），因此也是感知与感知者（胡塞尔）、所看与观看以及所听与倾听（海德格尔）之间的同一。最后，这些定义被昂利总结为被感发与能感发（l'affecté avec l'affectant）之间的同一。对于肉而言，无论欢悦、疼痛还是爱的明见（一见钟情）都与其本己的内在性有关：它不依据任何绽出指示任何对象，而总是并且只是指向自身，仅仅通过自身而展现自身，从而不可能被还原为任何非我（moi）建构意识的对象，它因此是无视域和无条件的现象。②

最后，从模态上，一个充溢现象是不可注视（re-garder）的。在康德那里，模态范畴与其他范畴不同，它们既不规定对象本身（数量，质量）也不规定对象之间的联系（关系），而仅仅表示与认识能力的关系，甚至"与认识能力的活动无二"。实际上，在对象与经验以及认识能力之间，不再仅仅有一种附加的、外在的、可能是随意的关系，而是鉴于这些对象与这些认识能力的"符合"的事实——对象绝对应该被认识到。经验为"我"（Je）并且因"我"而发生。③ 对于贫乏的现象而言，由于缺乏自己的直观，无法保证自己的可能性，而且为了能够实施其显现而依赖于一个外在的机构——"我"，它们不是展现自身，而仅仅是被展现。但是，这些清规戒律即使对于普通现象也不总是有效的：在数量上，物理

---

① 〔德〕胡塞尔：《纯粹现象学通论》，第 135～137 页。

② Jean-Luc Marion, *Étant donné*, pp. 321 – 322.

③ 〔德〕康德：《纯粹理性批判》，第 197 页以下。又参见 Jean-Luc Marion, *Étant donné*, pp. 296 sq。

事件就已经是不可预测的。进而言之，抛开确实性，纯粹从可能性角度来看，我（moi）必定能够体验到一个至少是潜能的现象与已有经验之主观条件之间的不一致，并且无法将它建构为我的对象，而此处的对象化失败丝毫不意味着什么也没有显现。相反，正是直观的充溢通过过剩而非缺乏使这个异常的现象变得不可见、不可承受并且成为绝对的：使之拒绝作为一个对象被注视，从而因其多重的不可描述的过剩而拒绝任何建构性努力。① 这里最为典型的现象是圣像（l'icône）或者他人之脸。与普通现象或者贫乏的现象不同，圣像只能被看到，却不能被注视，② 我在看到圣像之时不仅不能把握它，反而感到被它抓住，我不是一个冷静的观察者，而只是它临现的见证（le témoin）。圣像身上其实汇集了前面三种充溢现象的特征：由于他不能被客观地建构并且其来临也没有一个可以指明的目的，因此它就像历史事件一样打破了目的论，要求一种无限的解释学；由于圣像以一种无条件地忍受的方式被看到（voir）并且与射来的目光对视，因此它对这一目光实施了个体化；这一个体化最终实现于肉身——那个已经丧失其超越性功能的我（je），也就是仅仅作为圣像临现之见证的我（moi）。

应该指出，与形而上学相反，在现象学中首要的不是我对客体的表象或者建构，甚至也不是对确实性的论证，这种论证意味着为了一定（程度）地认识而创设一个表象；为了达到确定性而深入表象的深处。现象学所注重的，乃是现象本身，是既予者的自身显现。现象学方法也因此与笛卡尔和康德的方法相反，即使在建构现象时，也仅限于让现象自我显示，建构（constituer）不等于建筑（construire）或综合（synthetiser），而是赋予意义，或者不如说，是确认现象从自身出发为了自身而赋予自身的意义。现象学方法因此是一种主动的被动：对主动权的主动放弃！胡塞尔现象学在这个方向上迈进了一大步，实现了从论证到展示的转变；但是，没有实现第二个转变：从展示到自身显现的转变。这两个转变相互补充，或者说第一个因第二个而完整。因此它没有根除知觉和主体性（形而上学

---

① Jean-Luc Marion, *Étant donné*, pp. 298 – 299.
② 关于看到（voir）与注视（regarder）的区别的详细阐述，参见 Jean-Luc Marion, *Étant donné*, pp. 299 sq。

的）相对于显现的优先性。现象学还原的全部困难，以及它持续不断却
又不能完全实现的反复进行的原因，都在于它本应该（却没有）采取的
转向——这是一种"方法的转向"，转向反对方法本身。① 还原应该是为
了摆脱还原，通过还原让显现成为自身展示者，从而不再需要还原。

第二节　个别的他者

其实，马里翁并不是试图突破形而上学界限的第一人。当梅洛－
庞蒂用身体意向性取代意识意向性时，在世的身体已经模糊了内在与
外在的界限；而最为典型地体现这种突破的，显然非列维纳斯莫属，
甚至从表面来看，列维纳斯的突破也来得更坚决、更突然。由于我们
在上一节已经提到"圣像"概念，而这个概念正好是对列维纳斯他人
之脸（visage d'autrui）的继承和超越，因此，本节将有两个内容，其一是
通过"圣像"和"他人之脸"为核心的比较工作来展现两位哲学家思想
的异同；其二则是在比较过程中继续介绍充溢现象的特征。由于是围绕个
别概念而做出的一种整体比较，本节也会概要地提及一些前面已经讨论过
的内容。此外，我们在充溢现象的多个渊源中更重视列维纳斯的理由也是
很明显的，圣像乃是四种充溢现象中的终极形式，而且它身上汇聚了其他
三种类型的特征。

从前面的介绍已经可以看出，马里翁的研究起步于对笛卡尔著作的重
新解读，其现象学也标榜为对胡塞尔原则的更为彻底的展开，他试图通过
这种展开来拓展西方哲学的最大可能性，以期最终使"合法地"接纳充
溢现象（甚至启示）成为可能。因此，我们完全可以说马里翁是对西方
形而上学由内而外的重构和突破；相对地，作为欧洲思想"知情的局外
人"，列维纳斯则是对这个传统的一种从外向内的突破与重构，这也是他
的工作显得与众不同的原因所在。具体来说，后者立论的逻辑起点（不
是理论发生、发展的事实上的起点）是末世论，从一开始，这就意味着
与形而上学传统保持距离的可能性。《整体与无限》的作者自称该书是一

---

① Jean-Luc Marion, *Étant donné*, pp. 14 sq.

部为主体性辩护的著作，但是它实际上改变了传统"主体"这个范畴的意义和用法。这个主体既不是能够建构世界的纯粹先验自我，也不是寻求自我完善或自我实现的个人，他的主体性和自由，都是由于外在的他人才得以确立的。当然，我们并不因此草率地将列维纳斯说成"反传统的"。通常，人们会说自足、自主的主体可以追溯到笛卡尔那里。但是，从列维纳斯开始，人们逐渐意识到，其实另一种主体也有笛卡尔渊源，主体在笛卡尔那里就已经是含混的：一方面，它可以是纯粹的、自明的我思，世界正是从这个我思出发才得以有序地重建，同时也是被重建为一种秩序；另一方面，它还是一个"无限"的追求者和崇拜者，它不仅不能理解和把握这个无限者，而且是为它所建立的。① 正是由于列维纳斯，这后一种意义才被重新抽取出来加以改造并且被越来越多的哲学家所强调。因此，没有必要刻意强调其与传统决裂的一面。其实，即使那些在人们印象中最"叛逆"的怀疑一代的思想家，如福柯，与其说是反传统的，不如说是在"以传统之矛攻传统之盾"。这个说法也同样适用于列维纳斯和马里翁。这也解释了为什么我们没有使用"摧毁"或者"颠覆"这样的字眼，而只是说列维纳斯的工作是突破和重建，因为他的意图并不是要摧毁传统。相反，无论是希腊的（欧洲的）还是希伯来的传统都是他所要借助的资源；此外，在内容上，对传统的重新解析和质疑最多构成思想家工作的一些环节，而不是他们的最终目的，也不构成其主要特征。用列维纳斯自己的话讲，"这一对整体和对对象式经验的超越不能以纯粹否定的方式被描述，它在整体与历史、在经验的内部照见自己的影子"。② 列维纳斯的事业并不是一种对整体的纯粹自我中心的抗议，也不是对面对死亡的苦恼者之简单排斥，而是将主体把握为在无限的观念中被建立者。末世论的第一个推论就达到了末世学的可能性本身，也即整体性的断裂，一种无上下文的意义的可能性。

马里翁则有所不同，他的哲学是有"上下文"的，并且从一开始就

---

① 〔法〕笛卡尔：《第一哲学沉思集》，第 35 页以下。又参见 *La passion de l'âme*, pp. 149 - 153。

② Emmanuel Levinas, *Totalité et Infini*: *Eassai sur l'extériorité*（简称 *Totalité et Infini*）, La Haye: Martinus Nijhoff, 1968, p. X.

处于西方哲学的核心，然后步步为营地往"外"突破，直至突破了一切"视域"，直至试图最终消弭内与外的界限。他的学说是直接从胡塞尔的概念体系当中找到一个可能将这个体系完全倒转、推向极致的概念——既予性，如同我们已经知道的，这个概念在马里翁看来对于现象学具有不容置疑的根本性："既予性不从属于现象学，而现象学也不完全属于既予性……既予性不仅为现象学提供了它众多概念中的一个，而且为它提供了达到其本身的专门活动，还为它提供了整个现象性领域。"① 他是要思考胡塞尔已经想过但是没有完全说出来的东西。② 关于既予性的现象学致力于从现象学的基本原则出发，最终又突破所有的界限以达到对异质性的接纳，这与其说是对基本原则的应用，不如说是对它的拓展和测试：拓宽现象学的界限，测试这些界限所能达到的极大值，测试将自身完全投入他者的怀抱在现象学上是否可能。因为在马里翁看来，现象学的特质就在于可能性优先于确实性。

尽管有这种学术进路上的整体的差异和断裂，在学术旨趣和具体内容方面，二者的关系就没那么简单了。一方面，马里翁的现象学一定程度上是对法语现象学的总结性工作，而列维纳斯正是将现象学引入法国的人，后者为萨特和梅洛 - 庞蒂以及马塞尔（Gabriel Marcel）开辟了道路，也对前者有着直接而深刻的影响。这里仅举一例，就是对既予性这个术语的不同于胡塞尔的用法已经可以在《整体与无限》中找到。③ 此外，列维纳斯是第一个明确要求走出自我中心的形而上学的人，在这一点上，马里翁也是他的同路人，只不过要走得更远些。当然，正是因为要走得比前人更远，就不得不对前人的成果有所反思、有所质疑乃至有所背叛。这种爱真理甚于爱吾师的传统足以证明，只有善于"背叛"的门徒才是真正合格的门徒。

列维纳斯的全部工作都意在展示为什么伦理学应该作为真正的"第一哲学"，这种伦理学在对他人的责任的原始经验中获得最终依据。麻烦在于西方哲学从其开端就为存在和总体的范畴所主导，寻求将杂多还原为

---

① Jean-Luc Marion, *Étant donné*, p. 42.

② Jean-Luc Marion, *Étant donné*, pp. 41 – 42.

③ Emmanuel Levinas, *Totalité et Infini*, p. 149.

太一，这个太一不允许任何异质性的持续存在，列维纳斯用对于无限的主观体验反对这种化异为同的思想。而这种体验正是在与他人的面对面中获得的。对列维纳斯而言，伦理学所寻求的不是个人的完善或实现，而是对他人的责任：我（moi）无法回避这一责任，而这个责任也正是我的独一性的秘密所在；没有人可以取代我的位置来承担这个责任。他人不是空间里的一个单元，不是一个概念或者基质，也不是由他的个性、社会地位或者在历史中的位置所限定。它不是意识、表象、把握甚至也不是一个描述的客体，他人就是他的绝对他性：他人首先是一张脸，只有在呈现为一张与我面对面的脸的时候，他人才能获得其伦理学上的绝对他性。

问题的关键就是如何来理解脸这个概念。首先，这张脸并不是一个可以像人们注视任意客体那样被注视的面具，更不是一个简单的表面（façade），通过表面，事物依然隐藏着它的秘密，它闪耀着神秘的光辉却并不吐露其中的隐情，这是一种冷漠而岑寂的光辉。① 而脸是不同的，脸是表情，是话语（言语、意见乃至主张），它要求、恳求、命令和教导，它是完全开放的。当我注视一个人时，我看不到他的眼睛，而是被那两个空洞的瞳孔带到一种超越之中，后者使我与一种我在自己身上无法找到的无限性相关联，再也没有什么陌生的东西了，因为他人都已经不再陌生。

其次，尽管不再陌生，他人依然是不可认识的、无法把握的。对他人的理解总是与一种祈求有关，这是一种伦理上的命令，以他人对我的注视为其最初的来源。在萨特那里，他人作为生存主体不是一个认识的对象，这与列维纳斯有一致的地方，但是他人的闯入导致目光的冲突，每个人都可以将他人转变为自己的客体；② 相反，在列维纳斯看来，他人之脸召唤我，唤醒我对他的责任感，因此我不会被他人还原为客体状态，而是为与他人的相遇感到愕然：这一遭遇将我提升到主体的状态——因为相遇远不是限制，而是通过唤起我的责任而证实并赋予我自由。我不是在与一个无脸的神战斗，而是回应他的启示、他的表情。他人因此并不会带来冲突，

---

① Emmanuel Levinas, *Totalité et Infini*, p. 167.
② 杨大春：《感性的诗学：梅洛-庞蒂与法国哲学主流》，人民出版社，2005，第341～343页。

因为它具有一种积极的伦理学结构。①

最后，脸存在于那更为脆弱的人的身上，而伦理学的绝对命令就书写在这个脆弱性之中，他人的"力量"恰恰就来源于这种不对称的关系。他的第一个命令就是"你不要杀人"。我既可以对他人为所欲为，同时也完全亏欠他人。他人要求弃绝暴力。作为对结构主义提出的"人之死"的回答，列维纳斯在这样一个基础上重建了人道主义：这个基础不是人的理性本质，而是一种义务，在其中每个人都应该守护他的邻人而不能要求任何相互性。这里的道德性与康德的道德要求（以他人为目的、尊重个体）似乎十分接近。但是，根本的不同有两点。第一，康德在《实践理性批判》中提出，道德律仅仅表达了纯粹实践理性的自律，也就是自由的自律，他要求自由的主体"自己立法"；② 列维纳斯用对他人要求的遵从取代了康德的意志自主。伦理学不再是从属于普遍意志的简单法则，而是一种被审判的主体性体验，困扰于邻人的强迫性的异质性。第二，在康德那里，无限性是消极的，灵魂不朽和上帝存在都只是必要的假定，仅仅是理性的理想，无法实现；而关于他人之脸的伦理学则在回溯到笛卡尔"无限观念"的时候保持了其积极的现实性：它先于一切有限的思想和一切关于有限的思想，一句话，它外在于有限性。③

列维纳斯对脸的阐述不管在方法还是结论上都改变了旧的哲学-伦理学图景，也对后来的思想家们产生了深刻的影响。事实上，这一贡献构成了马里翁现象学思想的重要理论前提。马里翁不仅肯定列维纳斯的突破性贡献，也不讳言包括列维纳斯在内的众多现象学家对自己的影响。"我们远远没有忽视现象学的最新进展——自身感发，解释学、延异和他人的目光；我们只是试图在既予性中精确地指定它们的地位从而确认这些进展。"④

下面的任务就是，弄清楚列维纳斯关于脸的思想究竟如何在马里翁那里得到"确认"，也就是说，他人之脸在既予性的现象学中究竟处于什么

---

① Emmanuel Levinas, *Totalité et Infini*, p. 171.
② 〔德〕康德：《实践理性批判》，邓晓芒译，杨祖陶校，人民出版社，2003，第44页。
③ Emmanuel Levinas, *Totalité et Infini*, p. 171.
④ Jean-Luc Marion, *Étant donné*, p. 441.

样的地位；由此连带的一个问题就是，除了"确认"之外，马里翁还可能对这个概念采取了什么别的态度。

关于既予性的现象学将既予性范畴重新置于现象学探究的中心，将它确定为现象性的最后视域。在此基础上，马里翁重新描述了给予（le don，礼物）现象，将现象的特征确定为严格的既予者（le donné）。将现象描述为既予者使之摆脱了对象性（objetité）和存在者性（etantité）的束缚，将现象性的领域大大拓宽，以至于超出了贫乏现象或者普通现象的范式而接纳充溢现象并确立其优先地位。① 这样，马里翁以现象自身的既予性为依据对现象做了自己的划分，给出了现象的一个新的细目。不同种类的现象可以依据其既予性的含量被限定为自我展现的不同变形（variations），区分出现象性的三种基本类型：首先，直观贫乏的现象，仅需要数学形式或是逻辑学范畴的直观；其次，普通权利的现象，对应于物理－自然科学现象，它们将按其本己的既予性，而不是以贫乏现象为参照被限定；最后，也是最重要的一种，就是充溢现象。这种现象的显现不再依赖于外在的建构者，而是自身显现。在其显现之时，直观总是淹没意向的期待，（被）给予者②不仅完全覆盖而且超出了展现（manifestation），修正了展现庸常的特征。正是依据这种覆盖和修正，人们也可以将充溢现象称为悖论（para-doxe，反－意见的）现象。马里翁主要描述了四种典型的充溢现象：事件，不可预测的；偶像，无法承受的；肉，绝对的，摆脱一切经验类比的；圣像，不可注视的。它们颠覆了康德的知性范畴，也超越了胡塞尔的视域和建构性的"我"。这样，占据中心的将不再是作为主体的我（Je），而是作为见证的我（moi）：见证作为圣像而展示自身的他人的来临。在这四种现象中，地位最重要的是最后一种。在《既予》一书中，圣像被描述为最终改变我与现象的关系，成为通达他人的最关键环节——而这不正是列维纳斯的"脸"所要完成的事业吗？为什么要引进圣像这个概念？这

---

① Jean-Luc Marion, *Étant donné*, p. 325.

② 从现象本身角度讲，这里的"被予者"中的"被"字其实已经可以去掉，因为它是自己给予，同时又是给出自身；从"主体"（moi）的角度讲，则又应该将其保留，因为它不仅不是由我建构，而且我也无法把握，我只是主动地接受甚至也将自己献身于它。因此我们只好把这个"被"放在括号中。

是一种同义反复吗？如果不是，其区别何在？

事实上，就像事件、偶像和肉的描述分别借鉴了利科、德里达和昂利等人的研究一样，对于圣像的描述正是对列维纳斯他人之脸的借鉴："对现象性的极性取得类似的倒转意味着我（je）不仅放弃了其建构的先验功能，而且过度到了我们已经专题化的见证形象：moi。就是接受了不可注视现象的既予性（donation）的 moi，这个我就是我自己领会他人的注视对我无声地言说的那个'自己'。并且见证的概念实际上只在与他人这一充溢现象的关系中才能够获得其成分的现象学合法性。只有他人才能将我建构为他的［见证］（sien）。"①

然而借鉴不等于照搬，而是使用他自己的现象学语言把这些已有的成果重新描述，使之构成最终通往 l'adonné 的一个环节。在《论过剩》一书中，马里翁阐述了他是如何从他人之脸推进到他本人的"圣像"的。在他看来，对于充溢现象而言，人们没有关于这些现象的视觉（vision），因为人们无法从一个单一的意义出发来建构它们。而这一特征在他人的脸上已经得到相当集中的体现。脸与肉有着同样的特权：肉只能在感知到感知之时才能感知，而脸也是只有看到自身时才能将自身给予观看。

但是，马里翁认为在涉及对他人的承认时，脸依然是成问题的。

马里翁并没有从一开始就批评列维纳斯，而是按照他的一贯做法，先从胡塞尔说起，并且首先肯定列维纳斯对胡塞尔的超越之处。关于"我"（Je）与其他可见的身体（肉）之间的关系，胡塞尔已经正式提出了这样的疑难：我可以依据它们与我已知的肉体和身体之间的形式关系和类似关系，从已知的物理身体推断他人的未知的肉体吗？然而，即使是这样被承认，他人的肉体也依然是如此这般地保持着未知状态；更严重的是，既然它完全与我的肉体相混同，也就是说已经变成直接可直观的，那么作为异己者，它也就因此消失于这种直观当中了。因此，胡塞尔式的类比以及想象的观点对调没有修正而只是强调了这个对他人之肉的间接承认。

而脸与一般的肉的区别就在于：它不仅分享了肉的特权，还在此基础上增加了一个它独有的特征：不仅被看到，它还是能看的，这是一种不得

---

① Jean-Luc Marion, *Étant donné*, p. 324.

益于存在的亲自观看。这一特质足以将脸定义为那注视我的本己的强加于我的东西——也就是一种自己显现的、令我眩目的充溢现象——而我却既不能被看到也不能注视（re-garder）它。

参照亚里士多德的用法，马里翁指出，注视的含义其实是持续的监视，一种通过目光的持有（tenir à l'oeil），这种注视仅仅提供了众多可能意指模式和可能视觉中的一种，还存在着其他模式（非意指的）和可能性（其他视觉），因为并不是所有的现象都可以被归结为一个客体的，也不是一切可见者都可以通过意向的意指来把握的。我们必须承认有些现象已经完全避免了注视。事实是它仅仅是冒着被混淆的危险建立了一个与其他场景单纯的等级差异。它不再为目光提供任何场景，也不容忍任何观者的目光，而是将自己的目光加于与之对峙者。观看者采取了被看者的位置，被展现的现象反过来成为一种展现。

列维纳斯首先承认了脸或者无限的超越性在伦理学中的实现，这一贡献得到马里翁的极高评价："……此后，特权将归属于他者。我们因此从一种第一哲学过渡到另一种，从存在论过渡到了伦理学。［这是一种］哥白尼式的革命。"①

但是，赞颂并不是马里翁态度的全部。在被确认为一场革命的同时，"他人之脸"也被认为带来了一个疑难："这个无可争议的成果却指示着一个——也许是唯一一个——关于脸的难题，因为它意味着对脸的遮蔽：它的个别化的身份。"② 这句话的意思是说，当我们问这个如此显现的他人之脸究竟属于哪一个他人时，是无法得到正面、确定的回答的，质言之，它无法将他者个别化，而马里翁的"圣像"则是实现了个别化的。

由于在列维纳斯那里，他人之脸"不是一个质性的形态，［……］而是那比任何追问都在先者的相关性（le corrélatif de ce qui est antérieur à toute question）"，因此，他人之脸不是指涉某一张特定的脸，而是指向一种伦理学的、社会的关系。作为普遍的命令，"你不得杀人"具有两重不

① Jean-Luc Marion, "D'autrui a l'individu," Emmanuel Levinas, *Positivité et transcendance*（sous la direction de Jean-Luc Marion）, Paris: Presses Universitaires de France, 2000, p. 296.
② Jean-Luc Marion, "D'autrui a l'individu," Emmanuel Levinas: *Positivité et transcendance*（sous la direction de Jean-Luc Marion）, p. 296.

确定性。第一重是，这个发出命令的不是某个特定的个人——你不能够杀任何人，包括罪人和自己；第二重是，这个命令的内容本身也是可替代的——它首先作为一个命令，而独立于它的内容。他人之脸所呼唤的不仅可以是伦理的"你不要杀人！"，也可以是生存论的"成为你所是！"，道德论的"己所不欲，勿施于人"；甚至是爱欲的"爱我"！① 这样的不确定性导致一个严重的后果：他人其实可以是任何人（personne），在这个意义上，他者依然没有摆脱"无名"，而走出存在的无名（l'anonymat de l'être）正是列维纳斯最初要超越以海德格尔为代表的存在论传统的最关键一步。不仅没有摆脱无名，或者说正是因为他者没有摆脱无名，列维纳斯也就无法真正摆脱唯我论，因为他者的呼唤唤起的是我内心深处的良知，而这个他者本身却是可替代的——他可以是穷人、寡妇、孤儿，也可以是乞求赦免的罪人甚至骗子、伪君子；脸的确承认乃至高扬了他人的人性，但是没有向某一个具体的他者开放，真正在呼唤中得到洗涤和拯救的只有自我（l'ego）。唯我论没有被摆脱，只是从存在论变成了伦理学。②

这就是为什么，脸不仅仅应该被描述为伦理学上的他人，还应该更彻底地被定义为圣像：它所引起的呼唤必须被尊重（respecter）。因为脸是作为那被我领会为呼唤者而给出自身的，因此我就只能将脸把握为那思考（envisager，设想、设计、"使…面对"）我的东西。在此意义上，脸就只能是完全不可见的。但是它的现象性仅仅在它被领会、它的光辉成为我的重负从而引起我的尊重时才能实现。引起尊重的含义是：能够吸引我的观看和注意。这是当然的，因为我感到了被呼唤，同时由于一种不可见的目光的重负、由于它沉默的呼唤而被保持在远处。尊重因此构成注视的反－概念。③

圣像与脸的区别不在于是否实施了呼唤，而在于它更为彻底的现象学效果。而对呼唤的效果分析必然地将现象学关注的焦点从边缘重新放回到了中心——从命令的发出者转移到了呼唤的领会者身上。列维纳斯的

① Jean-Luc Marion, *De Surcroît*: *Études sur les phénomènes saturés*, p. 142.

② Jean-Luc Marion, "D'autrui a l'individu," Emmanuel Levinas, *Positivité et transcendance* (sous la direction de Jean-Luc Marion), pp. 287, 293sq.

③ Jean-Luc Marion, *De Surcroît*: *Études sur les phénomènes saturés*, p. 143.

"他人之脸"唤起的仅仅是我对他人的"责任"，如果我不能勇敢地承担这个责任，我将受到他人目光的指责。这里的我（moi）是受格的。而圣像的呼唤所引起的效果：作为 l'adonné 的我（moi），与其说是受格的，不如说是与格的"向哪个"（à qu［o］i）：① 通过我对这个呼唤的主动的领会，圣像才将它的呼唤给予了我。我不是被动地从他人的脸——此时，它已经被彻底化为圣像——上被动地感受到责任，而是通过主动地献身于它而接受它的赠予。我的主动领会与圣像的呼唤是同时发生的，如果我不主动地给出自身（成为给予者），就像现象（这里的圣像）给出它自身一样，我就只是可能的，而无法变成现实的接受者。这已经开始突破现象学的范围，也超出了本书所要探讨的主题。

---

① 格表示名词、代词在句中和其他词的关系。名词、代词作主语时用主格的形式，作及物动词的直接宾语时用宾格的形式，作间接宾语时用与格的形式，表领属关系时用属格的形式。这里的 l'adonné 是现象的接受者，如果用一个句子来表述就是：Le phénomène se donne à l'adonné。显然，这里的 se 是 donner 的直接宾语，而 l'adonné 是间接宾语。

第八章
接受与给予

第一节　主体的难题

到上一章为止，我们似乎只是在谈论现象，那仅仅从自身出发、为了给出自身而展示自身的"自身"，似乎遗忘了我们在书名和导论中谈论的另一个主题，那就是主体，换言之，在"关怀你自己"和"认识你自己"中就已经出现的那个"自己"。就此，我们可以做两点说明。其一，现象学之所以为现象学，正是因为它必须首先从那给出自身者出发才是合法的，那依据其自身既予性而向我发生（或者不向我发生）的现象本来就是现象学的当然主角。其二，如果说围绕现象展开讨论就是对主体问题的"遗忘"则完全是一种误解。因为现象虽然是自己发生，它向我显现、影响到我［作为现象之接受者的"主体"，受格乃至与格的"我"（moi）］都是偶然事件；但是如果没有这个偶然事件，所谓现象学就无从发生。在这个意义上现象学运动本身就是一个偶然事件：它正式地影响到我们并且被我们研究和讨论可能只是近百余年的事情，但是它自己的发生与播散或许可以追溯到人类童年时代对自己身处其中的宇宙、人生的惊异和困惑——这甚至要早于"关怀你自己"这一类的箴言，因为箴言本身似乎已经暗示着某种解决方案。

回到主体问题。谈论现象，或者说现象被谈论，就说明现象必然已经与主体处于某种关系之中——尽管它的发生本身是不依赖于任何主体性的。因此，现象被描述，说明必定有一个或者多个接受它的"主体"直接或间接地在场。我们在写下这个论断时，丝毫不担心形而上学主体的回归，因为现象学与形而上学的区别并不在于主题而在于方法——它们各自看待和谈论问题的方式。质言之，是否谈论主体并不是形而上学与现象学的分野所在，它们的分野在于描述主体的方式，以及在各自的描述中主体所承担的不同功能。事实上，当我们说现象是自己给出自身，而非被建构时，一种作为接受者的新的主体形象已经隐约可见；当我们说具有过量的既予性的充溢现象使那注视者的目光无法承受时，这种接受者的形象已经近在眼前了。从这个角度讲，主体在我们的整部书中其实无处不在，只是我们到了最后才将焦点对准它，使之从背景变成一个正式的角色而已。

就现代以来的形而上学历史而言，它的核心就在于主体观，不管是笛卡尔的意识哲学，还是康德的先验哲学，"自我"都是一个核心的、奠基性的概念。福柯称这种自我中心的哲学传统为"人类学的迷梦"。因此，作为一种反－形而上学思潮，结构－后结构主义者们的最初策略就是直接攻击主体本身，并且由于当时的现象学－存在主义思潮中的思想家们依然在谈论主体，比如萨特的"自为存在"或梅洛－庞蒂的"身体主体"，因此，现象学被结构主义者指责为主体最后的避难所。但是后来的事实证明这种指责根本站不住脚，因为结构－后结构主义阵营的思想家们纷纷逐渐地向主体问题回归。① 我们仅以福柯为例来展示这个线索。《词与物》的作者通过对知识的考古学分析谈论"人之死"，通过文本分析谈论"作者之死"。但是通过《言与文》中所载的《法兰西学院年鉴》的相关内容我们可以发现，1976 年《性史》第一卷发表之后，他的思想开始渐渐离开强制性实践（权力／机构、知识／理性）。经过不断的自我反思和因之而来的大大小小的调整之后，在 1980～1981 年度的年鉴中，他说："研究将表明我们与陈旧的压抑假设和它所经常提出的问题有多远。研究所涉及的是活动（acte）和愉悦（plaisir）而不是欲望（desir），因此它涉及自我通过'自身实践'（une pratique de soi）的形成而不是通过禁令和律法的压抑，不是研究性（sexe）如何被疏远，而是研究这个与我们的社会相关的性

---

① 详见莫伟民《从尼采的"上帝之死"到福柯的"人之死"》，《哲学研究》1994 年第 3 期。

（sexe）和主体（sujet）的长长的历史是如何开始的。"① 他希望自己的工作能够"弄清从古典希腊思想直到基督教牧师关于肉体的教条建立这一主体化（subjectivation）的自我确立和转换"② 是如何实现的。很显然，到了晚期，福柯又开始重新关注主体问题。可以说，福柯的思想历程典型地代表了法国哲学中的结构主义一脉从 20 世纪 50 年代至 80 年代从结构经后结构最后逐渐回归主体问题的演进脉络。

这种回归主体问题的趋势本身就说明它是无法回避的，任何企图掩盖和抹杀它的努力都是徒劳甚至适得其反的，因为这个问题的答案太过明显：谁在消解主体？必定是某个"作者"或某个"人"，如果说有什么变化的话，那就是"作者"的功能和对"人"的描述变化了。质言之，主体并没有真正消失，只是说对主体的形而上学设定被去除了，而代之以新的对主体的描述，从而揭示主体的真相——在这个意义上，结构－后结构主义思潮与现象学其实是殊途同归。因为现象学不是传统形而上学的避难所，而是"这样一个场所，在其中主体性可以完全地被揭示为它本身；或者说是这样一个场所，在其中人们实施对主体的'解构'（destruction）"。③由于现象学的真正任务在于将那显现者描述为显现者，因此对传统形而上学意义上的主体的消解（détruire）从一开始就注定是现象学的主要任务。因为作为一个静态的实体的主体（sujet-substance）掩盖了显现的领域，④故而现象学如果要实现还现象以自己显现的固有权利的宏图大志，那么它的首要任务就是去掉这个障碍——超越的、建构的并且是自我中心的主体。

从现象学的观点看，作为先验之我的主体其实总是处于自相矛盾之中——它甚至无法使"自我"这个现象本身合法化。也就是说，在形而上学当中，自我并不能作为一个现象而显现自身，而只能像其他（被表象、被建构的）现象一样作为我的"客体"显现。在康德那里，"我"

---

① Michel Foucault, *Dits et écrits IV*, Paris：Éditions Gallimard, 1994, p. 215.

② Michel Foucault, *Dits et écrits IV*, p. 541.

③ Francois-David Sebbah, *L'epreuve de la limite：Derrida, Henry, Levinas et la phenomenologie*, p. 160.

④ Francois-David Sebbah, *L'epreuve de la limite：Derrida, Henry, Levinas et la phenomenologie*, p. 160.

（Je）执行的是一个纯粹抽象的功能，这就是将在直观中被给予我的那些杂多的表象"结合在一个自我意识中"，"知性本身无非是先天地联结并把给予表象的杂多纳入统觉的同一性之下的能力"。① 为了确保我的这个统摄一切杂多表象的功能，我自己必须是单纯的："'我是单纯的'这一命题必须被视为统觉的一个直接的表达……［这个命题］无非意味着'我'这个表象并不包含丝毫杂多性，而且它是绝对的（虽然只是逻辑上的）单一性。"② 在马里翁看来，这就是形而上学主体为了确保其作为超越者的功能而付出的代价：它因此丧失了自身的全部质性，为了建立普遍性而失去了自身同一性——也就是说它无法个别化，因为任何理性主体都是同质的。因此在将其他现象建构为对象之前，主体必须将自己掏空为一个没有具体直观内容的东西，而变成最简单的"对象"，一个空洞的逻辑概念。在认识论上，它当然是起点和基础；但是在现象学上，它没有任何合法性，因为它不能够自己显现。

此外，作为先验之我的"我思"无法摆脱唯我论。虽然，康德所说的"无感性则不会有对象给予我们"似乎强调了感性的优先性，从而为承认现象本身的优先性提供了某种可能；但是，他后面紧接着又加了一句："无知性则没有对象被思维。"③ 更有甚者，即使在感性论中，康德也强调思维的主动性。"'我思'必须能够伴随我的一切表象"，纯粹统觉或者更正确地说本源的统觉对其他表象的伴随是一个"自发性的行动"，因此说到底，我思的所有对象其实是对它自己内部的东西的重构，而无法越出"我思"自身的范围。由于这种主动的统觉的综合统一，任何表象都只是"我的表象"而"无一例外地属于我"，④ 因此每一个我思（je pense）都可以被认为是我对自身之思（je me pense）。⑤

我思的唯我论困境还带来另一个内在矛盾，那就是"我"本身也会因此成为我的客体，从而仅仅具有最低限度的现象性："……我如何能够

---

① 〔德〕康德：《纯粹理性批判》，第89～91页。
② 〔德〕康德：《纯粹理性批判》，第314～315页。
③ 〔德〕康德：《纯粹理性批判》，第52页。
④ 〔德〕康德：《纯粹理性批判》，第89～90页。
⑤ Jean-Luc Marion, *Étant donné*, p. 350.

说：我（moi），作为理智和思想着的主体，我也将我自己认作一个被思的对象，仅就我超出了在直观中被给予我自己者（moi）而言，事实上，就像其他现象一样，也就是说，完全不像我在知性面前所是的那样，而是像我向自己显现——这个问题本身不多不少正好提出了这样的疑难：［去知道］我如何能够对我自己而言是一个一般的客体，并且是一个直观和内感知的客体。"① 在这一段表述当中，由于"就像其他现象一样"显现，我因此对自我而言是一个一般的客体。

其实，从既予性的现象学角度来看，这个唯我论是可以摆脱的。只要承认"我"最初就是一个接受者，而我思的第一个活动"伴随"不过是直观内容"来临"（l'arrivage）之后的第二位的活动就可以了。首先肯定直观对于知性的优先性的正是胡塞尔。在他那里，原初性不是属于意向性或建构性的先验之我，而是属于不断更新的时间中的原印象（Urimpression/l'impression originaire）。因此，当初那个作为表象主体的先验之我在现象学中变成了接受现象感发的我（moi/me. Je suis affecté. / Le phenomene m'affecte）。② 但是，胡塞尔并没有在这个问题上做深入的探讨，而且他后来对直观的优先性的强调也遮蔽了他在这方面的突破。关于这一点，我们在第一章关于"一切原则之原则"的讨论已经说了很多了。或许应该这么说，胡塞尔作为一个思想运动的草创者，他的思想中孕育着多样、丰富的可能性，③ 后来处于这个运动中的思想家都不同程度地从他那里"各取所需"，他当之无愧地充当了"工具箱"的角色。

比较而言，《存在与时间》则可以说是现象学运动中第一部比较专门、典型的致力于突破我与客体世界二元对立的冒险作品，在这个意义上，它具有极其重要的价值。海德格尔注意到了形而上学主体观的自我中心和自然主义态度方面的缺陷，同时也注意到这种缺陷在胡塞尔那里

---

① Jean-Luc Marion, *Étant donné*, p. 354. 参见《纯粹理性批判》，第103页，译文略有出入。

② Jean-Luc Marion, *Étant donné*, p. 351.

③ 如果不承认这种丰富性和多样性，以及这些多样性的各项之间所具有的含混、重叠乃至相互矛盾的关系，那就会将胡塞尔抽象化、脸谱化（最后一个追求"严格科学"理想，然而最终又不得不回归"生活世界"的人），这本身就是一种违反现象学原则的"理论态度"；同样的道理也适用于笛卡尔、康德等思想家，或者说应该适用于整个思想史研究。

依然没有得到真正的克服，因此他在《存在与时间》中对此在的规定就试图摆脱主体的超越性和唯我论困境。意味深长的是，《存在与时间》并没有过多地提及胡塞尔，对此在的规定主要是在对笛卡尔的自我（l'ego）的批判中展开的。不过，在马里翁看来，《存在与时间》体现了现象学存在论对传统形而上学的突破，但最终还是免不了对这种形而上学主体性的"压抑的回复"。

在海德格尔看来，由笛卡尔设立的并且后来在康德那里得到继承①的自我被赋予这样的优先性：它可以用来分析其他存在者，也是它们之存在意义的发生之所，也就是说既保证了它们的本体论存在，也提供了其存在论上的合法化。但是这样的规定性其实没有看到具体的存在者与存在本身之间的"存在论差异"，自我作为一个存在者本身是无法使其他存在者获得存在论意义的："存在决不能由存在者得到澄清，对于任何存在者，存在总已经是'超越的东西'了……"② 为此，海德格尔所描述的此在是在本体论（ontique，侧重事物之实体性、持存性）和存在论〔ontologie，关于"去－存在"（zu sein）的学问〕上同时与笛卡尔的自我我思（l'ego cogito）相区别的东西："思维之物（res cogitans）无论在存在者层次上还是在存在论上都和此在不相涵盖。"③ 海德格尔本人对此没有做十分具体的展开，马里翁则凭借自己对两者著作的精通，归纳出两个方面的差异，首先是本体论上的差异，其次是存在论上的差异。④

本体论方面的差异大概有以下三点。第一，此在之存在是与其他存在样式，诸如上手状态、形成状态、实在性等相区别的，而笛卡尔的自我我思被称为"思维之物"（res cogitans），因此它与其他普通存在者一样具有

---

① 我们说继承，并不意味着没有差异，比如说笛卡尔总是坚持用单数第一人称来描述的这个思想实体在后来的笛卡尔主义者以及康德那里有时会被泛化为"我们"。此外，虽然海德格尔将笛卡尔的我思作为一个形而上学主体的典型，并勾画出一个与之相对立的此在形象，并不意味着这就是 l'ego 的本来形象，或者说这只是笛卡尔将它放置在"存在学的历史"当中的结果，借由这一安排来探索突破主体形而上学的可能性。福柯等人的研究早已表明，文本具有相对的独立性，由于解读者的立场，原则上可以得出多样而非唯一的阐释。
② 〔德〕海德格尔：《存在与时间》（修订版），第 239 页。
③ 〔德〕海德格尔：《存在与时间》（修订版），第 78 页。
④ Jean-Luc Marion, *Réduction et donation*, pp. 142 sq.

实在性（*realitas*），自我（l'ego）的这一属性使胡塞尔所说的意识域和世界域（la région conscience et la région-mond）的区分成为不可能。与作为"思维之物"的自我我思不同，此在之存在本身并不带有任何实在的东西，它是先于后者并使那实在状态的存在样式成为可能的东西。第二，笛卡尔的自我是经由普遍怀疑而得到确立的，因此是在一种理论态度中获得其绝对首要性的。对于此在而言，认识，也就是理论态度虽然是在世的一种存在方式，但它既不是此在的唯一存在方式也不是它最切近的存在方式，它是在此在去存在的过程被打断的时候，才"事后"发生的情况："在世作为操劳活动乃沉迷于它所操劳的世界。为了使对现成事物的观察式的规定性认识成为可能，首须'操劳着同世界打交道'的活动发生某种残断。"① 第三，在笛卡尔那里，思维之物与广延之物虽然都有实在性，但是它们并不相互交叉，或者说笛卡尔的自我仅仅属于思维的领域，而置身于广延"之外"，甚至我们说"之外"都不合法，因为思维似乎避开了空间的规定性。而此在并不排斥空间性："只因为此在本身就其在世看来是'具有空间性的'，所以只有在存在者层次上才可能让上手事物在其周围世界的空间中来照面。"② 总之，在本体论上，此在不是任何形态的"res"，因此它既不局限于理论态度，也不局限于非－广延（non-etendue）。③

在海德格尔看来，本体论上的差异也是由存在论差异构成的，前者不过是后者的预备阶段。作为思维之物的自我或许可以要求本体论上的优先性，但是绝对不可能声称存在论上的首要性。就此，我们又可以归纳出此在与自我的三个存在论上的差异。④

第一个存在论差异，此在在其得到规定时，就是"与众不同"的，也就是说，在存在者层次上，它因为总是与存在本身发生交涉而区别于其他存在者：它的存在是随着它的存在并通过它的存在而对它本身展开的。这个费解的表述可以这样来领会：此在由于可以筹划和决断自己的去存在

---

① 〔德〕海德格尔：《存在与时间》（修订版），第72页。
② 〔德〕海德格尔：《存在与时间》（修订版），第121页。
③ Jean-Luc Marion, *Réduction et donation*, p. 144.
④ Jean-Luc Marion, *Réduction et donation*, pp. 144 sq.

的方式，因此它自身包含着"向来就是它有待去是的那个存在"。① 这是一个非常重要的规定，一方面，它意味着此在的规定性本身是面向未来的，这就将此在带入一种不确定性之中，而它自身就是这个游戏的赌注。与之形成鲜明对照的是笛卡尔之我思自我的确定性：它是经过普遍怀疑之后所剩下来的唯一不可怀疑的东西，并且将自身建立为自足自主的基础，因此具有最强的确定性。而如果这个自我要思考未来的存在者的话，那必然是将它们归结到由它自身出发所推论出的确定性的范畴之中，因此自我关闭了一切不确定性：首先是它自身的，然后扩展到它的全部"所思"（cogitata）。另一方面，此在作为"去存在"的规定性还带来此在与自我的第二个存在论差异。此在既然自身包含着它有待去是的存在，并且去与这个存在打交道就是它的生存样式，那么这种面向未来的状态就意味着它有可能"是它自身或不是它自身"，因此它只能从这种可能性出发来把握它自己。马里翁将这种向可能性的开放阐释为：去生存就意味着一种外在于自己本身的存在（être hors de soi-même），从而以一种能在（pouvoir-être）的方式存在，简单地说，生存就意味着此在的绽出（extase）：反过来，虽然笛卡尔也说"我在，我实存"（*ego sum, ego existo*），但是，他的实存与海德格尔的存在具有完全不一样的意义：它意味着一种现实性，或者用海德格尔的语言来表述就是一种现成在手状态，而这正是要"去存在"的此在所要逃离的状态。此在与我思自我的第三个存在论差异在于二者与世界之间所维持的不同关系。从一开始，海德格尔就将此在规定为在世的，"此在在本质上就包括：存在在世界之中"。② 它是向世界敞开的，而不是世界的确定性基础（笛卡尔）或建构者（胡塞尔），因为，"当人们从一个无视界的我'出发'，以便过后为这个我创造出一个客体及一种无存在论根据的与这种客体关系之际，人们为此在的存在论'预先设定'的不是太多了，而是太少了，把'生命'弄成问题，然后世间或顾念到死亡，这眼光太短浅……客体的对象就被人为地教条地割裂了"。③ 而笛卡尔的自我正是这样一个在理论态度中被人为设定的主体——它不依赖于任何可能

---

① 〔德〕海德格尔：《存在与时间》（修订版），第 14 页。
② 〔德〕海德格尔：《存在与时间》（修订版），第 16 页。
③ 〔德〕海德格尔：《存在与时间》（修订版），第 360 页。

世界，而是这样一种实体："……其全部本质或本性就只是思想，这种死亡为了存在无须任何场所，也不依赖于任何物质事物。"①

尽管有如此多的差异，但是此在依然具有某些与 l'ego 相似的特征，使之无法摆脱唯我论，② 从而重新退回到某种形而上学的立场。我们知道海德格尔将此在规定为为了存在本身而存在的存在者，并且它总是要"超出自身"，但是，这种存在本来就是它自己的"能在"，因此所谓"超出自身"也并不意味着向其他存在者的通达，而只是对自己的现成状态的逃脱："此在总是已经'超出自身'并非在于对另外一个他所不能是的存在者有所作为，而是作为向它自己本身所是的能在存在，我们把这个本质性的'为……'的存在结构把握为此在之先行于自身的存在……"③因此，此在作为对自身能在的操心，虽然成功地摆脱了现成状态，但是并没有真正摆脱唯我论，这种唯我论还在它的其他两个特征——"有限性"和作为"不可能的可能性"中得到确认，其实这两个特征是紧密联系在一起的，它们都与"向死之在"有关。"操心是向死存在。我们曾把先行的决心规定为向此在的这种特殊的绝对不可能的可能性的本真存在……此在倒是有终地生存着。"④

先行的决心使得此在从它的未来出发达到存在之意义成为可能。然而，这个决心本身是向什么的决心，它给了此在什么，这个决心朝向什么又接受什么？马里翁是这样总结的，在海德格尔那里，这个决心可以被具体地定位在几个从属于它自身的本己的现象：畏（Angst, angoisse）、罪责意识以及向死之在（作为预期）；所有这些都提供了一个共同的特征——他性（alterité）的虚无。⑤

首先，畏作为现身的样式虽然能够将世界作为世界开启出来，并且畏之所畏者就是世界本身，但是这个世界"已不能出现任何东西，他人的共同此在也不能"。⑥ 其次，让此在体验到自己有罪责乃是良知的呼声，

---

① René Descvartes, *Oeuvres de Descartes*, AT, VI, *Discours de la methode*, p. 33.

② Jean-Luc Marion, *Réduction et donation*, pp. 148 sq.

③ 〔德〕海德格尔：《存在与时间》（修订版），第 221 页。

④ 〔德〕海德格尔：《存在与时间》（修订版），第 376 页。

⑤ Jean-Luc Marion, *Étant donné*, p. 357.

⑥ 〔德〕海德格尔：《存在与时间》（修订版），第 216～217 页。

但是所谓良知不过是"在此在自身之中对其最本己的能在的见证",因此良知的召唤所及的只是此在本身:"此在被召唤向何处?向其本己的自身。"① 最后,即使是死亡这种"不可能的可能性"也不能够使此在摆脱唯我论,此在作为"向死之在"所"向"的必定是它自己本己的死亡,因为他人的死虽然"'在客观上'是可能通达的",依然在世的、曾经"与他人共在"的此在因此受到触发,但是此在却不能"去经验这种〔向不再此在的〕过渡",因此"经历不到死者本人本真的临终到头",同理,他人也不能够代替此在去死,正是这种向死而在的处境才促使此在去做出"先行的决心":"我们曾从生存论上对死加以理解,把它标识为生存持有的不可能的可能性……操心同样源始地隐含着死与罪责于其自身。只有先行的决心才本真地且具体地亦即源始地领会能有罪责",此在也正是因此才会被良知"召唤到最本己的罪责之存在"。② 而他人之死所唤起的良知是我的良知,因此呼唤并非他人对我的呼唤,罪责也是我的罪责。所有这些过程都是"向来我属"的:"这个存在者在其存在中对之有所作为的那个存在,总是我的存在。因为此在永远都不可能从存在论上被把捉为某种现成存在者族类中的一员和样本……而按照此在这种向来我属的性质(jemeinnigkeit),言语涉及此在的时候总必须连带说出人称代名词来:'我是(ich bin,我存在)','你是(du bist,你存在)'。"③

因此,我们可以这样总结海德格尔在这个问题上的历程,他很可能已经为此在消除了存在和纯粹思维的恒常性,但是他对此在的自足自主性的强调阻止了他进一步前进的脚步:"此在的'属我性'是如此根本地(intrinsèquement)规定着此在,以至于既未能加强它,也未能将它个别化。'主体'的疑难一再困扰着此在。有可能,它并没有被如此表明为那取'主体'而代之者,而是作为它的最后一个继承人,因此它并没有提供对主体的超越,而是提供了一条可能通向这一超越的道路。"④

从既予性的角度来看,形而上学主体的诸难题都是从它对既予者的独

---

① 〔德〕海德格尔:《存在与时间》(修订版),第 320、312 ~ 313 页。
② 〔德〕海德格尔:《存在与时间》(修订版),第 349 ~ 350 页。
③ 〔德〕海德格尔:《存在与时间》(修订版),第 50 页。
④ Jean-Luc Marion, *Étant donné*, p. 360.

特地位的拒斥，同时也是它对既予者的接受者的功能否定中产生的。这一否定本身由于忽略了作为普遍现象学特征的如其所是地展现自身的既予性而变得不可避免，这些使得"主体"失效的形式上的疑难恰恰是由于既予性和既予者的现象学缺失。因此，只要人们还试图从自我（l'ego）、"主体"或者此在出发，将它们预设为原则，那么诸如个别化、唯我论之类的难题就会一直存在。只有在这样的条件下，它们才有可能被消除：通过一个彻底的倒转，以一个受格乃至与格的接受者——它总是由那个通过自身被给予而被展现的现象之来临来完成——来取代那个人们成为出发点的主体。①

如果人们坚持的话，接受者依然是一个"主体"，但是已经摆脱了所谓"主体性"，因为它首先摆脱了主观性（subjectité），又免除了一切根据。这个接受者将不是形而上学意义上的主体的继承人，而是与之正相反对；将不是像主体那样预见或者产生现象，而且是因为接受者已经不能再试图占有或者产生现象；因此也不能维持与现象之间的占有关系，而仅仅维持一种位置关系，当然是毗连的，但是有着不可还原的距离，接受者因此将继"主体"之后来临，在双重意义上取代了后者的形而上学形象。②

那么这样一个接受者是如何发生的？它又具有什么样的特征使它可以合法地声称自己不是主体的又一个化身，而是取主体而代之呢？简单说，它是如何被规定的呢？这就是我们在下文所要详细探讨的内容。

第二节　诞生的主体

前面已经提到，无论在现象学还是在形而上学当中，当现象被描述时，它必定已经与主体处于某种关系之中。如果二者是有区别的，那么这种区别必定在于这种关系本身：它在现象学与形而上学中分别以不同方式被建立为不同的形态。本书的主体部分，是从现象的角度探讨，在马里翁的文本中，这种关系是如何发生以及得到什么样的确认的。现在，我们要

① Jean-Luc Marion, *Étant donné*, p. 361.
② Jean-Luc Marion, *Étant donné*, p. 343.

从主体的角度再次描述这一关系的发生及其特征。

我们说，在一种彻底的现象学中，现象已经不是原来的现象，它们已经从被建构者变成为了给出自身而展示自身者；相应地，主体也不是原来的主体，而是从现象的建构者变成那自己发生的现象的可能的接受者。那么，我们在上一节末尾所提出的问题：那作为接受者而出现的主体的新形象是如何发生的，这个问题的答案就变得非常明朗了：是那被给予的现象将它确立为自己发生的见证者，而它则是通过自己接受这个现象并因此被那自己发生者接纳为其见证者而成为接受者的，这种在接受的同时又为那给出自身者接纳为见证者的新的主体形象就被称为 l'adonné，它是一个接受－给予者。因为它在接受的同时也委身于那自己发生者，就像画家与自然的交融：他感受到自然之生命的同时，也将自己的身体借给那正在发生的自然。"正是通过把他的身体借给世界，画家才把世界转变成了画。"①在这种新型关系中，没有任何一方是单纯被动的质料或客体，双方都主动地现身乃至献身。那么，在马里翁那里，这种新型关系是如何诞生的呢？这还得从笛卡尔说起。

由于笛卡尔的目的是要获得确定无疑的真知识，因此在他那里主体与现象或者更准确地讲是主体与认识对象二者之间主要是认识关系。用笛卡尔自己的话来说，就是"为了认识事物，只需从两个端点着眼，也就是作为认识者的我们和有待认识的事物本身"。②他还声称，在事物方面，"最初（d'abord）应该关注的就是那出于自身而展示于我们面前者（ce qui se montre de soi devant nous）"。③不过，从他对主体的描述来讲，这个最初接触到的东西并不具有真正的首要地位，因为认识者的四个要素（理智、想象、感觉和记忆）中，"只有理智才能察觉到真理"，而其余三项仅起辅助作用。这就意味着感官最初所接受的东西——那出于自身而展示于我们面前者不会是笛卡尔真正重视的焦点。因为笛卡尔的

---

① Merleau-Ponty, *L'Oeil et l'esprit*, Paris：Gallimard, 1964, p. 16. 中文参见〔法〕梅洛－庞蒂《眼与心》，杨大春译，商务印书馆，第 35 页。
② René Descartes, *Règles utiles et claires pour la direction de l'esprit en la recherche de la vérité*, p. 40.
③ 这里我们将 d'abord 译为最初，而没有译作首先，因为在笛卡尔的语境中它只有顺序上的意义，但是并不具有首要地位。

真理是要将关于这些事物的混乱模糊的命题简化为单纯命题，然后再从一切命题中最单纯的那些出发，再逐步上升到关于其他一切事物的普遍知识。因此所谓"发现真理"就是将"心灵的视线朝向那些事物，并且将它们安置于秩序之中"。① 因此获得真理就意味着使事物处于一定的秩序当中，但是我们很清楚，这里所谓秩序与其说是"事物的秩序"，不如说是"心灵的秩序"。这样的方法在《第一哲学沉思集》中得到了一个具体的阐述。笛卡尔以一个蜡块为例阐述他对心灵与事物之关系的理解。

> ……举一块刚从蜂房里取出来的蜡为例：它还没有失去它含有的蜜的甜味，还保存着一点它从花里采来的香气，它的颜色、形状、大小是明显的，它是硬的、凉的、容易摸的，如果你敲它一下，它就发出一点声音。
>
> 可是，当我说话的时候，有人把它拿到火旁边：剩下的味道发散了，香气消失了，它的颜色变了，它的形状和原来不一样了，它的体积增大了，它变成液体了，它热了摸不得了，尽管敲它，它再也发不出声音了。在发生了这个变化之后，原来的蜡还继续存在吗？……当然剩下的只有有广延的、有伸缩性的、可以变动的东西。……
>
> 要注意的是对它的知觉，或者我们用以知觉它的行动，不是看，也不是摸，也不是想象，从来不是，虽然它从前好像是这样，而仅仅是用精神去察看，这种察看可以是片面的、模糊的，像它以前那样，或者是清楚的分明的；像它现在这样，根据我对在它里边的或组成它的那些东西注意的多或少而定。
>
> ……真正来说，我们只是通过我们心里的理智功能，而不是通过想象，也不是通过感官来领会物体，而且我们不是由于看见了它，或者我们摸到了它才认识它，而只是由于我们用思维领会它……②

我们完全可以用《指导心灵的规则》一书中的方法来理解这些引文。

---

① René Descartes, *Règles utiles et claires pour la direction de l'esprit en la recherche de la vérité*, p. 16.
② 〔法〕笛卡尔：《第一哲学沉思集》，第 29~33 页。

对于那一块蜡在我面前的最初呈现，笛卡尔并没有做过多描述，而是立即进入了感觉分析，将蜡分析成一系列"简单性质"，然后又以其中的大多数性质是可变的（偶然的，属性）、不能够"继续存在"（持存性，subsistance），认定它们不属于蜡的本质属性，而从中抽象出一个持存的性质：广延——这是我（"直到现在除了我是一个精神之外，我什么都不承认"）之外的一切可以认识的客体的共性（普遍性）。这是一种最典型的形而上学态度，或者说理论态度。

但是，如果我们反其道而行之，单单列举理性分析所获得的那些性质：有广延的、味甜，有花的香气，颜色淡黄、形状不规则、肥皂大小，质地是硬的、手感是凉的、容易摸的（不像空气那样实存但是难以把握），如果你敲它一下，它就发出一点声音。所有这些信息能够使我们在意识中显现一个蜡块吗？显然不行。不管是那些可变的偶然性质，还是所谓"本质属性"的广延，或者它们的综合，都不足以向我们呈现一块蜡。唯一能够使这一"原初印象"成为可能的，只能是那个蜡块在我们面前的亲自呈现——此时，我们的意识不过是一个简单的接受它的冲击的机构，是现象展示自身的屏幕。我们对它实施的任何分析和建构都是在这个接受之后的事情。如果认识的最基本要素就是将一个对象安置于一个可计量时空秩序之中的话，那么这个现象本身向我发生的事件必定先于这个秩序本身。

正因此，马里翁的做法就是回到那出于自身而展示于我们面前者，顺理成章地，他关于主体的描述就侧重于对这个展现的接受过程。在我们还没来得及对它进行细致的分析，更不必说综合这些"简单性质"然后为它命名之前，这块蜡必定已经同时作为一个自行发生的事件影响到我们：在尚未被模型化和量化之时，蜡块首先并且尤其通过自我展现而向"知觉"给出自身，它严格地向看（以一种介于黄和红之间的颜色）、向听（从铿锵有力的声音到无声的滑动），甚至向味觉和嗅觉（甜蜜的味道和气味）给出自身；简单地讲，它通过知觉的直接性，也就是我的五官来展示自身。① 所有这些感知过程都是在它呈现的那一刻同时实现的，因而在此过程中的"我"绝对不可能是那个慢条斯理地进行分析、推论和建

---

① Jean-Luc Marion, *Étant donné*, p. 363.

构的 l'ego，而只能是一个接受现象之影响的 moi——接受者（l'attributaire）。因此，与形而上学相反，在现象学当中，现象或者说事物本身并不是作为其知觉的"效果"被产生的，也不是作为知觉的表象而被增殖，而是作为其唯一可能的显现通过"知觉"来向"我"（moi）展示。

因此，如果我们通过聚焦于它最初发生的那一刻而将笛卡尔一以贯之地称为自我的那个机构如其所是地还原为一个接受者，那么这个接受者的功能将不仅接收给出自身者，还使既予者能作为既予者而展示自身。也就是说，这个还原工作解除了形而上学对现象自行发生过程及其所给予者——也就是它的既予性——的遮蔽。这个意思马里翁是用一种非常玄妙的句式来表述的："这个蜡块仅仅向接受者的'知觉'展示自身而向注视掩藏自身——后者依据秩序和测量重构了它。现象性不是被把握，而是被接受。"①

这里的"接受"不可以在单纯的被动含义上来理解，不如说，这个接受的过程（reception）是主动与被动的一种交织。因为一方面，是接受者以其直觉将那给出自身者接收并传递到意识屏幕上，使之得以转变为展示自身者：在这一过程中，接受者必须主动地向它开放、接近，需要使自己置身于那个确切的点（变形），甚至要忍受那现象的过量的打击（充溢现象），简单地说，它必须接收并呈现那给出自身者，在此过程中它给了对方一形式（forme），"接受者因此应该被设定为一个滤镜或者棱镜，它使最初的可见性得以发生，恰恰由于它并不试图产生可见性，而是致力于不介入、无干扰地接受可见者（s'y soumettre）"。② 在这一描述中，作为滤镜或棱镜的接受者已经超越了通俗意义上的主动或被动的概念。另一方面，这个滤镜或棱镜并不是一开始就现成地摆在那里，预见到现象的来临而后接收之，它是在现象已经发生并影响到接受者时才转变为现象的展示场所的——这里的展示就是现象的自己发生过程。因为在现象还未向我发生之时，既予者还未被现象化，从而也不会有任何滤镜会期待它。因此，

---

① Jean-Luc Marion, *Étant donné*, p. 364.

② Jean-Luc Marion, *Étant donné*, p. 364.

马里翁说："接受者并不先于依据其棱镜所形成者——而是它的结果。"①

　　我们尝试以一个生活世界中的实例来说明接受者与现象之间的这种关系。一个自小就耳聋的人即使语言方面的生理机能是健全的，如果不经过特殊的训练也无法学会说话，即无法与他人交流。为什么呢？因为他人的语言从来都无法向他显现。假如有一大，他的听觉忽然通过某种手段被唤醒了，那么他也必须首先主动地倾听，然后理解这些言语，最后才能尝试着自己说话，去回应他人。很可能，他的第一个语言交流就是在人们叫他的名字时给予一个回应。而他的回应在倾听和理解的过程中就已经酝酿、发酵，最后的回应不过是这个接受过程的效果罢了。一方面，如果他人不去呼唤他，所谓倾听和理解都没有可能；另一方面，如果他还是聋的，那么无论人们如何呼唤，他也听不见，因此就不会有什么理解或让自己发音的动机。

　　主体作为接受者的新形象是在一个贫乏现象或普通现象发生（如一块蜂蜡的呈现）时被建构的，那么，如果影响到他的是一个充溢现象，那会有什么样的效果呢？马里翁说，那个影响将激化为呼唤（appel），而接受者则激化为 l'adonné。②

　　在马里翁之前，海德格尔也曾经在此在存在论中提到呼唤，但是马里翁认为不应该直接使用关于"存在问题"的术语来描述呼唤。不仅如此，对呼唤的描述也不必求助于任何其他作为其来源的概念：不仅是存在，也包括"父"（le Père）、他者等，因为一种彻底的现象学上的呼唤应该是一种"无名的声音"（la voix sans nom），因为最终对呼唤的判定乃是那接受呼唤者对于其既予性的能在的决断。③ 呼唤应该依据其本己的形象被描述。马里翁认为呼唤可以作为意向性的倒转或对立面，简单地说，被描述为一个反 - 意向性（contre-intentionlité），它的身影在胡塞尔那里就已经隐约可见，在列维纳斯那里则首次得到了比较清晰的形象："……它（他人之脸）与我照面，强令我将它设想为那个我必须向之做出回应者。然而，假如我不得不向它做出回应，而且也已经做出了，我就因

① Jean-Luc Marion, *Étant donné*, p. 365.
② Jean-Luc Marion, *Étant donné*, p. 366.
③ Jean-Luc Marion, *Étant donné*, pp. 408 sq.

此接收（经受）了一次呼唤。脸实施了一次呼唤，它将我引发成为一个 l'adonné。"① 当然，在马里翁说"脸实施了一次呼唤，它将我引发成为一个 l'adonné"时，他已经不是在列维纳斯的意义上使用"脸"这个词了，它已经被彻底化为"圣像"。至于马里翁本人对于呼唤的建立，则是从笛卡尔和康德的文本中"读"出来的，② 限于篇幅，我们将另文专论。但是，无论是圣像还是他人之脸都不应该被理解为呼唤的确定的起源，从 l'adonné 的角度来说，它所接受到的是呼唤本身，甚至在呼唤中所接受到的也正是它的自身，而对呼唤的发出者毫不知情，因为作为一个充溢现象，它是无法把握的。并且由于呼唤本身是不可见的，它只能通过它的接受者对它的回应而展现："呼唤仅仅在回应中并且依据回应被领会。"③

这个千呼万唤继主体之后而来者的形象，必须在它与现象的呼应关系中才能说得更清楚，所以我们不妨先通过一幅绘画来呈现一个呼应关系的场景。这幅绘画就是卡拉瓦乔的《召唤使徒马太》。④ 画面所描绘的内容如下：

> 在一间萧然四壁的昏暗房间里面，一伙收税人正围坐在未铺台布的桌子旁，桌上有钱币、账本和墨水缸，在桌子的右侧，是两个佩剑青年。从门外进来两个人，其中伸手向前者当是耶稣，另一个据说是使徒彼得，不过这无关紧要。耶稣的身体虽被彼得挡住，但头上淡淡一轮"灵光"，表明着他的身份。有一束很强的光线从进门的两个人的身后投入，照亮了墙的上部，也照见了桌旁几个人转过来的脸庞。在那个戴饰有羽毛帽子的青年和散着头发、戴着夹鼻眼镜的老人中间

① Jean-Luc Marion, *Étant donné*, p. 368, note2.
② 详见 *Questions cartésiennes II: Sur l'ego et sur dieu*, pp. 3-48。该书第一卷第一节论及笛卡尔自我中原初的他性（l'alterite originaire de l'ego）。
③ Jean-Luc Marion, *Étant donné*, p. 396.
④ 卡拉瓦乔（Michel-Ange de Caravage, 1573？-1610），意大利画家，对巴洛克风格美术的形成有重要影响。作品《召唤使徒马太》（323厘米×340厘米）创作于1597~1600年，是画家为罗马路易吉·德·佛朗西斯教堂所做的表象使徒马太行传的三幅画作之一，现藏于该教堂。画家使用的强烈明暗对比手法，被称为卡拉瓦乔式聚光法，为后来欧洲不少画家如鲁本斯、伦勃朗等人继承和发扬。

的，就是马太。人们如此判断，倒不仅仅是因为他的脸正好处在光线中，更重要的依据是他用左手指着自己的胸口，似乎在问："是我吗？（moi?）"原先在这屋里的数人当中，显然个个都看到了耶稣，甚至对他的到来表现出惊异的神色，但是做出这一回应的就只有马太。

画面对应的圣经原文如下：

> 耶稣从那里往前走，看见一个人名叫马太，坐在税关上，就对他说："你跟从我来。"他就起来，跟从了耶稣。①

显然，画家在作品中按照自己的想象力对这段简单甚至有点"单薄"的记载做了丰富而生动的阐释，我们可以说它所给予的要远远多于经文的记载。而马里翁对这幅画的阐释，或者说赋予它的现象学内涵则要远远多于这幅画的内容。这是一个"事件"在历史、文化中的奇异旅程，它从古代穿越近代一直流传至今，从宗教经过艺术而进入哲学文本，意义不断嬗变和增殖。在马里翁看来，呼唤本来应该具有双重的不可见性：其一，即使它是可感的，那也应该诉诸听觉，而不是视觉；其二，他所要呈现的内容严格说来是一种精神上的感召，那么即使在听觉上也是"不可见"的，这是一个纯粹精神上的抉择。而画家所能够依赖的却只有那些视觉上可见的沉默的形式、色彩、阴影和光线，以这些可见的现象性来使这样双重不可见的东西显现。他因此只能充分地利用他仅有的那些手段。最明显的一点当然是他用可见的手势点出了呼应的双方：耶稣伸长的手臂和马太回指自身的左手。然而，马里翁更加注重的却不是他们的手势，而是他们的目光："我们在马太的目光中看到这个目光的显现，无限多于在基督的手势中所看到的。"② 这目光不是将基督作为一个可以被看到的场景（spectacle），如果是这的话，他就会像其他在场的人一样，

---

① 《新约·马太福音》9：9，中国基督教两会出版，2008 年中文和合本。
② Jean-Luc Marion, *Étant donné*, pp. 392–393.

成为一个普通的旁观者（spectateur），但是显然他不是，他已经与那向他显现者处于一种互动关系之中；其次是耶稣的目光，他也不只是一种简单的观看，作为一种召唤，它应该被认定为一种加之于其本人及其俘获物的重负。这就构成一个决定性的时刻——一个灵魂在目光的交织中被召唤所抓住，马太用他的手势本身表现了在沉默中对呼唤的回应，这个回应使自己成为向那给出自身者（呼唤）献身的 l'adonné。质言之，在接受现象的同时，那接受者也同时向现象给出自身——这就是它的回应。①

我们就是在这样的情形中大体勾画出了 l'adonné 与呼唤之间的关系：呼唤只能首先在 l'adonné 对它的回应中被现象学地展示，仅仅在回应中并且依据回应被领会，回应尽管发生在后，但是展示在先，也只有在这样的关系中，我们才有可能得体地描述 l'adonné 的诸特征。

首先，l'adonné 是在一种呼应关系中对它所接收到的突然的呼唤感到惊异者，因此应该被合法地规定为惊愕者（l'interloqué）。之所以如此说，是因为对它而言，呼唤完全是一个无法预测的意外事件，而这个事件给予它的冲击却是无比深刻而强烈的，甚至一时间无法承受。② 惊愕者作为召唤的结果，被某种精神性的东西所影响（emprise）、抓住（pris）并且是当场抓住的（sur-pris）。然而这一影响本身的来源越可能是不确定的，它对 l'adonné 的确定就越彻底：l'adonné 向它实际上完全不知晓（manqant）的对象倾注了全部注意力，它向一个空洞的距离敞开。类似的距离也被加于 moi/me 而不给予关于它的任何知识，因此与一切寻求知识的意向性，或者用福柯的术语来说，"求知之志"相对立；寻求知识的意向性通过超越于现象的我建构着对象。比如在我们刚刚描述的绘画中的其他人，作为呼应关系的旁观者，他们不会在不知所措中就对耶稣做出回应，而可能观察他的相貌、举止，然后推测他的身份来历和行为动机，或者还有其他种种可能的意识行为，但是无论如何，这些冷静、客观的行为最终都无法使之成为惊愕者；而惊异则恰恰相反，它既是模糊的，又是"遭受的"（subie）之激情（passion），因此完全与

---

① Jean-Luc Marion, *Étant donné*, p. 393.
② 详见本书第七章第一节关于现象之事件性，尤其是不可预测性的讨论。

意向性对立，意向性这种已知并且能知的绽出经由 je，依据它本身展开。最终，l'adonné 所体验到的惊异乃是一种最为原初的情感（affection），它先于形而上学主体性；尽管后者还有可能先于惊异，惊异还是撤销了它根本的形而上学特权。

其次，l'adonné 所感受到的是一种强有力的呼唤，这种呼唤是如此具有强迫性，以至于它的接受者必须在移动和服从的双重意义上回应之（s'y rendre），正是在这样的回应中它才完成了从主格到与格的转换。也就是说，它不再像笛卡尔的自我那样分析和演绎眼前的现象，并将它安排在一个秩序之中，这个秩序的中心正是这个自我本身——因此这种主格的自我名义上是认识、安排世界，实际上完成的却是一种自我认识和自我设定："关于这个精神，也就是说关于我自己……我将要说什么呢？我说，关于好像那么清楚分明地领会了这块蜡的这个我，我将要说什么呢？我对我自己认识得难道不是更加真实、确切而且更加清楚、分明吗？……有可能是我所看见的实际上并不是蜡；也有可能是我连看东西的眼睛都没有；可是，当我看见或者当我想是看见（这是我不再加以区别的）的时候，这个在思维着的我倒不是个什么东西，这是不可能的。同样，如果由于我摸到了蜡而断定它存在，其结果也一样，即我存在。"① 而当 l'adonné 向呼唤做出回应时，它就必须放弃在自我设立（position）与自我实现方面的自足：它由一个事物之秩序的建构者（je）被转化为一个呼唤（那展现于它面前的事物本身）的原初的、个体化的（因为处于惊愕者地位的人只有他）倾听者（me /à qui）。这种从主格到与格的过渡就这样倒转了形而上学范畴的等级体系：个体化的本质不再先于关系，因为只有这种关系才能使个别化成为可能，此时，关系先于个体性。更有甚者，个体性丧失其自足本质：其一，它依赖于这种呼应关系，仅仅在作为呼应关系的一个端点时才是可能的；其二，它对于这个关系的另一个端点——呼唤的来源是一无所知的，对方是突然出现并施加影响的，而它则是在惊异中被迫作出了回应——给出了自身并为对方所接受。因此马里翁说："l'adonné 可以完全获得同一性，但是这一认同又一下子脱离了 l'adonné，因为它必须

_____

① 〔法〕笛卡尔：《第一哲学沉思集》，第 32～33 页。

在未确认的情况下接受它，因此被一个它既未想清楚又未想明白的东西所接收，而不顾自己身上我思的消退。主体性从属于一个原初被改变的、被呼唤的同一性。"

再次，l'adonné 作为惊愕者与呼唤不是处于一种平等的二元逻辑（dialogique）关系中，而是处于一种不平等感的交流（interlocution）关系中。为什么呢？这是因为这里的 l'adonné 不能够依据主格来理解：由于它是呼唤所引起的，因此总是延迟于呼唤而发生，这使它无法作为一个主格的自我而自身合法化①；也不应该在名词性的所有格（总属我的存在）的意义上被理解，因为我永远无法声称这个呼唤是我的，我自己就是在对这个呼唤的回应中才被建立起来的，② 甚至也不可以在受格的（为他人所责难）意义上被理解，对此我们在第七章第二节中已经有详细的讨论。最终，l'adonné 应该依据一种与格的情形被领会："我被呼唤所接受，然后它又将我给予我自己"，甚至我们可以说这个 l'adonné 是夺格③的，因为正是它（作为工人和手段）使得向所有其他特定的既予者的既予性的开放成为可能：因为它就是呼唤所抛出的第一个礼物。在接受那唤起（convoque）它的呼唤的时候，l'adonné 就因此向他性开放，而且它有时候并不知晓这是谁之他性，而这种无知却使它得以更多地给予。因此，在其诞生之时，l'adonné 就已经摆脱了唯我论。

最后，惊愕者忍受了呼唤并且把它的要求作为一个总是已经给予的事实忍受了下来，这个由呼唤给予的事实导致了惊愕者不可否认的事实性，但是这种事实性由呼唤所建立，而不是一种自我确立，质言之，不是一种自身合法性（authenticité），而是一种非 - 自身合法性（inauthenticité）。呼唤作为一个既成事实④既不能被否认，也不能被拒绝，因为拒绝就意味着双重承认：首先是通过必须回应而承认了它，也就是说它在事实上在先；其次，对于一切回应而言，假如我们事实上不曾领会它，就不必否

---

① Jean-Luc Marion, *Étant donné*, pp. 400 – 401.

② Jean-Luc Marion, *Étant donné*, p. 403.

③ 即以 l'adonné 接受之。

④ 呼唤身上集中着所有现象的特质，关于现象作为"既成事实"的规定性参见本书第六章第一节。

认它所言说的话语，也就不会企图拒绝它。所以，一切拒绝它的企图都必须首先承认来自它。实际上，在认识一个对象之前（惊讶），在看到他者之前（交流），l'adonné 就发现自己总是已经在呼唤的冲击（召唤）中被转化为一个 moi。因此 l'adonné 是因为一个被领会为呼唤的原初的言语强加于它时才实现其个别化的。因此，l'adonné 的非 - 自身合法性就意味着它已经完全不是传统形而上学意义上的自身统一的主体，而是在其诞生之时就已经和呼唤（他性/alterite）处于一种关系之中的主体，它是被呼唤所召唤者，被呼唤所惊愕者，也是因对呼唤的回应而使呼唤得以展现者，呼唤就是在它的回应中才能够展现自身的。如果没有呼唤，l'adonné 就不会产生，也就是说不能够作为惊愕者、回应者而个别化，在这个意义上，l'adonné 在接受呼唤的同时也接受了它自身；同时，如果 l'adonné 保持冷漠而不对呼唤做出回应，那么呼唤也不会作为一个充溢的现象而展示自身。同时，呼唤如果在回应中展示了自身，那就意味着那呼唤者也已经接受了惊愕者对它的回应。正是在这个意义上，马里翁承认，通过既予性的现象学来描述 l'adonné 的努力，直接意味着重新捡起通达他者的问题。①

---

① Jean-Luc Marion, *Étant donné*, p. 442.

第九章

主体与处境

第一节 方法与真理

无论是在《沉思集》还是在《方法谈》当中，笛卡尔都表达了对其时代知识状况的极端不满，正是出于这种不满，他才下决心为获得真知而确立一种新方法，我们可以称之为基于理性的怀疑方法。①

顾名思义，这个方法有两个方面，一方面是它的积极的方面，也就是基于理性的方面。这在《探求真理的指导规则》② 中就已经基本定型了。我们不妨依据这本书的相关表述来归纳该方法的主要特征，这虽然有老生常谈之嫌，但对于本书却是非常必要且重要的，因为这个方法当中就已经蕴含了形而上学，方法自身的特征直接影响乃至直接决定了"我思自我"的特征，而这些特征不仅在后来的几个世纪中主导了欧陆形而上学，也是本书所涉及的另一位思想家梅洛－庞蒂反思的对象。

我们说笛卡尔的方法是基于理性的怀疑方法而不是一般的皮浪式的怀疑论，是有理由的。虽然笛卡尔的怀疑波及甚广，不仅悬置了周围世界，甚至连自己身体发肤都在怀疑之列，因此有许多哲学史家认为他的怀疑近

---

① 参见徐晟《思想的方法：从笛卡尔到现象学》，《天津社会科学》2008 年第 6 期，附录二。本章论题和构架都是在修订该文时产生，可以看作这一篇论文的延续。

② Rene Descartes, *Règles utiles et claires pour la direction de l'esprit en la recherche de la vérité*，书名全译为《指导心灵探求真理的有用且清晰的原则》，文中简称《探求真理的指导原则》。

乎"夸张",这个评价本身倒是一点都不夸张。但是我们不应该忽视这一点，那就是他虽然暂时否认了一切现有的知识和判断，却没有否认对自己的精神认知能力——良知或曰自然之光——的信仰。或者不如说，正是基于这种对自身理性的信仰他才敢于做出如此大胆而彻底的怀疑和推论，同时又免于陷入怀疑主义和不可知论。这个信仰在该书的一开始，作为他的哲学研究目的和宣言最明确地表现出来：

> 如果谁想要认真地探求事物的真理，就不应该选择某一特殊科学：因为，事物都是互相联系、彼此依存的；他必须仅仅考虑理性的自然之光的增长：并不是为了解决某学派的这个或那个难题，而是为了在人生各个场合，让悟性指引意志去选择何种立场。这样的话，不用多久，他就会惊奇地发现自己取得的进步，远远超过那些研究特殊事物的人……①

这个自然之光有两个具体的功能，那就是直观和演绎。这二者当中，尤其直观具有无可置疑的特征，从而具有首要性。因为笛卡尔形而上学体系的第一原理就可以被认为是一种直观的所得。直观是心灵的目光对对象的直接把握，它是纯粹而专注的心灵的无可置疑的构想（concevoir），仅仅产生于理性之光，且比演绎更为确定：

> 我所理解的直观（intueri，regard），既不是感觉的变化着的显现物，也不是想象力所错误地构造出来的虚幻判断，而是一个纯粹而专注的心灵的无可置疑的构想，它来自那唯一的理性之光，比演绎更为确定……因此，每个人都可以凭借心灵直观出：他存在，他思想（qu'il existe, il pense）……②

---

① René Descartes, *Règles utiles et claires pour la direction de l'esprit en la recherche de la vérité*, p. 3.

② 这里还透露了一个信息，如果马里翁的翻译是符合笛卡尔原意的话，那么不必通过怀疑的过程，"人存在，人思想"这样的判定是可以通过直观直接获得的。那么方法谈的过程不过是强调了这个判断不可怀疑的特征罢了。René Descartes, *Règles utiles et claires pour la direction de l'esprit en la recherche de la vérité*, p. 8.

通过这段引文，我们不仅明确了笛卡尔对直观之意义的规定，而且也明了了"他存在，他思想"① 这样的判定正是通过直观而直接获得的。因为在这句话当中的实际主语是"每个人"，后面的"他"所指代的也是这些个人，那么这当中自然也包括我，因此完全可以这样说，在笛卡尔那里，"我存在，我思想"（j'existe，je pense），不过是"他存在，他思想"（il existe，il pense）的一个特例。此外，还有一段话可以直接帮助我们确认"我思，故我在"这样的原理就是直观所得："最初的原理本身仅通过直观而得知，相反，较远的推论则仅通过演绎而获得。"② 而"我思，故我在"正是这样的最初原理。总之，在《探求真理的指导原则》中，我思是一个积极的直观所得。

下面，我们来看这个方法的另一方面，也就是《方法谈》所侧重的怀疑的一面。此时，我们会看到，由于《探求真理的指导原则》中并无怀疑的过程，而在《方法谈》中思维之我因为有了这一过程而变得关键起来，它既是怀疑方法的最终界限，构成它的第一个障碍，同时，你也可以认为它是怀疑方法的第一个成果，一系列彻底的怀疑行为之后的最终剩余物，此外，它还是新的知识大厦的奠基石。其实，"我"在《方法谈》的最初形象甚至就是"怀疑"这个行为本身，或者是那个在怀疑的东西，那个怀疑的主体。

> ……在我想要认为一切都是虚假之时，"我"（moi）——那个思维这一切者，必须是某个事物③，必须注意这一事实：我思，故我存在（是）……我断定我能够毫不迟疑地接受这一点作为我所寻求的哲学的第一原则。④

而这个怀疑主体之所以重要，成为由怀疑回归建设的转折点的全部秘

---

① 其实也完全可以译作"人存在，人思想"。

② René Descartes, *Règles utiles et claires pour la direction de l'esprit en la recherche de la vérité*, p. 9.

③ 没有单纯说"是［单纯的'使可能'的功能］"而说"是某物"，不知是不是拉丁文法译的问题；若是，那么就是海德格尔指责的铁证：将存在混淆于存在者。

④ René Descartes, *Oeuvres de Descartes*, AT, VI, *Discours de la methode*, p. 32.

密却在于这样一个信念——那个想要怀疑一切者，却不能怀疑它不存在。

　　因此，在考虑那怀疑一切者时，永远都无法怀疑它的存在，在它怀疑时，在它如此推理时，尽管他怀疑所有那其余的东西，我们都不是在指涉我们称为我们的身体的东西，而是在指涉我们的灵魂或我们的思想，我将这一思想的存在或者说实存看作原则……①

这一段引文不仅表明了我思的最初形象，而且暗示了我思的另一个特征，我思与我的身体的不同，甚至他还主张思维之我，我的灵魂可以离开我的身体而构成一个独立的实体。

　　……我只是一个无广延的在思考的东西，另一方面，对于身体我有一个分明的观念：后者是一个仅仅有广延且完全不思考的；可以确定，这个我（moi），即我的灵魂，我正是凭借它才是我，乃是完全而真切地区别于我的身体，并且它可以没有身体而存在或实存……②

本来，笛卡尔也试图赋予我的身体以"某种特殊的权利"，因为它"比任何其他事物都更真实，更紧密地属于我"。③ 但是，这个属于我的身体提供给我的知觉容易让我做出错误的判断，从而无法符合甚至有时候是严重违反了《探求真理的指导原则》关于真实知识的标准，因为这些判断显然无法满足关于确定性的要求，简言之，它所提供的东西是可疑的，而不是明见而分明的。因此，此时的笛卡尔似乎完全不信任身体，要求一切可信的知识都来自心灵。

　　对于那些呈现的（proposés）对象的感触，绝对不可以诉诸别人的感觉，也不应诉诸我们自己的臆测，而应诉诸我们可以清晰而明确

---

① René Descartes, *Oeuvres de Descartes*, AT, IX, *Meditions*, preface, Paris: Librairie Philosophique J. Verin, 1996, pp. 9 – 10.

② René Descartes, *Oeuvres de Descartes*, AT, IX, *Meditions*, p. 62.

③ Rene Descartes, *Oeuvres de Descartes*, AT, IX, *Meditions*, p. 60.

的从中直观到的，或从中确定地推断出来的东西，因为舍此我们无法
得到任何科学知识。（规则三）①

这里，"我思"是没有广延的纯粹思维实体，那么没有广延就意味着
没有空间性，不仅如此，在梅洛－庞蒂看来，我思在笛卡尔的文本中的某
些场合，尤其是在对它的康德主义解读中，还是非时间的，也就是永恒
的。这使之成为一种类似于上帝的主体。② 正是这样的主体才能够将世界
建立为它的对象的世界，使事物的秩序符合观念的秩序。而主体本身则是
完全内在的、主动的、自身同一的机构。

但是在笛卡尔的文本当中，有两个地方很值得注意：一方面，他全部
哲学的阿基米德点就是"我思"；另一方面，我们看到在极其简短的《方
法谈》当中，他不厌其烦地谈论自己的学术训练和宗教信仰、生活经历
等这些并不直接与纯粹自我（那个持续伴随每一个思维的精神－moi）有
关的东西。但是，恰恰是这些东西，构成我思之意识的处境性的前提。

第二节　能思的身体

梅洛－庞蒂的"我思"阐释，可以说是直接针对笛卡尔文本的，但
更多的是针对笛卡尔"我思"公式的康德主义阐释的。概而言之，这种
阐述的理论后果或者说意义在于：哲学的主体观开始从笛卡尔和康德主义
的纯粹理性主体论向作为知觉主体的身体主体论转变，从偏重认识的观念
论向强调语言文化处境和时间厚度的存在论转变。

假如主体是一种处境，甚至它只是诸处境的一种可能性，那是因
为只有当它作为真实有效的身体并且经由这一身体进入世界之时，它

---

① René Descartes, *Règles utiles et claires pour la direction de l'esprit en la recherche de la vérité*, p. 6.

② "我在我思中已经确认了这样一个可知的并且与我们的经验相同一的结构。假如这个结构使我脱离了事件并且将我建立于永恒之中，同时也使我摆脱了一切限制以及及的个别实存……" 参见 Maurice Merleau-Ponty, *La phénoménolohie de la perception*, Gallimard, 1945, p. 427。

才能实现其属我性（ipseité）。……只有伴随着我作为身体的实存和作为在世实存时，我才是一个主体性的实存，具体讲来，最终，我所是的主体性与这个身体和这个世界不可分离。我们在主体的深处所找到的存在论意义上的身体和世界并非观念中的身体和世界，而是在总体的把握中被建立（contracté）的世界本身，是作为能认知的身体的身体本身。①

从引文可见，为了展开对笛卡尔思想的评注，梅洛－庞蒂描述了一种最初处境，在这种处境当中，我和我的周围世界的关系是这样的：我，严格地讲是"我作为我的身体"可以投入我的周围世界当中，知觉到某些特定的事物，但是这些事物依然保持着它们自己的神秘性，对于我并非透明的。而且，我也无法就这些事物给出清晰的判断，赋予它们笛卡尔《探求真理的指导原则》所要求的那种"秩序"，我对它们的最初描述也不是"观念的组合"，因为这个处境于我乃是"一种无法描述其复杂性的开放情境"。也就是说，那个所谓不依赖于身体的、积极能动的、纯粹的"我思"即使可以描述世界，那么所谓的描述也是"思想和语言的奇迹般地自己组织起来的"。②

就像笛卡尔的怀疑方法使得它构成对当时通行的经院哲学的决裂一样，这个向最初情境的回归本身也蕴含着现象学对形而上学主体－客体二元论的否定。因此，梅洛－庞蒂虽然首先肯定了在由事物或观念向自我［moi］的笛卡尔式回归当中有一个决定性的真理，但是他这里的我和笛卡尔的我思主体已经具有完全不同的含义。所以，我们说，梅洛－庞蒂看似随手写来的这个开头实际上将我们带到了另一个视域，一个与笛卡尔不同的起点，从这个起点出发，不仅我思会得到重新规定，而且它与事物、世界的关系也随之变化。

我们知道，在笛卡尔描述他的我思时，并没有提及时间，或者我们干脆可以说他完全无视思维主体自身的时间性问题，而是想当然地认定他的

---

① Maurice Merleau-Ponty, *La phénoménolohie de la perception*, p. 467.
② Maurice Merleau-Ponty, *La phénoménolohie de la perception*, p. 423.

持存性。他认为通过身体知觉观察的周围事物都是可疑的，因为蜡的形状会变化，会从固体变成液体，我们看到的人也可能只是一个树桩，但是"我自己"，这个思维着的精神则是一直有效的：以直观为开端，再继以"思维一目了然地分别直观每一事物这样一个持续而丝毫不间断的运动"。①

但是，梅洛－庞蒂则通过具体的视觉思维（pensée de voir）分析表明，这种将我的看到之思（我确信我看到了某个事物，或者说某个事物的确向我呈现）与这个事物本身的实际存在严格地区分开来是不可能的。这种区分成立的前提是将"看到"（voir）这一行为假定为关于某种本身就飘忽不定的性质（quale）的沉思。而这种假定本身是十分荒唐的。因为即使一开始看到的蜡块后来熔化为液态的蜡油也无法改变我们在当时的确看到一个蜡块这个事实，那是一个已经发生的、不可取消的事件，尽管它只是暂时的。因此，这种思维与存在的分离是不可能的，任何思维都是关于某事物的思维。在看这个词的完整意义上，"看到，即看到某事物"，因为"知觉正是这样的行为，问题绝不在于将这一行为本身与它所朝向的项区分开。既然我们无法将知觉与它已经或者不如说它必定通达的事物本身的意识分离开，那么知觉与被知觉者必定具有同样的存在样态"。②这也就意味着，如果那看到的行为主体是实存的，那么所看到者也同样是实存的。

让我们直接用笛卡尔的文本来详细地分析这个过程。在《第一哲学沉思集》当中，笛卡尔讲到，他透过窗户看到了街上的过路人，但是他马上又说这些支撑着帽子和大衣的也许不是人，而是假人或幽灵。这些都没有什么错，问题在于这个实例绝对不足以支持精神与事物的分离的论断。的确，如果我们采用与笛卡尔相同的出发点，也就是说第一个无可置疑的真理必须来自我的理智直观，那么我看到一个事物仅仅代表这个事物存在的可能性，似乎无法延伸得更多。但是，如果我们反思这个判定思维

---

① René Descartes, *Règles utiles et claires pour la direction de l'esprit en la recherche de la vérité*, p. 22. 规则七：为了获得科学，必须通过思维的连续不间断的运动一个一个地遍历所有事物，并且在充分的清点中把握它们，这必须有秩序地完成。

② Maurice Merleau-Ponty, *La phénoménolohie de la perception*, p. 430.

的产生过程本身呢？首先，笛卡尔无法否定他实际上看到的东西：帽子和大衣，也就是说知觉活动与被知觉者是无法分离的。其次，他也没有否认自己看到的可能是个人；只是说，那不是一种确定无疑的真理而已。这里真正被否认的是思维自身对可见者的判断，而不是可见者本身之实存（实存不必是时空中的实在，恰如自我和上帝都是非时空的而又是实存的）。这是不可见者对自身的否定，而不能证明看到行为本身及其所见的不可信。最后，也最关键的是，如果他从来没有看到过人这个东西，并且在生活中学习到人们就是把这种东西称为"人"的话，笛卡尔是无法得出他透过窗户看到的"可能是个人"这个关于可能性的判定的。那么至少有两个无可置疑的事实支持着这个关于"可能"的判断：第一，他看到了帽子和大衣；第二，他以前的确看到过人这样的东西，并且知道称之为人。因此，看到像是人的东西这个完整的视觉活动并不是一个单纯的在观念中发生、完成的纯粹思维过程，而是与我对周围事物的知觉历史以及主体与他人的交往密切相关。

　　可能性的确定性不过是确定性的可能性，看见之思只是一种观念上的思维，此外，如果我们不曾现实地获得那样的视象（vision），我们就不可能获得这一观念。如今，我们不可以将"看见之思"理解为通过我们的建构能力而获得的意识。尽管它来自我们的经验知觉，而知觉可能是真实的或虚假的，这些知觉只有在被一个可以确认、认定并将之保持为我们面前的意向对象的心灵所习得（habitées）的情况下才是可能的。①

这一段话实际上揭示了梅洛－庞蒂所认为的知觉行为的意向性结构。在这一结构中，意识具有建构能力，但是这种建构能力并不是神秘的、纯粹主动起作用的某种内在动力（dynamisme，活力，能动性），它只是一种意向指向的功能，作为意向指向的功能，就必须在有时间性的知觉时间中才能现实地产生完整的意识，即超越自身而获得意向对象，而这

---

　　① Maurice Merleau-Ponty, *La phénoménolohie de la perception*, p. 430.

一过程可以称为一个事件。简言之，我思是一个事件，它在时间中绵延，它不是一个静态的结构，不可以区分出单纯的能动性和纯粹被动的感性内容，也无法截然地区分内在和外在，那个纯粹内在、持续伴随每一个思维的永恒的纯粹理性主体只是事后的虚拟，它使人接近上帝，但是在不承认任何预设的现象学的描述中无法找到它的身影。

> 在此，我们考虑找到一条处于我思和被经验主义肢解的时间之间的通道，并且重启关于我思和时间的阐释。我们已经一劳永逸地确认我们与事物的关系并非外在的，而我们关于我们自身的意识也不是单纯的心理事件的标记……恰恰需要理解的是世界［何以］从属于主体而主体又［何以］从属于自身，这一使得经验成为可能的思维（cogitatio），我们对于事物以及我们的"意识状态"的把握（prise sur）。我们将会看到，它们并非与事件或时间无涉，不如说它们乃是事件和历史（Geschichte）的基本的模式，对象化和无人称的事件乃是历史中派生的形式，最终，只有通过一种客观化的时间概念才使得诉诸永恒成为必需的。①

从一种知觉现象学的观点看，我思与所思对象的分离其实是因为笛卡尔本身忽视了思维的知觉基础。他直接从精神直观出发的立场使他完全忽视了思维的行为本身奠基问题。就此，梅洛－庞蒂的观点非常明确：

> 理性与事实，永恒与时间之间的关系，和反思与未思、思想与言语或思想与知觉之间的关系一样，在其双重意义上属于现象学上所谓奠基关系，其中的奠基项乃是时间、未思、言语和知觉。②

为了说明这种奠基关系，梅洛－庞蒂借助非常具体的情境分析。他分析的正是自己阅读笛卡尔第二沉思的体验。首先，他发现其中有一个成问

---

① Maurice Merleau-Ponty, *La phénoménolohie de la perception*, pp. 428–429.

② Maurice Merleau-Ponty, *La phénoménolohie de la perception*, p. 451.

题的"moi"，这个作为观念的"我"既不是作为读者的梅洛－庞蒂的，也不是笛卡尔的，而是任何可以思考的人的。然后，梅洛－庞蒂就可以依据语词的意义和观念的联系推论笛卡尔关于我思的公式的确切表达应该是"on pense, on est"。不过，梅洛－庞蒂真正要强调的不是这个推论，而是他得出这个推论的过程："我只有通过言语的媒介才能把握我的想法和我的存在。"但是，言语的奇迹就在于，正在思考的人并不会意识到他在使用言语。当人们阅读时，专注于那些文字符号所指的时候，就不会再注意到那些纸上的笔画，那些能指，也不会注意到是我的眼睛在观看，所有这些可见的东西不过是某种不可见的活动得以呈现的最低限度的条件而已。表达本身在它所表达的东西面前消失了。语言是笛卡尔表达"我思"也是读者们领会"我思"所必需的条件，这个条件本身具有两面性。一方面，它无法达到其本来应该达到的理想的透明状态，即我不能通过文本在我的脑海中重复笛卡尔的思维过程；另一方面，语言也不是完全不透明的，我依然可以理解它，而使这种理解成为可能的，就是所谓沉默的我思（cogito tacite），事实上，它同时也是使对我思的表达成为可能的东西。所谓沉默的我思，乃是一种先于任何哲学的、自身对于自身的呈现。① 在这个意义上，笛卡尔文本当中的那个被言说的我思必须由沉默的我思来奠基：

> 正是这个笛卡尔在书写沉思集时候所意指（viser）的无声的我
> 思，是它激发并主导了所有的表达操作，这些操作，按其定义，总是
> 缺乏目标，因为它们在笛卡尔的实存和笛卡尔对这一实存之认识之间
> 建立了全部文化习得的厚度，但是假如笛卡尔没有首先有一个关于其
> 实存的观点，那么这些表达也不可能做此尝试。②

也就是说，如果没有我通过我的知觉的介入而在某一文化中习得语言，并形成一个关于语言的沉默的意识，语言本身是不可能的——语言必须成为我的言语，然后才能够被讲出来。我们还应该看到，这种奠基关系并不

---

① Maurice Merleau-Ponty, *La phénoménolohie de la perception*, p. 462.

② Maurice Merleau-Ponty, *La phénoménolohie de la perception*, p. 461.

是单向的，也就是说，被言说的我思（关于我思的表达）同样也可以为沉默的我思奠基：从认识的顺序来讲，一个沉默的我思只有通过知觉的探索和语言才能够被传递、确定和阐明（reconquise，fixee et explicitee）。

　　这一事实表明我思并非无可置疑的和自明的。因为言语意味着一种中间状态。一方面，言语本身的意义并非自明也不确定。它只是我们一种在时间中习得的结果，所以意识并不建构语言，而只是承担言语。在笛卡尔的文本中，"我思，我在"乃是直接自明的第一原理，但是，在此，通过揭示出笛卡尔本人未曾意识到的言语本身的非意识性——它并非由某个个体意识无时间地建构而成——这一点，取消了它第一原理的地位。①

当然，沉默的我思的阐述并不是梅洛-庞蒂我思阐释的终点，实际上他本人在 1959 年的工作笔记中就已经说沉默的我思在事实上是不可能的。② 在其思想后期，梅洛-庞蒂实际上主张思想是一种关系而非一个实体："思想乃是与自身、世界乃至与他者的关系，因此它是同时在这三个维度上建立起来的。"③ 因为关于言语（词语）的沉默的意识实际上并非"自身被给予的"，有的是自身诸意义的差异。孤立的绝对个人体验流也是不存在的，存在的只是诸视域乃至诸视域之视域。我们认为，这种对于沉默的我思之不可能性的判断并没有完全否认知觉现象学关于我思的分析。事实上，这不过是将在知觉现象学当中已经出现的倾向更加明确化了，那就是不再将主体看作一个孤立的、具有静态结构的实体，而是将它看作某种相互性关系中的一元——难道这不是对主体的言语维度、时间维度以及其作为处境之可能性的强调的发展和明确化吗？

---

① Maurice Merleau-Ponty, *La phénoménolohie de la perception*, p. 463.

② Maurice Merleau-Ponty, *Le visible et l'invisible*, Gallimard, 1964, p. 224: 'c' est que j'appelle le cogito tacite est impossible. Pour avoir l'idée de 'penser' (dans le sens de la 'pensée de voir et de sentir'), pour fair la 'réduction', pour revenir à l'immanence et à la conscience de … il est nécessaire d'avoir les mots. C'est par la combinaison de mots (avec leur import de significations sedimentees…).

③ Maurice Merleau-Ponty, *Le visible et l'invisible*, p. 191.

　　下面，让我们再回到笛卡尔。我们想强调的是，我们并不认为梅洛－庞蒂的思想是在超越笛卡尔，或者说体现着哲学的"发展"。我们倾向于认为，基于理性的怀疑方法和知觉现象学方法所针对的是完全不同的问题，前者是为了摆脱中世纪的知识型而努力确立理性主体的中心地位，后者则是为了摆脱孤独的主体的唯我论而强调主体与它的身体、它的处境以及它的历史的紧密联系，因此知觉现象学的阐释只是针对笛卡尔文本对某些段落，尤其是针对我思的康德主义解读。实际上，就像所有其他哲学文本一样，笛卡尔的文本也不会是单一含义的，它本身也必定具有与当时及以前不同倾向的思潮之文本的互文性，以及笛卡尔本人思想的丰富性、变动性与自相矛盾性、不确定性，从而具有被多重阐释的可能。当然，我们在此并不是要依据文本的这些特征否定作者、作者的主旨（本意）的存在，只是说完全内在统一的单义的哲学文本就像理想语言一样，要么不存在，要么空洞无意义。因为世界本身就充满矛盾和不确定性，或者说具有可逆性。就此而言，触及事物本身的笛卡尔的文本在针对不同的问题展开论述时，往往会对同一个范畴或论题做出不同的阐述，从而也必定不可能是单义的文本。这就意味着它将在一定程度上可以接纳我们下面要提到的梅洛－庞蒂的批评。

　　退一步讲，即使笛卡尔的文本中没有一条明晰的通往现象学的通道，他在感觉问题上动摇的立场也为后来的哲学家留下了足够的批评和修正的空间，或者说留下了缺口。笛卡尔本人的话足以佐证：

　　　　那么，我究竟是什么呢？是一个在思维的东西。什么是在思维的东西呢？那就是说，一个在怀疑、在领会（conçoit），在肯定，在否定，在愿意，在不愿意，也在想象（imagine），在感觉（sent）的东西……最终，我就是那个在感觉的东西，也就是那通过感觉器官接受和认知事物的东西……真正来说，这就是我心里叫作在感觉的东西，而在确切的意义上，这就是在思维。[①]

---

　　① Rene Descartes, *Oeuvres de Descartes*, AT, IX, *Meditions*, p. 23.

此外，在我身上存在（se rencontre）某种受动的感觉功能，也就是说，接受和认识可感事物之观念的功能。①

这是在第一沉思中已经确认的：感觉和想象也属于我的范畴，其中感觉是感觉器官的功能，并且，在第六沉思中，他还承认感觉是一种接受和认识的功能，那么是不是可以认定我的"感觉器官"具有一定的思维能力？但是，同样在第六沉思中"我"再次被分成了不同的两个层次甚至可以说是分属不同秩序的两类完全不同的东西：

此外，在我身上（je trouve en moi）有着几种完全特殊的与我不同的思维功能，即想象（imaginer）功能和感觉（sentir）功能，没有它们，我虽然能清楚分明地全部领会自己，但是光有它们而没有我，也就是说，没有一个它们得以附着其上的理智实体就不行。因为……在它们的形式概念里，它们包含着某种理智作用。从那里我领会到它们跟我不相同，就像形状、运动以及其他样态或偶性跟支撑它们的物体本身不同一样。②

作为理智实体的我和附着在这个实体上的其他功能，这不仅是一种严重的自我分裂，而且是一个无法调和的理论困境，而一种强调可见（能思）者与不可见（被思）者之可逆性的现象学恰好可以作为解决这一难题的一条出路。

---

① René Descartes, *Oeuvres de Descartes*, AT, IX, *Meditions*, p. 63.

② René Descartes, *Oeuvres de Descartes*, AT, IX, *Meditions*, p. 62. 本段第一句，商务版译为"在我心里又集中完全特殊的并且和我不同的思维功能"，但是，此处的 en moi 如果译作"在我心里"，似乎不符合语境，因为如果说是"在我心里"的话，那么就是在心灵之中的东西，而那个与之不同的"理智实体"如果不是心灵，又是什么呢？故而此句处理为"在我身上"，因为感觉实际上一定是有感觉器官参与其中的事件，按照笛卡尔的措辞，作为"接受"者而参与其中。参见〔法〕笛卡尔《第一哲学沉思集》，第82～83 页。

第十章

他性与我性

第一节　主体的难题

如果说梅洛－庞蒂是以能知觉同时也被感发（affecté）的身体来取代单纯的理智主体的唯我论困境，并以言语为媒介、以儿童心理研究成果为佐证，揭示主体必定有其文化背景和在先的结构的话，马里翁则是通过详尽的文献梳理和高超的辨析技巧，①从笛卡尔的文本中"读出"主体自身包含的他性和被动性。

正如法国学者 E. 斯克里巴诺（Emanuel Scribano）所言，第二沉思是这样一个场所，在那里，笛卡尔发现了自我的实存与本性（l'existence et la nature de l'ego），而这正是他寻找科学知识之阿基米德点的第一步。②然而，科学的大厦早已高高耸立，可这个所谓阿基米德点的阐释至今依然是哲学家们论争的焦点。在马里翁的阐释中，他并没有直接从笛卡尔本人的 l'ego 入手，而是把这个问题先放在由笛卡尔开启的主体形而上学传统中。

----

① 在某些场合，可以称之为"德里达式的"技巧，寻找经典文本中的歧义、模糊乃至疏漏而加以利用和引申，这一点确实是一脉相承的，是真正意义上的"解读"；不同之处在于，马里翁的态度似乎要更严谨朴素一些，或者说文字游戏的成分更少，较少"六八一代"那种形之于外的叛逆风格。因为马里翁既受到过德里达的影响，又是一个经过严格训练的古典哲学史学者。

② Emanuel Scribano, "La nature du sujet: Le doute et la conscience," in *Descartes et la question du sujet*, coordonne par Kim Sang Ong-Van-Cung, Paris: Presses Universitaires de France, 1999, p. 49.

主体问题总是无法避免，即使那些企图逃离它的排斥也会［反过来］加强之……尽管我避而不谈起源问题，不从先验处境出发而考虑问题（statut transcendantal），尽管我不处于实体状态（en postuture de *substantia*），我还是不免要谈论"自我"（je）这个机构：至少作为一个倾听者，至少经验地体验这个世界，至少要观察到哪怕是派生或相对的存在者性。①

当人们说我时，这个我究竟意味着什么？它究竟与自身［与自身的关系，即它可以经验到自身吗？反思或者自思（se penser, je me pense）是可能的吗？］、非我、异于我、外在于我者是什么关系？我是首要的还是次要的？先天还是后天的？自因还是被引起的？从这些问题看，如同马里翁所言，主体问题的"真正的危机不在于'我'（je）本身，而在于那个说'我'者的处境"。② 自康德以来直到胡塞尔的哲学传统中，这个难题一直存在，其原因就在于：一个有限的思想事物获得了作为奠基者的尊位（dignité）同时又是哲学的原则。而后果是如此被设立的"我"面临两个难题：其一是自我被笛卡尔赋予的两个不同功能导致的内在分裂（scission）；其二是自我的自我封闭，即唯我论困境。③

我们先来说自我（ego）的分裂问题。分裂的直接起因是"自我"同时具备奠基功能与原则功能，而自我实际上无法同时承担这两个功能，尤其是在康德和胡塞尔的语境中。马里翁的问题是，这个一直困扰着康德和胡塞尔的难题是否在笛卡尔那里就已经出现。在笛卡尔那里，原则（principle）应该是那最先出现的无可置疑者，是第一个真理，从它出发可以推导出其余的一切——不管这种推理的方式是本体论的（ontiquement）还是认识论的，这就不仅要求原则在时间上的在先性，也要求原则在认识论上的无可置疑性、明见性，也就是说，作为原则者，必须作为第一个可见的、被确定而明晰的认识到的对象。因为按照笛卡尔关于真理的定义，"我思，故我在"作为一个真理，也就是关于这第一个

---

① Jean-Luc Marion, *Questions cartésiennes II*：*Sur l'ego et sur dieu*, pp. 3 - 4.

② Jean-Luc Marion, *Questions cartésiennes II*：*Sur l'ego et sur dieu*, p. 3.

③ Jean-Luc Marion, *Questions cartésiennes II*：*Sur l'ego et sur dieu*, p. 4.

"对象"的明确而分明的认识，对于"自我"的本质被规定为"一个在思想的东西"，没有广延的"纯思维"。所有这些都意味着"l'ego"的对象化。① 也就是说，自我对自身的经验：自身反思。自身对象化是自身反思的可能性条件。

另外，作为基础（fondement），"自我"（je）所具有的乃是康德意义上的先验功能：它规定经验的可能性条件，它先于经验，因而能够开辟这个视域或形式条件。当然，这种在先性决定性地确认了这个"我"的例外的单一性（sigularité，独一性），但是它也向他强加了一个限制：假如他规定了经验以及经验对象的可能性条件，那么这个"自我"（je）就不能属于经验，也不可以作为经验对象。

> 正因为它是使经验成为可能者，故而必须被排斥在经验之外：作为经验的非－对象，它应该永远都不显现的，总是处于对象的范畴规定性这一侧。它甚至逃避了时间和空间，因为它为前者开启了视域，为后者开启了"［意识］流（flux）"② 作为先验者的我必须保持为不可见的、不可规定且是普遍抽象的。③

但是，我们前面已经说明，在笛卡尔那里，"我思，故我在"（*ego cogito, ergo sum*）这一表述是"我"④ 得到的关于我本身的一个真理，那么被这一真理所揭示的我就必须被我体验到，也就是成为可见者，而它"一旦要进入可见性，就必须依照经验而被规定并且个别化。那么作为一

---

① "En remarquant cette vérité: je pense, donc je suis（确认这个真理，我思，故我在）；de plus：je connu de là que j'étais une substance…（由此我认识到，我是一种实体……）"可见，第二个我实际上是认识对象。René Descartes, *Oeuvres de Descartes*, AT, VI, *Discours de la methode*, pp. 32, 33.

② 最初考虑意译为绵延，但是这里马里翁显然暗用了胡塞尔的学说，故而加译为意识流，缺点在于稍有过度阐释之嫌。

③ Jean-Luc Marion, *Questions cartésiennes II : Sur l'ego et sur dieu*, pp. 4 – 5.

④ 这个我又是谁呢？那个表达自己当时所思所想的人机构，梅洛－庞蒂就是将这个机构以及它的表述如何可能——言语及其文化结构——都考虑进去了，如前文所述。而更进一步，德里达还将探讨言语（声音）与书写之间的关系。他们的突破并不是因为在同一维度上就某一论题战胜前人，而是从新的视角揭示新的可能性或同一事物，或者不如说事件中过去未曾被照亮的角落。

个对象，他一下被改变（redoubler，本义为换衣服的衬里）成为一个
［被］经验的我（moi emprique），因为可见而成为可规定的且个别化的，
但是被剥夺了作为原则的全部功能和在先性"。①

也就是说，如果，我们是说如果，笛卡尔本人对于我（l'ego）的本义
就是"我思，故我在"（ego cogito, ergo sum）这一表述中的 l'ego 的话，
那么这一我（l'ego）假如企图进入原则的行列，它就必须忍受这种分裂：
第一位的先验之"我"，同时也是经验的、实在的、第二位的经验之我。
也就是说这个困扰着康德和胡塞尔的"l'ego"的分裂实际上可以追溯到笛
卡尔，至少可以追溯到关于"ego cogito, ergo sum"的典型阐释
（interpretation canonique）那里。②

这里的典型阐释是指以马勒伯朗士、斯宾诺莎、康德以及黑格尔
等哲学家为代表的传统所维持的我思阐释。这种阐释展现为两个判定：
第一，与笛卡尔其他关于 l'ego 的表达相比，总是偏好"ego cogito, ergo
sum"；第二，将这个表述阐述为一个重言反复（tautologie）。这一典
型阐释所中意的表述不仅内在地包含自我的分裂，而且必然导向唯
我论：

> ……然而，这种内在包含着分裂的自我还吊诡地自身伴随着一种
> 封闭。作为第一原则的特质恰是因为他不会使自己成为对象，这将自
> 我推入一种绝对的现象学独一性——它作为经验的可能性条件而绝不
> 可能被经验到……而它只有在使其对象化时（en objectivant）才能认
> 知他者，因此它将只能认知自己所产生的对象，无法通达与其自身相
> 似的其他自我（l'ego）。③

① Jean-Luc Marion, *Questions cartésiennes II*：*Sur l'ego et sur dieu*, p. 5.
② 此外，海德格尔、格胡尔特（M. Geroult）等解释学家也偏好同一表述。Jean-Luc
Marion, *Questions cartésiennes II*：*Sur l'ego et sur dieu*, p. 5。
③ Jean-Luc Marion, *Questions cartésiennes II*：*Sur l'ego et dieu*, pp. 7 - 19. 另参见黄作《马礼
荣对笛卡尔我思问题之另类解读的价值与困境》，《哲学研究》2009 年第 10 期。该文对
马里翁的相关论述有极其详尽的介绍。因此，我们这里仅就马里翁的思路做大致的介
绍。

第二节　原初的他性

为了解决这个唯我论难题，马里翁求助于翰迪卡（J. Hintikka）的言语行为理论，结合自己对第二沉思的解读，他认为，笛卡尔本人真正偏好的、涉及ego 的表述应该是"我存在（是），我实存"（*Ego sum, ego existo*），并认为这才是真正的"第一个真理"。

这个新加冕的表述当中的 ego 被马里翁认为具有如下特征：它是绝对原初的，而且绝不会与那个"我思，故我在"中的 ego 具有相同的特征。其原因在于：

> 此时，l'ego 通过它更为原初的（在它存在之先的）标记（inscription）而在一个对话空间中获得其实存，那里发生一个以言行事的行为，它被骗了，被一个在先的（premier）的、非确定的、匿名的他者如此这般地确认并赋予了存在。因此，唯我论和自身对自身封闭的统一性并不必然地总是规定笛卡尔的自我存在（l'ego sum），尽管它有时候会这样（在典型阐释中）。这个自我存在也可以（有时候是必须）依据一个原初的对话（interlocution）而被接受（se recevoir，领受，接待），它从一开始就是向他者开放的。……在成为能思的事物之先，l'ego 作为被欺骗和被说服者——被思者：能思的被思者（res cogitans cogitata）——而实存。这样，我存在，我实存（ego sum, ego existo）虽然是第一个真理，但第一句话语并非由它讲出。它只是听见了。[1]

这就是马里翁在翰迪卡的启发下所恢复的笛卡尔在论述 ego 之特性时的对话情境，同时，这也构成一个对 ego 之唯我论困境的解决方案。在这个解决方案中，ego 不再是由系词 + 谓词来表述其本质的纯粹理论范畴，而是一个事件的参与者，因为马里翁依据为我们提供了一个自行发生的事

---

① Jean-Luc Marion, *Questions cartésiennes II: Sur l'ego et sur dieu*, pp. 30 – 31.

件的全部要素：有时间，有空间，也有角色——ego 和那个匿名的他者。在这个方案中，马里翁虽然没有提到现象学，但是一种现象学方法在隐匿地运作。通过回到 ego 诞生的场所，回溯和描述主体诞生的事件，也就是回到了事物本身。① 我们已经看到，在这个新的描述中，ego 自身也不过是一个主动回应召唤同时自身被接受的现象。它依然是第一个真理的主语，但不再是它的主人。因为它只是倾听者，并因此被赋予了存在。

顺便说一下，马里翁应用了翰迪卡的言语行为理论，甚至提到了对话的逻辑，但是，如前所述，我们认为这不过是适用于笛卡尔之 ego 阐释中的一个解决方案，似乎还不足以认定马里翁并没有专门就此提出一种对话理论。贸然称之为"对话理论"似乎并不恰当，尤其是现象学不喜欢"理论"。

在提出这个解决方案之后，马里翁专门用了四页半的篇幅谈论"自我的他性"（l'alterite de l'ego）。那么，如何理解这个"自我的他性"呢？是不是处于这个对话事件中，我就已经被他取代，说"我首先是他"呢？或者说马里翁依据把我"看作他"呢？②

我们还是先来看看马里翁本人怎么说。一方面，他自己认为这个方案改变了 l'ego 的地位，从主动的生产对象者变成了被动的言语倾听者，同时也正是这一地位变动解决了他的唯我论困境。

> 如果不通过一个对话，在其中它被另一个不同于［自身的］他者所确定，自我将无法被通达（s'atteint），这一对话比任何自身设定都更为原初。这个他者起先戴着全能的上帝的面具而起作用，或者作为一个骗人的邪灵，一个"我不知道的谁"……二者有一个共同的特征：都是一种无条件的、首先在时序上、其次在合法性上先于我思之自我（ego du cogito）的他性。③

---

① 我们此处可以合法地使用"事物本身"，是因为这个 ego 自身也是可以现象化的，甚至就是一个现象。

② 黄作：《马礼荣对笛卡尔我思问题之另类解读的价值与困境》，《哲学研究》2009 年第 10 期。

③ Jean-Luc Marion, *Questions cartésiennes II: Sur l'ego et sur dieu*, pp. 43 - 44.

但是，我们也应该注意到，这里只强调了 l'ego 是在与他者的对话中诞生的，而不是一开始就存在的，它尽管向他者开放，却丧失了作为"可能性条件"的基础地位，仍然是"我"，并没有变成"他"。这就像是说，儿子身上具有父亲的某些属性，但是不会变成父亲。如果一定要说"我"变成了"他"，那也只是换到那个匿名的他者的视角去看而已，即便如此，还是要有一个作为出发点的"我"，否则"他"无从而起，我可能会有所改变，但是不会被取消。

另一方面，这个方案也解决了 l'ego 的经典阐释所面临的先验之我和经验之我的分裂问题。

> [L'ego] 在严格的意义上被确认为第一个被思者、被召唤者、被惊愕者。这并不是一种第二顺位的、有条件的、被委付的首要性，而是一种由原初地被思及而被设立的首要性。这样，先验自我 Je 与经验之我（moi）之间的区分将失去其全部恰当性，因为在某种意义上，先验自我保持着被思及即成为经验之我的可能性。只有在提及先验自我时，经验之我才在事后赋予其以经验性，而这个自我则出现于它被经验为一个被思之"我"的原初事实性当中。二者如今依据另一种逻辑——原初的对话逻辑被有机地组合起来。①

引入事件的情形，就意味着引进了时间的厚度，就可以容忍相关各项之间的互动和角色变化，也可以在可能性（因为可能性必然是与时间相关的，无时间的结构是确定性）中谈论问题，不但非此即彼，而且或此或彼乃至亦此亦彼都是可能的。因此，在一个可能的领域中，人们不必总是去追寻僵死的结构，唯一的事实，不必将任何歧异都视为悖谬，力求消除之而后快。但是任何思想都是借助多义的语言在时间中绵延的，所以追求与一个持存的先验之我相符合的唯一普遍的真理体系终究是一个无法现实化的"理念"。在此意义上，马里翁甚至不禁自问："笛卡尔是不是已经在自己未知的情况下，或者至少是没有清晰地向我们说明的情况下，预见了我

① Jean-Luc Marion, *Questions cartésiennes II*：*Sur l'ego et sur dieu*, p. 47.

们正在勾画和期待的那继主体之后而来者呢？"①

到此，我们可以做出结论，不管是在对话方案的论证过程，还是在哲学家本人对这一方案的评价中，都没有说我已经变成他。只是说，与教义性阐释相比，第二沉思中的自我的身份地位变化了而已，他不再是原初了，不是完全主动发话者，而是首先作为倾听者被确立的。

马里翁在次年（1997 年）初版的《既予：论既予性的现象学》一书中则进一步确认了这个假设。因为在这部代表性著作中，马里翁为我们详细描绘了那继主体之后而来者的诸特征，并且明确指出，主体不仅没有变成它，而且依然占据着舞台的中心，改变的是它占据舞台中心的方式，即它与他者的关系。② 他在主题方面，与梅洛－庞蒂和列维纳斯并无二致，依然关注主体，但是重新规定了它的诸特征。这里补充说明一下，列维纳斯实际上也是以主体问题尤其主体与他者的关系作为贯穿全部工作的红线，只是与马里翁的起点不同。后者以笛卡尔的阐释为起点，而列维纳斯则是以胡塞尔在《笛卡尔的沉思》中所遭遇的失败（在建立主体间性关系的同时而不与 l'ego 的首要性相冲突）为起点的。③ 他的工作也为马里翁提出这个解决方案提供了有力的先例："否定性中的我（le moi）经由怀疑而展现出来，打断了投入（participation），但是没有在这个完全孤立的我思中找到一个停顿。不是我（moi），而是他（l'Autre）才是那可以说是"oui"者。确认来自那个他。他处于经验的开端。笛卡尔寻求一个确定性，却在这个令人眩晕的堕落中一碰到层次变化的时候就停住了。实际上只有拥有无限观念者才能够预先估计到（mesurer）否定背后肯定的回归。而拥有无限观念，就已经是接纳了他者。"④

在我们看来，马里翁的真正困境或许并不在于我之消失，而在于，这个解决方案的普遍有效性，抑或是认识论上的合法性。因为这个方案实际

① Jean-Luc Marion, *Questions cartésiennes II：Sur l'ego et sur dieu*, p. 47.

② Jean-Luc Marion, *Étant donné*, §19，§25，§26. 该书有两条线索，一条是明线，他主要是将现象的现象性重新规定为 donation，而非对象性（objectité）或存在者性（etantite）；另一条是暗线，也就是重新规定主体的地位和姿态。两条线索在全书的最后一部分汇合，最终的关切还是主体问题。该书已经表明，所有这些进展都得以对笛卡尔、康德、胡塞尔、海德格尔等人文本的重新解读，这是马里翁思想书写的显著特征，在与经典的对话中推陈出新。

③ Gerard Bailhache, *Le sujet chez Emmanuel Levinas：Fragilite et subjectivite*, Paris：Presses Universitaires de France, 1994, pp. 229，330.

④ Emmanuel Levinas, *Totalité et Infini*, p. 656.

上是一个灰色的神学论证，从这个角度说，它也许不需要认识论的合法性，因为它不是无前提的，它有一个前提，就是无条件地为可能性让路，① 其中包括上帝作为一个事件存在的可能性，尽管是没有存有而为"实存"的。

他对对话事件的描述来自笛卡尔的思想笔录。在这个笔录中，笛卡尔虚构了一场对话，他假想了邪灵，设想了上帝，② 假想了那个"不知道是谁"，如果说有一个外在于或者不同于思者的别的什么无限存在的话，那不过是因为他感到了自己的有限以及这个有限的主体自身所存在的对无限的（还有全知、全能）的渴求。从认识论上讲，如果我们选择以我思的直观明见性为真理的唯一终极标准，这个完满的上帝的真理性也完全是因为正在思想的笛卡尔的 ego "清晰而分明地"直观（*intueri*，conceoir ou regarder）到它而已。那么，对于任何一个从来不曾如此清晰、明白地在直观中呈现③过上帝或那个骗人的"恶灵"又或者什么冥冥中的"不知道是谁"的人来讲，他对事件的描述一文不值，相反，倒是"既然我在怀疑，那么必定有一个怀疑者存在"更有说服力一些。在这个意义上，我们宁愿冒着下"唯我论地狱"的风险，也不愿意假装曾经看见过什么上帝，或者听见他的话语。也许作为一个十分"虔诚"的哲学家，马里翁是无法看到这一点的。不用做什么细致的文献功夫，翻翻"沉思集"就知道，整个文本都是那个病弱的基督徒思想者在自言自语，并且不时自问："难道这不是在做梦？""难道不是什么邪恶的精灵在欺骗我？"这些所谓先于"我"而存在的东西，如果一个正在思想的自我本来就不存在，谁来设想、直观它们？说我假设一个邪灵赋予了我以实存，就像一个穷鬼不能先设想自己有百万英镑，然后又说"正是这百万英镑，让我成了富人"，因为这是荒谬的。因此笛卡尔也不可能依靠设想有一个骗他的机构，然后说，既然它骗我，所以我存在。只有在信仰领域，荒谬才是真理。那么，这个所谓第一句话语的倾听者所听到的，究竟是自己的梦呓，

---

① 与海德格尔一样主张现象学关注的是可能性多于现实性。参见 Jean-Luc Marion, *Réduction et donation：Recherches sur Husserl, Heidegger et la phénoménologie*, p. 10。

② René Descartes, *Oeuvres de Descartes*, AT, IX, *Meditions*, pp. 21, 32.

③ René Descartes, *Oeuvres de Descartes*, AT, IX, *Meditions*, p. 27.

还是上帝的声音？究竟是在一开始就向一个匿名的他者开放，还是向"我心中的上帝观念"开放？如果连这个观念都是"我的"，那么他者在哪里？因为他是完满的，所以他必定存在？这个对话事件成立的前提，难道正是这种基于"上帝完满，因此必定包含存在"？①

结论是，如果你不是基督徒，就无法接受这个事件的合法性，并不是因为它复杂难懂，而是因为它荒谬可笑。

当然，这一切还是在追求确实性的认识论的层次上讲，马里翁的现象学，只追求一种可能性上的合法性，他将上帝本身看作一个可能事件，只要你无法否认它，在现象学上，就是合法的，因为它是可能的，那么"难道不是有一个上帝？"这样的问句答案是或然，他就可以合法地使这种可能性最大化。我们不禁又想，人是有限的，但是人尤其是无数个体构成的人类之可能性不又是无限的吗？

形而上学有诸多难题的真正原因或许不是题目本身有多难，而是它最终涉及的可能是"谁在思想"以及"何种合法性"的问题，事情变得个别化了，具有个别性限制的问题看上去很"一般"、很"宽泛"，实际上却没有办法得出普遍性的答案。最典型如"什么是爱情""什么是真理"之类的，其背后的个别化限制是：那是谁在何种语境下问谁，又是谁有发言权和判断力。就此看来，也许更能够说服我们的是福柯，而不是马里翁。

---

① 在列维纳斯看来，笛卡尔的我思作为第一个确定性就已经以上帝的实存为基础（certitude première mais qui, pour descartes, reposer déjà sur l'existence de Dieu）。见 Emmanuel Levinas, *Totalité et Infini*, p. 65。

第十一章

构成与自显

从范畴史的角度来看，"phénomène"（现象）一词来自希腊词 φαινομενον，也就是"可见的存在"（être visible）。作为可见的存在，它是作为知觉的对象而显现，是知觉经验的直接材料（le donné immédiat），而不是简单的、有实体的事物的表面。[①] 从这个描述来看，哲学史上的现象与我们今天所普遍接受的康德主义的现象还是不完全一致的，意义似乎要更丰富一些。因为在康德那里，现象既不是简单的表象（apparence），也不是对存在的直接揭示——因为存在似乎无法被直接揭示。现象是自在存在的展现（la manifestation de l'être en soi），作为展现的现象依据我们把握实在（le reel）的先天主观条件而获得形式。任何可能经验的对象（l'objet）都是现象，因此现象具有一种对象的（objective，与对象有关的）实在性，尽管这与自在的实在性是不同的，这种差异是由于现象与我们主观性的先天普遍结构相一致。[②]

在胡塞尔那里（观念 I），作为名词使用的现象，关注在这种现象中显现的客观性；在客观意义上显现的现象，指"纯粹现象"，即作为意识的意识，纯粹意识。[③] 这里的"客观"，我们认为也应该理解为"与对象有关"，实

---

① *Dictionaire de philosophie*，Paris：Armand Colin，1995/2000，p. 222（"现象"词条）。

② Objective，通常译作"客观的"，但是客观的有时又容易被视作独立于主体、不为意识所左右的含义，这里我们认为"objective"就是"作为对象的、与对象有关的"意义，因此译作"对象的"。参见 *Dictionaire de philosophie*，p. 222（"现象"词条）。

③ 参见《胡塞尔现象学概念通释》。另，法语哲学中的表面（apparence，表象）在胡塞尔那里称作 Ersscheinung，既可以是显现物的显现，也可以是显现着的显现物，乃至间或同时意味着这二者。胡塞尔在其意向性分析中唯一没有采纳的是其第三层含义：具体显现活动中实项地（reell）组成部分——感觉。

际上是"对象性"。可以这么讲，显现者有两个维度：其一是作为它本身，但是内在性的现象学不讨论它的存在或属性；其二是作为"我的"意识对象，现象学描述它的构成，并对它进行分类、本质还原等操作。问题就在于在不同的理论体系中，这同一个褶子的两个侧翼具有不同的地位。

那么究竟什么是现象？究竟应该将它视作自足、自主、自在的显现者，还是只是我的对象？这就是我们今天要涉及的现象的现象性（phenomanalité）问题。现象性，简单说，就是现象的本己特征；从认识论来讲，就是使现象成为现象的东西；从存在论上讲，就是现象的存在之根据。康德的先验哲学和胡塞尔以来的现象学都使用现象这个词，但是在这两个体系当中，现象的现象性其实呈现的是一种多样、变化的图景。那么在他们的分析或描述中，现象的现象性分别是什么？究竟经历了什么样的变化？这种变化的原因与效应又是什么？

第一节　缺席的主动

与笛卡尔类似，康德的"纯粹理性批判"实际上是一个试图为人类知识奠基的知识论体系。在这个体系中，现象是一个非常重要且普遍的概念，但是它绝对不是这个体系的主角，它在一个先验认识论体系中承担着非常微妙的功能，或者不如说，它是这个体系必不可少的配角。[①] 就像在主奴关系中，无奴不成主一样，如果没有现象，主体也会丧失其优越性和价值（成为空洞的、孤独的东西）。在主奴关系中，换个视角或者分析的方法，主奴的关系是会转换的，那么我们是否也可以说，现象与主体的关系也可能面临类似转换呢？

首先，就让我们来看一下康德对现象的规定以及在其先验哲学中对这个概念的用法。《纯粹理性批判》的"先验感性论"中，康德对现象之规定，是在一个发生论的场合中进行的："当我们被一个对象所影响

---

① 由于不属于先验要素，现象这个词在纯粹理性批判的目录中毫不显眼，出现的次数甚至少于与之地位相当的"对象"，但是终究不显眼地出现了：与本体对举时。

（affecté）之时，该对象在我们的表象机能上［造成的］印象就是感觉（sensation），以感觉的方式与对象相关的直观被称为经验的。经验直观的未确定的对象被我们称为现象。"① 这段引文显然表明，现象从一开始就与一些其他的主观元素处于某种关系当中，或者说，是经由这些主观元素才得到规定的，由此得到规定的现象本身也是一个主观的东西，因为即便那些未经规定的东西也已经成为"我的感觉材料"。但是，在严格的意义上，它还不能成为属我的"意识对象"。② 因此，尽管现象的发生可能或者说必定有其外部触发因素，因为那些感性的、经验的东西原本都是先验自我所不具有的，但是现象本身则完全是意识内部的东西——因为即便现象的质料部分，也不是外在于主体的东西，它们不是作为其本身的对象，而是这个对象在我们的感性接受性上造成的印象。在这个意义上，我们也可以说，康德的认识论之真正起点就是作为现象之质料的感觉印象，这一点与休谟和贝克莱并无原则区别。也许我们应该同意康浦·斯密关于康德的现象论实际上是一种主观论的判断。③

在对同一个定义阐述中，我们发现认知主体与显现者关系的最初特征：被动性。因为接受的能力是一种被动的能力。直观也有二重性，它既是认知的操作和方式，也是对象经过被动性的感觉给予我们的东西。追本溯源，对象（objet）这个概念本身也有二重性：我无法直接认识的自在的物自身（此时已经不宜译作"对象"）；被我的悟性（entendement）所思维并赋予

---

① Emmanuel Kant, *Critique de la raison pure*, trad. française avec notes par A. Tremesaygues et B. Pacaud, préface de Ch. Serrus, Presses Univerisitaire de France, 1944/1950, p. 53. 同一页得到规定的还有"直观"（intuition）：作为思维与对象直接相关联的方式或手段。这是在《纯粹理性批判》中第一行就开始得到规定的范畴，后来在胡塞尔的"原则之原则"中得到的则是现象性"最后视域"的地位。但是在康德这里，直观的发生效果却并不先于对象之给予我们，它们是同时发生的，那么它应该是经验发生之先，已经是我具有的功能吗？应该说是的。这就是康德的感性能力，先天具有，但是仅仅在经验发生时才生效。然而不讨论其实存（existence）以及它们所属的主体如何去存在的问题。

② 目前我们可以设想两种可能性，其一，康德也像笛卡尔那样区分作为我本身的"纯粹理智实体"和附着在这个实体上的"感觉""想象"等其他功能；其二，他们对于我的全部认知功能有着不同的分类，并且各个不同的功能也赋予不同的意义和地位，比如"想象"这个功能。哲学史必须面对这样的事实：那些看似"同一个"概念，在不同的文本中有着多么不同的用法。

③ 参见〔英〕康浦·斯密《康德〈纯粹理性批判〉解义》，韦卓民译，华中师范大学出版社，2000，第28页。

其以概念（concept）而被构成的对象。

从先验感性论的第二段开始，这一系列二重性关系中被动性一面就显得完全不重要了，同时，认识的发生性似乎还在延续，但这不过是在讨论我的认识如何在理性作用下被构成。而另一种更为深刻的发生性，主体自身诞生的历史则完全没有进入先验批判的视域，康德的未言明的起点就是一个成年的、他认为是普遍的、实际上是欧洲的（尤其体现在上帝的悬拟上）成熟的（也就是已经启蒙了的）理智主体。[①] 也许正是因为《纯粹理性批判》的主要目的是为理性划界，为了避免过多地谈论物自身，从而也把感性本身的发生划在了界外，[②] 甚至感性的纯形式：时间和空间也具有某种理性概念能力的特征，它们将作为感觉材料的直观安排在时空序列中。

康德的真正动机并不是要描述我们的认识究竟是如何发生的，而是对我们既有的科学认识以及认识能力的普遍性和必然性做出阐明，因此康德并没有围绕那个动词 affecter 展开——当然它通常是以被动式 affecté 出现于此的。由于康德的主体视角，这一点也是必然的——仅对自身展开分析：没有讨论那影响我们的东西，尤其没有描述我们是如何受到感发的，而是在这个发生论的定义甫一做出，便立即展开对现象这个"范畴"[③] 本身的、结构性的分析（形式和内容）。[④] 这也可以说是另一个角度的重新描述，这种分析具有明显的亚里士多德主义的色彩，他区分了现象的形式与质料："现象的质料是现象当中与感觉相对应的东西；而那使得现象的杂多依据某种关系在直观中被赋予秩序的东西，我们称为现象的形式。"[⑤] 这个形式就是使感觉印象得以成为现象的东西，简单说，在先验

---

① 我们并不是要反对或贬低这种主体，我们甚至今天依然在某种意义上必须呼唤它的来临；但是我们同时也认为这个主体的历史和"抽象理论模型"的特征不应该被忽视，不应该被用来与"人"或"主体"画等号。

② 这与笛卡尔肯定我的感觉行为的确定性而否认被感知事物的确定性一脉相承，而这一区分，在梅洛-庞蒂看来是不成立的。

③ 一般哲学的概念，不是康德作为知性范畴的那种先天认识能力。

④ 梅洛-庞蒂的研究表明，形式与质料的区分将不再具有终极意义。Maurice Merleau-Ponty, *La phénoménolohie de la perception*, p. 427.

⑤ Emmanuel Kant, *Critique de la raison pure*, p. 53. 可以说，这种描述是一种对"现象"的构成性的规定，这才是真正适合康德体系的总体特征的用法。

感性论中，现象作为感性直观对象，① 其本质就是作为直观纯形式的空间和时间。另外，那作为现象实存 [exister] 之依据的，乃是同时也是空形式之存在依据的普遍认识主体："……作为现象，它们不能依据自身而只能依据我们而存在 [en tant que phenomenes, ils ne peut pas exister en soi, mais seulement en nous]。"因为"我们的一切直观都是对现象的表象，但是我们所直观到的东西本身并非我们所直观到的那样，因为它们的关系并非像它们看上去那样是由它们本身来建构的；如果我们抽象掉我们的主体，甚至单单去掉一般感性的主观属性，空间与时间中的存在方式、对象间关系以及空间与时间本身都会消失"。② 这样，显现者就成为纯粹的意识内容，因为那些材料若未经综合就保持为未知，因此也就是未显现的。

这样，我们就直接面对一个问题，如此被规定的现象与主体的关系为何，或者说，让"对象依照知识"这一哥白尼革命究竟是如何实现的。简单地说，就是通过将主体的能力渗透到现象的最深处，直至将之透明化来实现的。反过来讲，就是现象作为对象实际上没有自身的厚度和不透明性。康德在他的纯粹理性批判中所描绘的认识形成过程就是对这种关系的明确阐述。首先，如同前面已经提到的，现象在感性接受性中经过一系列被赋予形式的程序而"被给予"我们。然后，现象不仅"只能实存于我们的感性之中"，而且"一切现象，作为可能的经验，因此先天地处于知性之中，并且从中获得形式上的可能性……"。③ 需要指出的是，这里的形式上的可能性一开始是时间、空间这些直观纯形式，到后来则应该是指得到诸知性范畴的规范，或者，从主体的角度说就是诸范畴"使现象获得了自己的合规律性并以此方式使得经验成为可能"。④ 但是，仅仅有直观和知性是远远不够的，现象要从可能经验成为"我的知识"还必须有一个从一开就介入的机构，这就是刚刚进入"被思维"的阶段，我们还是没能认识现象，因为仅此还不能对现象做合法有效的判断，最后还须由一个先验自我统合为

---

① Emmanuel Kant, *Critique de la raison pure*, p. 64.

② Emmanuel Kant, *Critique de la raison pure*, p. 68. 康德不止一次强调这一点。

③ Emmanuel Kant, *Critique de la raison pure*, p. 143.

④ Emmanuel Kant, *Critique de la raison pure*, p. 142.

"可能经验的对象"。①这个过程处处显现着主体与现象之间构成与被构成的主从关系。

如前所述，这个认识的起点是所谓"感性接受性"，但是这种接受性在康德那里只具有瞬间的、完全得不到详尽描述的"被动性"，因为在触发的动作完成之后，甚至可以说是与之同步，直观的纯形式便开始介入，因此，在作为感性经验对象的现象形成过程中，所谓"接受性"更多的是一种主动的"综合"功能：将感性的杂多整合到一个时间与空间秩序的观念之中。在这个意义上，不只是"知性"可以"为自然立法"，早在感性阶段，认知主体就已经在为感性的自然界立法了。现象在感性直观中被给予，直观纯形式从一开始就起到规范作用：现象在知性范畴的作用下被思维，成为并最终成为先验主体构成物。在这个意义上，先验感性论的确是一个构成论的体系。表面上，我们的认识对象是现象，但是康德的认识成为主体对它自身的认识："实际上，无论如何，我们能够完全认识的只是我们的直观模式，这就是说我们的感性总是从属于本源地内在于主体的时间与空间条件。诸对象可作为其自身而存在的，我们永远都不会认识到，即使那些我们关于诸对象之现象的最清晰的认识，也只是被给予我们的认识。"②

最后，不仅一般的现象，甚至主体自身作为"现象"时，也是一个"被动"经由想象力而作用于现象的诸范畴与现象的关系。③

总之，如果现象是主观的、被产生出来的东西，那么就无法避免唯我论，因为最终认识只是主体的自我认识，是意识对着明见性这个真理

---

① 康德在别处表明，自我其实是始终伴随着构成现象的每一个行为的，包括在最初获得感觉材料时，便有直观中领会的综合，"而且，这种综合也必须是先天地作成的"。而想象力又是知觉（perception）的必然组成部分，这个想象力就是感觉（les sens）能力中的主动综合能力，正是这个想象力"将那些印象连接起来，并构成对象的形象"，而在我们一开始的定义中，感觉只有被动的接受性。Emmanuel Kant, *Critique de la raison pure*, p.1.〔德〕康德：《纯粹理性批判》，A100，A127。中译文与我们的理解是基本一致的。

② Emmanuel Kant, *Critique de la raison pure*, p.68。同一页第二段也说："我们的全部直观都只是对现象的表象的直观。"——显然这里的直观是经验直观，不包含"intuition intellectuel"。

③ 〔德〕康德：《纯粹理性批判》，B154，B156，B157。我作为现象时也是一个被动的客体！

标准的平面镜顾影自怜；此外这种贫乏的现象观，无法将如下一类现象纳入其中，也就是那些主体的接受性已经接受了，但是无法"按照范畴的统一性被思考为对象的显相（apparence）"的现象。① 如果不被称为现象，它们又该被称为什么呢？哲学应该完全自绝于这些显现者吗？如果，在"哲学之发展为独立的诸科学——而诸科学之间却又愈来愈显著地相互沟通起来——乃是哲学的合法的完成"② 的时代依然局限于严格科学的理想，显然是自缚手脚，这当然是不合适的。

这种局面的成因乃在于，康德并非为了现象才谈论现象，他真正要探讨的是人的问题，在《纯粹理性批判》中主要是人如何获得真理的问题——先天综合判断如何可能。但是先天综合判断如何可能这一问题的中心其实并不在于"我能认识什么"，而在于我是如何认识的，或者说我的认识为何是合法的以及在何种范围内是合法的，它真正关心的是人是什么这一总问题的一个侧面，即"人的认识能力"的问题，而不是认识对象本身的问题。就此他建立了一种直观与范畴的平行论，为了求真而设立了明见性标准，正是这一标准又注定康德之现象的另一特征：有限性，或者说只有那些贫乏现象或普通现象才是"合法的"。③

第二节 自主的现象

与启蒙时代的康德的现象之说不同，20 世纪的现象学作为真正的现象之学，就是要专注于"那被给予我们"的东西，它们的具体差异在于：前者注重论述现象是如何被有效地构成的，后者则一方面反思那构成者自身的"诞生"过程，另一方面揭示现象或更宽泛的非我因素是如何影响（affecté，或译激发、感发）乃至塑造（梅洛－庞蒂、福柯）我们的。因此，一种新的现象性形象的描绘，依然建立在对康德哲学反思的基础上，在这个意义上，我们完全可以说，现象学是在与康德哲学的对话进程中不断演化的。

---

① 〔德〕康德：《纯粹理性批判》，A249。
② 〔德〕海德格尔：《哲学的终结和思的任务》，载《面向思的事情》，第 71 页。
③ 参见徐晟《现象的概念——从康德到马里翁》，《同济大学学报》（社会科学版）2008年第 1 期。

在当代法语哲学中，人们对"人"这个东西有了新的认识和看法。语言学和心理学，尤其是儿童心理学的发展，使人们意识到，① 意识有其语言文化的条件，而主体也不是一开始就是成熟理智的，主体实际上是在一定语言文化环境中形成的。即使成熟理智的主体在习得一些陌生事物时，在面对陌生的自然时，也不总是能够主动地对之形成明晰、准确的知识。此外，20 世纪哲学家关注的主体，其理性、感性和道德并不是那么各自独立、明确区分的；更加倾向于将人看作一个生活世界中的统一体。主体观方面的变化，直接导致现象的形象与角色也得到极大的改变。

梅洛－庞蒂的现象学要求"重新发现现象，重新发现鲜活的体验层，穿过它，他人和物体得以首先向我们呈现处于诞生状态的我－他者－事物的系统（le système 'Moi-artrui-les choses'）……"。② 他发现的现象实际上一开始不处于与主体的二元对立中，而处于我－他者－事物的三元结构中，也没有严格的内外之别："这个现象域并非一个'内在的世界'，这样的现象不是一种'意识的状态'，对现象的体验不是一种内向的观察，也不是柏格森式的直观。"③这种处于原初结构中的现象实际上比已经被构成对象的事物更为根本："如果意识的本质就在于遗忘本属于它的现象以使得事物之构成成为可能，［那么］这种遗忘就不是一个简单的不在场……它会为了事物而忽略现象，恰是因为现象乃是事物的摇篮。"④

现象实际上是尚未对象化的但已经与主体处于彼此交融状态的那个东西，是我与世界之间的交织物。它混沌未明，事物的构成以它的显现为前提。自我也与现象世界和他者处于一个共同诞生的结构中，而不是孤立其外或凌驾其上，也就是说，自身是不显现的，或者从主体的角度说，不参与现象之显现，不去体验、不将自己的身体投入世界，主体即使存在，那也只是一个理念；或者说，是事后的追加的、那个具有将已经显现者"课题化"并建构为事物之功能的理论设定。简言之，先验主体并不具有事实性（facticité），只

---

① 严格地讲，不能断定为第一次意识到，而是第一次成为哲学关注的中心。

② Maurice Merleau-Ponty, *La phénoménolohie de la perception*, p. 69.

③ Maurice Merleau-Ponty, *La phénoménolohie de la perception*, p. 70. 胡塞尔对现象有不同的用法，其中一种便是作为纯粹的意识。我们在此看到梅洛－庞蒂对此观点的偏离。

④ Maurice Merleau-Ponty, *La phénoménolohie de la perception*, p. 71.

是一个功能性的理论模型。康德所描述的那些看似明晰有序的过程（始于直观的一系列综合行为），也给人一种"或许应该如此"的理论设定感，难以认同为真实发生的认知体验（vécu）。①

在列维纳斯那里，尤其是在其成熟期的著作如《总体与无限》中，现象的诸特征不是在认识论中，而是在我与他的伦理学关系中得到描述和探讨的。从风格上看，这些特征深受列维纳斯个人体验影响，这与马里翁在文本中尽量显得中立和尊重经典文本形成鲜明的反差。但是在结论上，列维纳斯又是与马里翁最为接近的，他在某种意义上比梅洛-庞蒂走得更远。② 在列维纳斯看来，"现象是这样一种存在者，它显现，却又保持不在场。它不是表象，而是一种缺乏现实性的现实性，而且无限地远离它的存在"。③ 这句话很是费解，列维纳斯这里其实是在用现象来说明一个孤立的存在的特征：它被揭示为显现却不自我表达，而是先从它的显现中逃离（se absente de son apparition）。同时，那个非孤立的"存在，物自身（chose en soi），与现象相比，并不是一个隐藏者。它的在场呈现于它的话语（parole）之中。将物自身设定为被隐藏的东西，是由于假定了它属于现象［之本体］而现象是它的表象。物自身的真相并不是被揭开的。物自身自我表达。表达展现了存在的在场，而不是简单地除去现象的面纱。表达是面孔的呈现，是呼唤与教益，然后得以进入与我的关系之中，这是一种伦理学的关系"。④因此才有下面的类似拉比的教训的阐述。

> 人的实存总是现象的（phénoménale），只要这种实存总是保持为

---

① 与之不同的是，胡塞尔的大多数概念或者"术语"，与他的意识体验相关。

② 走得更远不代表更有说服力，就论述的力度而言，梅洛-庞蒂更加注重事实和理路；而列维纳斯和马里翁有时给人感觉不像是在论述，而是在直接宣布自己的见解。或许，这是因为我们过分注重确实性，而他们总是在拓展可能性的边界或者伦理学上的"应然"。如果不试图去感受和理解作者的个人风格，我们就会在直接面对文本时到处碰壁。参见〔法〕马里翁《从他人到个人》，徐晟译，载《法兰西思想评论》第三卷，同济大学出版社，2008，第19~41页。

③ Emmanuel Levinas, *Totalité et Infini*, p. 156. 这正是我们在前文所描绘的现象的形象：现象显现，但是总是不在场，在场的只有主体及其对现象的直观、综合、分类、赋予意义，一句话，只见表象，不见现象。

④ Emmanuel Levinas, *Totalité et Infini*, pp. 156 – 157.

内在的。一个存在①通过言语（langage）而为另一个存在实存，这言语乃是一个实存去实存得多于其内在实存的唯一可能性。②

对现象的或内在的实存之逾越并不在于接受他者的认可，而在于赋予他者以存在。［去］成为自身，就意味着表达，这就已经是为他者服务了。表达的基础乃是善。

这无非说，主体若不通过表达向他者显现，便始终是一个缺席的显现者。应该放低身段，主动地向他者开放，为他者服务，反而能够获得自身的存在，这似乎与本书第二章当中马里翁所揭示的那种 ego 之存在相反，他不是通过听，而是通过我去表达来达到自身的存在。③ 但相同的是，二者都处于对话实践中，都处于一种与他者之间建立的不对称的关系中。在这种关系中，他者才是那个大写的存在，它的面孔也是一个现象，其呈现就是现象的显现。④ 主体唯有通过表达接受这个现象，才能突破内在的实存，而去实存的更多。逾越"现象的状态"，实际上是去接近无限。

马里翁对于现象性的描述有两个特征：其一，它看上去像是从胡塞尔和海德格尔的文本中"读出来的"；其二，实际上，他去读的时候，已经戴上了法国现象学的有色眼镜，甚至可以说是既予性现象学的过滤镜。因为他一开始就抓住了既予性（donation，Gegebenheit）这个范畴，并最终认定这就是现象性的最终形象，而这个形象将是对康德现象概念的彻底突破。

在突破之前，必须有一个基础性的准备，那就是马里翁自己对现象学原则的全新看法。在《还原与既予性》一书的末尾，⑤ 他提出在胡塞尔的先验还原和海德格尔的存在论还原之后，如果要将现象学引向极端，就必须提出第三个还原——恢复自给予性的终极现象性地位。他在《既给予》

---

① 这里的存在（etre）实际上可以理解为个体主体，而非作为总体的，将一切我化的总体性存在（Etre）。

② Emmanuel Levinas, *Totalité et Infini*, p. 158.

③ 列维纳斯认为不表达、保持冷漠才是有限的现象的状态。而马里翁的 ego 作为听众是强调其被思者的形象。依然是一致的，因为自我表达是一种现身并接纳的好客姿态，而倾听直接就是一种主动的接受。

④ 参见徐晟《脸或者圣像：从列维纳斯到马里翁》，《江苏社会科学》2007 年第 6 期。

⑤ Jean-Luc Marion, *Réduction et donation : Recherches sur Husserl, Heidegger et la phénoménologie*, p. 303.

一书的第一章对"有多少还原，就有多少既予性"这一原则的合法性做了详细的阐述。① 简单说来，就是他认为胡塞尔的"一切原则之原则"将直观作为现象性的视域，实际上还是将现象给对象化了，这也印证了我们前面对康德先验感性论的批评，康德也是将认知主体的综合功能一直渗透到认识发生的最初一刻，这种做法实际上取消了一切无法与认识功能"相恰适"（adequat，或曰相及）之现象的合法性。从《理性的激情》到《判断力批判》都描述了理性无法把握的现象，不是因为它们的"直观被给予性"太少，而是因为给予得太多，理性自己无法承受它。从这一角度讲，马里翁并不是在批判现象学的认识论，而是要求现象学突破认识论的范式，突破严格科学理想的限制，将视域扩大到情感乃至信仰等一切可能发生的现象领域。而如果要实现这种突破，就不可以用认识论的论述体系（discours，旧译话语）来描述现象，因为现象远远不局限于知识域，一切发生着且影响到我们的事情都是现象，但是我们并不确切地知道它，一如那引起哲学家之恐惧的"il y a"。因此，必须将还原的操作彻底化，将既予性本身而非直观作为现象的视域，实际上也就是无视域、无条件。还原是为了最终不再有还原。

既予性这个概念原本是胡塞尔的一个比较基础的术语，但最终未能成为经典现象学的核心术语，或者说未能获得像意向性或直观这些术语那样的地位。在《现象学的观念》（讲座稿）中，既予性被赋予了极其重要的地位，似乎覆盖了现象性的全部领域，但是后来又让位于直观的明见性。并且最终通过将现象性从属于对象性，胡塞尔关闭了他根本性的胜利：通过还原而使既予性决定现象性。胡塞尔所解放的东西没有能够解放它自己，既予性是一个没有被抓住的开端。在马里翁看来，海德格尔在现象性问题上也经过了与胡塞尔类似的历程，他曾一度抓住了"那就其自身而显现自身者"（ce-qui-se-montre-en-lui-même）。关于"［它］发生（cela donne）"的描述②而真正体现现象既予性之自己发生（le phenomene se donne）的实情。也就是马里翁所主张的现象的现象性之终极形象，不是

---

① Jean-Luc Marion, *Étant donné*, §.1, pp. 13 – 23.

② Jean-Luc Marion, *Étant donné*, §.3, pp. 42 – 54. 另参见本书第二章第一节。

我们的认知对象，也不是被构成的意识内容，而是它自己发生（se donner）并向我们展示它本身（se montrer）。

在胡塞尔那里，马里翁看到了与康德类似的关于现象之定义的二重性，他称之为既予性的褶子："依据显现者与显现之本质关联，这种关联向'两种绝对被给予性开放'①。显现的被给予性和对象的被给予性其中，被当作被给予者（apparaître）的被给予性仅仅构成一侧（ne fait qu'un），连同那作为被给予者之出现的被给予性——也就构成既予性的褶子（le pli de la donation）。"② 所谓褶子也就是一种无法分开的一体两翼的结构：显现者与显现的方式，显现者作为其本身，以及在其影响及于我时，成为并非由我构成、限制的对象。强调现象的发生，并从这个角度强调它的自主，甚至那个能思的主体本身也是一个发生的现象，因为主体若要接受现象，也必须首先被那发生的现象所接纳（进入其影响的范围），就如同在列维纳斯那里，必须迎接那个陌生的他者，并且自我表达（s'exprime），使自己首先现象化，而不是作为冷眼旁观者去打量他者的面孔。质言之，先验主体的预设本身被打破，在其发生过程中因为现象与主体的全新关系被消解。此时被确立的应该是主体与现象的互动关系；在这一关系当中，现象起着主导作用，主体本身也可能现象化。这种理论只是找回了现象的自主性，但是并没有取消主体，主体在现象化自身时，它是主动献身的（s'adonner），也就是一种主动的被动，一如卡拉瓦乔作品中回应耶稣感召的马太，那人只是伸手相召，几个赌徒中只有马太做出了回应。实际上，马里翁对于"现象学还原"的理解恰恰也是"主动的被动"③，主动地放弃主体在先具有的理论与理性的干扰，任由那现象自己发生，便可以有无限多的可能性自行显现。

---

① Jean-Luc Marion, *Étant donné*, pp. 9, 100 – 101.

② Jean-Luc Marion, *Étant donné*, pp. 9, 101.

③ 在胡塞尔那里，接受性被认为是"主动性"的最低阶段，并不与"主动性"对立，而是与自发性相对的话，但是自发性与主动性的差异并不是很明显，且不论如何都是以接受性为前提，问题也就是主动接受是不是同时也意味着现身并被接受，似乎并没有第二层意思。参见倪梁康《胡塞尔现象学概念通释》，第 414~415、436 页。

参考文献

马里翁著作

Réduction et donation: Recherches sur Husserl, Heidegger et la phénoménologie, Paris: Presses Universitaires de France, 1989.

Étant donné: Essai d'une phénoménologie de la donation, Paris: Presses Universitaires de France, 1998.

Being Given: Toward a Phenomenology of Givenness, trans. by J. F. Kosky, Stanford: Stanford University Press, 2002.

De Surcroît: Études sur les phénomènes saturés, Paris: Presses Universitaires de France, 2001.

In Excess: Studies of Saturated Phenomena, trans. by Robyn Horner and Vincent Berraud, New York: Fordham University, 2002.

Le phénomène érotique: Six méditations, Editions Grasset & Fasquelle, 2003.

Sur le prisme métaphysique de Descartes: Constitution et limités de l'onto-théo-logie dans la pensée cartésienne, Paris: Presses Universitaires de France, 1986.

Sur l'ontologie grise de Descartes: Science cartésienne et savoir aristotélicien dans les regulae, Paris: Librairie Philosophque, J. Verin, 1993.

Cartisien Questions: Method and Metaphysics, Chicago & London: The University of Chicago Press, 1999.

Questions cartésiennes II: Sur l'ego et sur dieu, Paris: Presses Universitaires de France, 1996.

Sur la théologie blanche de Descartes: *Analogie*, *creation des verités éternelles et fondement*, Paris: PUF, 1981.

L'idole et la distance: *Cinq études*, Editions Grasset & Fasquelle, 1991.

Dieu sans l'être, Paris: Presses Universitaires de France, 1991.

God without Being, trans. by T. A. Carlson, Chicago: The University of Chicago Press, 1991.

"La raison du don," *PHILOSOPHIE*, *Revue trimestrelle Numero 78 - 1*, Paris: Les Editions de Minuit, 2003.

"Christian Philosophy: Hermeneutic or Heuristic?" in Francis J. Ambrosio (ed.), *The Question of Christian Theology Today*, Fordham University Press, 1999.

La passion de la raison: *Hommage à Ferdinand Alquié*, Paris: Presses Universitaires de France, 1983.

"Emmanuel Lévinas, Positivité et transcendance, suivi de Lévinas et la phénoménologie," in *Actes du Colloque tenu à la Sorbonne les 12 - 13 décembre 1996*, Paris: Presses Universitaires de France, 2000.

"A Dialogue with Jean-Luc Marion," *Philosophy Today*, Summer 2004.

Phénoménologie et metaphysique, Paris: Presses Universitaires de France, 1984.

"Metaphysics and Phenomenology: A Summary for Theologians," in *The Post-modern God*, Graham Ward (ed.), Malden, Mass. : Blackwells, 1997. (Repris dans Le visible et le révélé)

"The End of Metaphysics as a Possibility," trans. by Daryl Lee, in *Religion after Metaphysics*, Cambridge: Cambridge University Press, 1997.

相关研究著作与论文

Caputo, J. D. , "Apostles of the Impossible: On God and the Gift in Derrida and Marion," in J. D. Caputo and M. Scanlon (eds.), *On God*, *the Gift and Postmodernism*, Bloomington: Indiana University Press, 1999.

Cooker, Alexander, "What Saturates: Jean-Luc Marion's Phenomenological

Theology," in *Philosophy Today*, Summer 2004.

Derrida, J. , "Comment ne pas parler Dénégations," in *Psyché*, Paris, 1987.

Derrida, J. , *Donner la mort*, in *L'éthique du don. Jacques Derrida et la pensée du don.* Colloque de Royaumont. décembre 1990, Paris, 1992.

Derrida, J. , *Donner le temps I*: *La fausse monnaie*, Paris: Galilée, 1991.

Gschwandtnerd, Christina M. , "Ethics, Eros, or Caritas ?" *Philosophy Today*, Spring 2005.

Henry, Michel, 《Quatre principes de la phénoménologie》, *Revue de Métaphysique et de Morale*, "À propos de *Réduction et donation* de Jean – Luc Marion," Paris: Presses Universitaires de France, 1991/1.

Horner, R. , *Jean – Luc Marion*: *A* Theo *– logical Introduction*, Ashgate, 2005.

Janicaud, D. , *Le tournant théologique de la phénoménologie française*, Combas: Éditions de l'Éclat, 1991.

Lévinas, E. , *De l'existenceàl'existant*, Paris: Librairie Philosophique J. Vrin, 1977.

Lévinas, E. , *De dieu qui vientàl'idée*, Paris: Librairie Philosophique J. Vrin, 1982.

Sebbah, Francois – David, *L'epreuve de la limite*: *Derrida, Henry, Levinas et la phenomenologie*, Presses Universitaires de France, 2001.

Tracy, D. , *Foreword à la traduction américaine God without Being*, Chicago: The University of Chicago Press, 1991.

Ward, G. , "The Theological Project of Jean – Luc Marion," in P. Bond (ed.), *Post – secular Philosophy*: *Between Philosophy and Theology*, Londres-New-York: Routledge and Paul, 1997.

杜小真:《米谢尔·亨利和法国现象学》,《江苏社会科学》2004 年第 4 期。

方向红:《通向虚无的现象学道路》,《哲学研究》2007 年第 6 期。

方向红：《意识的平面性与存在的深度——与马里翁一起反思胡塞尔和海德格尔的"现象"学》，《南京社会科学》2006 年第 2 期。

方向红：《直观与被给予——兼述马里翁对德里达和海德格尔的评论》，《中国现象学与哲学评论》第八辑，上海译文出版社，2006。

高宣扬：《当代法国哲学导论》，同济大学出版社，2004。

高宣扬：《法国现象学运动的新转折》（上），《同济大学学报》（社会科学版）2006 年第 5 期。

高宣扬：《法国现象学运动的新转折》（下），《同济大学学报》（社会科学版）2007 年第 1 期。

郝长池：《宗教现象学的基本问题》，《现代哲学》2006 年第 1 期。

潘斌：《让－吕克·马里翁：被给予的存在——朝向既予性的现象学》，《哲学门》总第十三辑，北京大学出版社，2006。

尚杰：《马里翁与现象学》，《哲学研究》2007 年第 6 期。

徐晟：《 L'adonné：取主体而代之？——马里翁哲学管窥》，《哲学动态》2007 年第 2 期。

徐晟：《脸或者圣像：从列维纳斯到马里翁》，《江苏社会科学》2007 年第 6 期。

徐晟：《现象的概念——从康德到马里翁》，《同济大学学报》（社会科学版）2008 年第 1 期。

杨大春：《二十世纪法国哲学的现象学之旅》，《哲学动态》2005 年第 6 期。

其他参考文献

〔法〕艾曼努尔·列维纳斯：《从存在到存在者》，吴蕙仪译，王恒校，江苏教育出版社，2005。

〔德〕比梅尔：《海德格尔》，刘鑫、刘英译，商务印书馆，1996。

〔法〕德里达：《声音与现象》，杜小真译，商务印书馆，1999。

〔法〕笛卡尔：《第一哲学沉思集》，庞景仁译，商务印书馆，1996。

〔法〕笛卡尔：《谈谈方法》，王太庆译，商务印书馆，2004。

〔法〕笛卡尔：《探求真理的指导原则》，管震湖译，商务印书馆，2005。

〔法〕福柯:《词与物》,莫伟民译,上海三联书店,2001。

〔法〕福柯:《福柯集》,杜小真编选,上海远东出版社,1999。

〔法〕福柯:《性经验史》,佘碧平译,上海人民出版社,2002。

〔法〕福柯:《知识考古学》,谢强、马月译,上海三联书店,1998。

〔德〕海德格尔:《存在与时间》(修订版),陈嘉映 王庆节译,三联书店,2006。

〔德〕海德格尔:《林中路》,孙周兴译,上海译文出版社,1997。

〔德〕海德格尔:《面向思的事情》,陈小文、孙周兴译,商务印书馆,2002。

〔美〕赫伯特·施皮格伯格:《现象学运动》,王炳文、张金言译,商务印书馆,1995。

〔德〕胡塞尔:《纯粹现象学通论》,李幼蒸译,中国人民大学出版社,2004。

〔德〕胡塞尔:《笛卡尔式的沉思》,张廷国译,中国城市出版社,2002。

〔德〕胡塞尔:《逻辑研究》(第二卷第二部分),倪梁康译,上海译文出版社,2006。

〔德〕胡塞尔:《逻辑研究》(第二卷第一部分),倪梁康译,上海译文出版社,2006。

〔德〕胡塞尔:《逻辑研究》(第一卷),倪梁康译,上海译文出版社,2006。

〔德〕胡塞尔:《欧洲科学危机和超验现象学》,张庆熊译,上海译文出版社,1988。

〔德〕胡塞尔:《欧洲科学的危机与超越论的现象学》,王炳文译,商务印书馆,2005。

〔德〕胡塞尔:《现象学的方法》,倪梁康译,上海译文出版社,2005。

〔德〕胡塞尔:《哲学作为严格的科学》,倪梁康译,商务印书馆,2002。

〔德〕康德:《纯粹理性批判》,邓晓芒译,杨祖陶校,人民出版社,2004。

〔德〕康德:《纯粹理性批判》,蓝公武译,商务印书馆,2004。

〔德〕康德:《逻辑学讲义》,许景行译,杨一之校,商务印书馆,1991。

〔德〕康德:《判断力批判》,邓晓芒译,杨祖陶校,人民出版社,2002。

〔德〕康德:《实践理性批判》,邓晓芒译,杨祖陶校,人民出版社,2003。

〔德〕康德:《实践理性批判》,韩水法译,商务印书馆,2003。

〔德〕康德:《未来形而上学导论》,庞景仁译,商务印书馆,1997。

〔美〕拉尔夫·迈耶:《美术术语与技法词典》,邵宏等译,江苏教育出版社,2005。

〔法〕马塞尔·莫斯:《礼物》,汲喆译,陈瑞华校,上海人民出版社,2002。

〔法〕梅洛-庞蒂:《眼与心》,杨大春译,商务印书馆,2007。

〔法〕梅洛-庞蒂:《知觉的首要地位及其哲学结论》,王东亮译,三联书店,2002。

〔法〕莫里斯·古德利尔:《礼物之谜》,王毅译,上海人民出版社,2007。

〔荷兰〕斯宾诺莎:《伦理学》,贺麟译,商务印书馆,2005。

〔古希腊〕亚里士多德:《范畴篇 解释篇》,方书春译,商务印书馆,2005。

〔古希腊〕亚里士多德:《形而上学》,吴寿彭译,商务印书馆,1991。

莫伟民:《从尼采的"上帝之死"到福柯的"人之死"》,《哲学研究》1994 年第 3 期。

莫伟民:《主体的命运》,上海三联书店,1996。

倪梁康:《胡塞尔现象学概念通释》,三联书店,1999。

倪梁康:《现象学及其效应》,三联书店,1994。

钱捷:《本体的诠释——析梅洛-庞蒂现象学的"肉体"概念》,《哲学研究》2001 年第 5 期。

杨大春:《感性的诗学》,人民出版社,2005。

杨大春:《解构的保守性》,《哲学研究》1995 年第 6 期。

杨大春:《文本的世界》, 中国社会科学出版社, 1998。

杨大春:《语言·身体·他者——当代法国哲学的三大主题》, 三联书店, 2007。

Derrida, Jacques, *La voix et le phénomène*, Paris: Presses Universitaires de France, 1967 (Quadrige, 1993).

Descartes, René, *La passion de l'âme*, Paris: Booking International, 1995.

Descartes, René, *Le discours de la method*, Paris: Booking International, 1995.

Descartes, René, *Oeuvres de Descartes*, AT, Paris: Librairie Philosophique J. Verin, 1996.

Descartes, René, *Règles utiles et claires pour la direction de l'esprit en la recherche de la vérité*, tr. par Jean-luc Marion, La Haye: Martinus Nijhoff, 1977.

Foucault, Michel, *Dits et écrits II*, Éditions Gallimard, 1994.

Foucault, Michel, *Dits et écrits IV*, Éditions Gallimard, 1994.

Foucault, Michel, *Histoire de la sexualité*, Éditions Gallimard, 1984.

Foucault, Michel, *L'ordre du discours*, Éditions Gallimard, 1971.

Foucault, Michel, *Politics*, *Philosophy*, *Culture*, Routeledge, 1988.

Foucault, Michel, *Power/Knowledge*, The Havster Press, 1980.

Foucault, Michel, *The Archaeology of Knowledge*, Pantheon Books, 1972.

Foucault, Michel, *The Order of Things*, Vintage Books Edition, 1973.

Griffiths, A. P., *Contemporary French Philosophy*, The Royal Institute of Philosophy, 1987.

Grondin, Jean, *Le tournant herméneutique de la phenomenologie*, Paris: Presses Universitaires de France, 2003.

Gutting, Gary, *French Philosophy in the Twentieth Century*, Cambridge University Press, 2001.

Husserl, Edmund, *Méditations Cartésiennes*, Paris: Librairie Philosophique

J. Verin, 1996.

Levinas, Emmanuel, *Autrement qu'être ou au-delà de l'essence*, La Haye: Martinus Nijhoff, 1978.

Levinas, Emmanuel, *En decourvrant l'existence avec Husserl et Heidegger, Emmanuel Levinas*, Paris: Librairie Philosophique J. Verin, 1967.

Levinas, Emmanuel, *Les imprevues de l'histoire*, Rouen: Fata Morgana, 1994.

Levinas, Emmanuel, *Les imprévus de l'histoire*, Fata Morgana, 1994.

Levinas, Emmanuel, *Totalité et Infini: Eassai sur l'extériorité*, La Haye: Martinus Nijhoff, 1968.

Plato, *Republic*, trans. by John Llewelyn Davies and David James Vaughan, 外语教学与研究出版社, 1998。

索 引

后　记

　　本书得以完成，首先要感谢我的导师杨大春先生。先生为人清通简要，真率自然；治学严谨勤勉，文质兼修；于学生无多责备，然每有所疑，必有以教。先生多年来对笔者的悉心指导、关怀和帮助已然成为一种绵延无声的"礼物"，使笔者时时感受到这种弥足珍惜的馈赠。

　　案头法文版的《笛卡尔全集》和大量关于马里翁思想的西文资料总是让我回忆起与杜小真教授几次短暂而难忘的接触。多年以来，每日穿行于这些珍贵资料的字里行间已成为我生活的最重要内容。如果我足够幸运，并且足够坚毅的话，我衷心地希望这个旅程能够长久地延伸下去，没有尽头。因为这个旅程虽然艰辛，但充满了发现和愉悦。我不指望拙著足以当得起对这些资料的回礼，仅仅期许远在他乡的赠书者对于其曾经的赠予不会感到遗憾。

　　本书的最后三章实际上是我在中山大学做博士后研究时写成的出站报告。在中山大学的两年，除了阅读和翻译之外，笔者也跟着合作导师钱捷教授读康德，只是资质有限，只学到一点皮毛。在师兄黄作的帮助下，笔者在法国驻广州总领事馆进修了一段时间法文，2017年得以在华南师范大学直接向马里翁（Jean-Luc Marion）先生请教，在此一并致谢。

　　在本书的写作过程中，我也间或向尚杰老师、欧阳谦老师、方向红老师、王恒老师、朱刚老师、马迎辉老师以及其他学界前辈、同人请教、讨论相关术语的翻译，受益良多，深表谢忱！

　　我还要向以下各位编辑老师以及相关刊物致敬。他们是《哲学动态》孔明安老师，《天津社会科学》钟河老师以及《外国哲学》（人大复印报刊资料）魏开琼老师，《哲学研究》张昌盛老师，《江苏社会科学》陈天庆老师，《同济大学学报》曾静老师，上海《社会科学》杂志周小玲老师，商务印书馆《法国哲学》集刊主编冯俊教授。由于他们的帮助和努力，本书的部分阶段性成果已经在相关刊物发表。

最后，必须特别向本书责任编辑致谢并致敬，正是他们的专业和耐心使拙著最终得以付梓面世！

我虽然用文字表达了如许谢意，但是内心深处涌动的情感似乎并非语言可以说得清晰的，不知道是我们应该愧对笛卡尔，还是笛卡尔应该愧对那些给出自身的"事物本身"。

图书在版编目（CIP）数据

现象与主体：当代法国哲学的进路／徐晟著．－－
北京：社会科学文献出版社，2021.12（2023.1 重印）
国家社科基金后期资助项目
ISBN 978 - 7 - 5201 - 8245 - 4

Ⅰ.①现…　Ⅱ.①徐…　Ⅲ.①哲学史 - 研究 - 法国 -
现代　Ⅳ.①B565.5

中国版本图书馆 CIP 数据核字（2021）第 067220 号

·国家社科基金后期资助项目·

现象与主体

──当代法国哲学的进路

著　　者／徐　晟

出 版 人／王利民
组稿编辑／宋月华
责任编辑／袁卫华　罗卫平
责任印制／王京美

出　　版／社会科学文献出版社·人文分社（010）59367215
　　　　　　地址：北京市北三环中路甲 29 号院华龙大厦　邮编：100029
　　　　　　网址：www.ssap.com.cn
发　　行／社会科学文献出版社（010）59367028
印　　装／北京虎彩文化传播有限公司

规　　格／开　本：787mm×1092mm　1/16
　　　　　　印　张：16.25　字　数：257 千字
版　　次／2021 年 12 月第 1 版　2023 年 1 月第 2 次印刷
书　　号／ISBN 978 - 7 - 5201 - 8245 - 4
定　　价／138.00 元

读者服务电话：4008918866